부자의 원리

부동산 부자들만 은밀히 공유하는

부자의 원리

초 판 1쇄 2019년 10월 28일

지은이 골든 로즈
펴낸이 류종렬

펴낸곳 미다스북스
총괄실장 명상완
책임편집 이다경
책임진행 박새연 김가영 신은서
본문교정 최은혜 강윤희 정은희

등록 2001년 3월 21일 제2001-000040호
주소 서울시 마포구 양화로 133 서교타워 711호
전화 02) 322-7802~3
팩스 02) 6007-1845
블로그 http://blog.naver.com/midasbooks
전자주소 midasbooks@hanmail.net
페이스북 https://www.facebook.com/midasbooks425

ISBN 978-89-6637-727-5 03320

값 15,000원

미다스북스는 다음세대에게 필요한 지혜와 교양을 생각합니다.

부동산 부자들만 은밀히 공유하는

부자의 원리

골든 로즈 지음

미다스북스

당신은 이미 다이아몬드가 될 수 있는 가능성을 가지고 태어났다!

'많은 사람들이 직장 생활을 열심히 한다. 매일 새벽에 일어나 만원버스나 지하철을 타고 회사로 출근한다. 어깨가 천근만근이고, 속은 체한 듯 갑갑하지만 오늘도 어김없이 회사로 출근해야 한다. 회사에 나가지 않으면 지금 당장 해결해야 할 생활비와 월세가 걱정이다. 자식까지 있으면 아이들의 양육비와 교육비까지 해결해야 할 돈들이 너무 많다. 아파도 아플 수가 없다.

직장 생활을 열심히 해서 빨리 진급해도, 빨리 회사에서 나가줘야 하는 현실이 아이러니하다. 야근과 회식을 밥 먹듯이 하며, 오늘도 열심히 달리지만 남는 건 골병 든 몸뚱이 하나이다. 이 삶이 힘들지만 그렇다고 회사를 그만둘 수도 없다. 커가는 아이들과 병약한 부모님 얼굴이 머릿속을 스쳐 지나간다.

우리는 왜 이렇게 삶에 갇히게 되었을까? 행복하기 위해 태어난 것일 텐데…, 아무리 생각해도 앞이 보이지 않는다. 우리의 삶에 무엇이 문제였을까? 나름 최선을 다해 살아온 것 같은데, 더 이상 삶은 나아지지 않았다. 부자는 더 부자가 되고, 가난한 사람은 더 가난하게 되는 현실이 싫다.'

직장인들의 삶, 평범한 사람들의 삶이 너무도 비슷하다. 다람쥐 쳇바퀴 도는 생활에 염증을 느끼지만 그렇다고 뾰족한 해결 방안이 있는 것도 아니다. '그저 열심히 살다 보면 나중에 보상이 주어지겠지.'라는 생각에 아픈 몸을 이끌고 매일 일터로 나간다. 하지만 주위를 둘러봐도 삶이 크게 나아진 사람이 별로 없다. 불안한 마음이 많이 들지만 가난한 현실을 탈출하는 방법도 잘 모른다.

나는 부동산 공부를 하면서 세상을 크게 보는 경험을 했다. 부동산은 인간의 삶과 떼려야 뗄 수 없는 중요한 재화이다. 부동산은 경제, 정책, 세금, 대출 등 사람이 살아가는 데 필요한 모든 것과 연결되어 있다. 부동산 공부를 통해 세상이 돌아가는 현상과 그 세상을 돌리는 사람들을 발견하였다. 부동산은 단순히 '집'만을 의미하지 않았다. 부동산 공부를 통해 세상을 알아가니, 희미했던 시력이 라식 수술을 받아 선명한 시력으로 바뀐 듯했다.

부동산을 공부하며 부동산으로 부를 쌓아가는 사람들을 발견했다. 그들의 생각, 습관, 행동, 투자 방식 등을 연구하며, 일반인들과의 차이점을 찾았다. 부자들은 그들끼리 정보를 은밀히 공유하면서 부자들은 더욱 부자가 되어갔다. 반면에 가난한 사람들은 이유도 알지 못한 채 더욱 가난한 삶으로 빠져들고 있다.

모든 것은 무지에서 비롯된다. 잘 모르니 남에게 사기당하기 쉽고, 불나방처럼 불길에 모여든다. 꼭 부자가 되지 않아도 좋다. 하지만 자신의 삶을 지켜나갈 수 있는 힘은 길러야 한다. 그래서 부동산 공부가 필요한 것이다. 당신의 삶이 거대한 자본주의 시스템에서 힘없이 무너지지 않도록 당신을 돕고자 한다.

이 책에서는 평범했던 사람들이 '부자가 된 이유와 방법'에 대해 설명하였다. 부동산에 대한이해를 높이고자 '부동산투자 내용'도 함께 다루었다. 그리고 수년간의 명상과 의식 공부를통해 깨닫게 된 '생각의 중요성'

에 대해서도 이야기하고자 했다.

부자들은 부동산에 일찍 눈을 뜬다. 부동산에 대해 공부하고, 돈을 모아 부동산 투자를 한다. 부동산으로 매월 월급을 받고, 부동산으로 노후 대비를 한다. 부자들은 부동산 투자를 했기 때문에 부자가 될 수 있었다. 그들은 배움에 대해서도 열정적이다. 그 배움이 결국 돈으로 연결된다는 것을 경험적으로 알고 있다. 우리도 그들의 열정과 지혜를 배워야 한다. 가난한 생각과 게으름에서 벗어나서 부자들의 방법을 실천해보자. 알고 있다는 것만으로 끝난다면 그것은 아무것도 하지 않은 것과 같다. 모든 것은 실천할 때 결과가 나타난다.

이 책에서는 평범했던 사람들이 '부자가 된 이유와 방법'에 대해 설명했다. 또한 부동산에 대한 이해를 높이고자 '부동산 투자 내용'도 함께 다루었다. 수년간의 명상과 의식 공부를 통해 깨닫게 된 '생각의 중요성'에 대해서도 이야기하고자 했다.

투자 지식보다는 부자 마인드가 더 중요한 것을 깨달았다. 부자들은 긍정적인 생각과 명확한 꿈을 가지고 있었다. 남들은 안 된다고 포기할 때, 그들은 할 수 있다는 희망을 가졌다. 남에 대한 불평불만보다는 성공에 대한 방법에 더욱 집중했다.

나는 명상 수련과 뇌 교육을 통해 '끌어당김의 법칙'이 분명히 존재함을 깨달았다. 당신은 당신이 생각하는 대로, 한 치의 오차도 없이 살아갈 수 있다.

나는 당신이 더 부유하게, 더 행복하게 살아가기를 희망한다. 많은 사람들이 부유하고, 행복하다면 대한민국이 더 살기 좋은 사회가 되지 않을까 하는 순수한 사랑에 이 책을 바친다.

모든 사람들은 보석이 될 수 있는 원석으로 태어난다. 다이아몬드가 될지, 원석으로 그대로 남을지는 당신의 선택에 달려 있다.

당신의 성공과 부를 기원하며….

2019년 10월

골든 로즈

목 차

2장

부동산 공부로 만들어나가는 부의 파이프라인

3장

그들끼리만 은밀히 공유하는 부자의 원리

4장

부동산 부자의 인생으로 올라가는 8계단

5장

부동산 투자, 선택이 아니라 생존수단이다

1장

평범한 사람은 어떻게 부자가 되는가?

1

나는 부동산 부자들의 생각을 읽기 시작했다

돈에 대해서 대부분의 사람이 아는 유일한 기술은 열심히 일하는 것뿐이다.

– 로버트 기요사키

평범한 직장인, 부동산 공부를 시작하다

나는 평범한 직장인으로 주변도 평범한 사람들로 둘러싸여 있다. 육아와 자녀 교육을 걱정하고, 생활비를 걱정하는 사람들…. 나도 그들과 같은 고민을 하며 살아가고 있다. 하지만 나에게는 다른 한 가지가 있다. 그것은 현실에 안주하지 않고 끊임없이 자기 계발을 한다는 것이다.

회사에 입사하고 토지 보상 업무를 맡게 되면서 부동산에 관심을 가지게 되었다. 부서에 여자 과장님이 계셨는데, 그녀는 아주 쾌활하고 리더십이 강했다. 회사에 몇 안 되는 여자 선배였고, 일과 인생에 대해 그녀만의 생각을 많이 들려주었다. 신입사원이었던 나는 남의 말을 긍정적으로 받아들이려는 성향이 강했다. 그녀의 이야기는 회사 생활과 인생 경험이 부족한 나에게 많은 도움이 되었다. 당시 그녀는 퇴근 후 학원에 다니며 공인중개사 시험을 준비하고 있었다. 나도 그녀의 말에 공인중개사 시험에 관심이 생겼다. 공인중개사 시험을 준비한다면 하고 있는 보상 업무에 많은 도움이 될 것 같았다. 사실 회사에서는 보상 업무에 대해 체계적으로 알려주는 사람이 없었다. 다들 자신에게 맡겨진 업무와 민원을 처리하느라 항상 바빴다.

나는 퇴근 후 학원을 다니며 공부해서 공인중개사 시험에 합격을 했다. 공인중개사 공부를 하고 나니, 부동산에 대한 시야가 확실히 넓어졌다. 예전에는 그냥 시키는 대로 서류를 처리했지만 자격증을 따고 나서는 왜 그렇게 업무를 처리해야 하는지에 대해 이해할 수 있었다. 업무를 하다 보니 토지 보상금을 청구하러 오는 사람들이 어떤 유형의 사람인지 짐작이 갔다. 그들이 '언제 땅을 사서 토지 보상금을 받아가는지, 부모로부터 토지를 물려받았는지, 토지 보상금을 위한 목적으로 투자를 했는지' 등 토지 등기부등본만 보면 그들의 생각과 목적을 읽을 수 있었다.

내가 사는 지역은 부산이다. 그래서 해운대를 자주 간다. '마린시티'라는 곳은 고층 아파트들이 즐비하다. 부산에서 가장 비싼 아파트들이 모여 있는 곳이기도 하다. 서울 사람들이 '제2의 주거지'로 투자를 많이 해놓은 인기 있는 아파트들이다. 그곳에서는 광안대교가 한눈에 보이고,

바다 조망권이 아주 좋다. 바다를 쉽게 볼 수 있는 부산 사람들에게도 꿈의 아파트인 것이다. 나도 그곳에 갈 때면 '어떤 사람들이 이런 아파트에 살까? 그들은 어떻게 돈을 모았을까?'라는 생각이 자주 들었다.

해운대 마린시티 아파트 전경 – 출처 : 위키백과, 부산시청 홈페이지

부동산에 관심이 많은 터라 그 후로도 부동산 공부를 계속해나갔다. 부동산 관련 책을 읽고, 관심이 가는 아파트의 시세 흐름을 분석했다. 그렇게 시작된 공부가 벌써 14년차가 되었다. 나는 그 사이에 크고 작은 투자들을 병행해가며 투자 감각을 익혔다. 공인중개사 자격증에 이어 현재는 부동산학으로 유명한 한 대학의 대학원에서 박사 과정을 밟고 있다. 부모님 직업도 부동산 관련 업종이라 주변에는 부동산 부자들이 많다. 그동안 그들에게 보고 배운 간접 경험 또한 부동산에 대한 나의 시야를 넓혀주었다.

하지만 그중에서도 가장 도움이 되었던 것은 직접 몸으로 부딪혀보는 것이었다. 아파트를 하나 사고팔더라도 엄청난 공부가 된다. 시세 조사, 부동산 사무실 방문, 공인중개사와의 관계, 가격 조정, 취득세, 양도세 등. 내 돈이 직접 투입될 때 가장 높은 집중력을 발휘하게 된다는 것을 깨달았다. 실전 경험 없이 그냥 공부만 하는 것은 흘러가는 지식일 뿐이다. 공부만으로는 현실이 아무것도 바뀌지 않는다. 모든 것은 배운 것을 실천할 때 효과가 나타나는 법이다.

그들은 어떻게 부동산 부자가 되었을까?

몇년 전, 서울 강남역 일대로 연결되어 있는 테헤란로에 갔다. 도로를 따라 수많은 빌딩이 들어서 있었다. 거리를 거닐면서 '저 많은 빌딩들의 주인은 누구일까?'라는 궁금증이 생겼다. '어떤 사람들은 단칸방 하나 없이 살아가는데, 이런 빌딩을 몇 개씩 가지고 있는 사람은 누굴까?'라는 의문이 들었다. '무엇이 우리 삶의 모습을 다르게 만들고 있을까? 부모에게 물려받은 재산이 많은 사람들만 부자가 될 수 있을까? 대부분의 평범한 사람은 부모도 평범한 사람들일 텐데…. 그럼 우리는 이대로 가난하고 평범하게 살아가야 하는 것일까? 우리에게는 우리의 삶을 바꿀 희망이 전혀 없는 것일까?'라는 의문이 강하게 들었다.

더불어 어떤 사람들이 부동산 부자가 되는지, 그들은 어떤 다른 점이 있고 어떤 노력을 했는지 궁금해졌다. 흙수저로 태어나서 금수저를 자식에게 물려주는 부자에 대해 궁금해졌다. 그들은 나와 같이 평범한 사람이 부자가 될 수 있는 길을 알려줄 것만 같았다.

TV에는 뉴욕의 월스트리트가 자주 등장한다. 몇십 년 전만 하더라도 한국에는 그렇게 높은 빌딩들이 거의 없었다. 그래서 어린 나이에 아주 신기하게 넋 놓고 TV를 본 기억이 난다. 지금은 우리나라에도 100층이 넘는 건물이 생겨나고 있다. 더 이상 꿈에서만 나올 일이 아니다. 작년 여름, 서울 잠실 롯데월드타워 전망대에 올랐다. 123층의 높이에서 바라본 서울의 모습은 작은 장난감 같았다. 마치 내가 신이 되어 세상을 위에서 바라보는 느낌이랄까?

서울의 수많은 아파트, 건물, 자동차들이 보였다. 석촌호수를 바라보는 전망 좋은 아파트들, 한강을 바라보는 수많은 아파트들도 보였다. '서울의 집값이 세계 도시 중에서도 비싸다고 하던데…. 왜 이렇게 비싸졌을까? 한강이 보이는 전망 좋은 집에는 왜 연예인들과 부자들이 많이 살까?' 등의 질문과 그에 대한 답이 동시에 머릿속을 스쳐지나갔다.

서울은 유수의 대기업과 국가 공공기관 등의 좋은 일자리가 많아 인구가 모여들 수밖에 없는 구조이다. 위치가 좋고 전망이 좋은 집들은 한정되어 있기 때문에 인기가 많다. 여기서도 당연히 '수요와 공급의 법칙'이 작동하고 있다.

평범한 사람이 부동산 부자가 되기 위해서는 어떻게 해야 할까? 무턱대고 아끼고 모으기만 하면 될까? 운이 좋은 사람만 가능할까? 부모를 잘 만나야만 가능할까? 똑똑하고 공부를 많이 해야만 가능할까?

많은 사람들은 부동산 부자가 될 수 있는 비법을 궁금해한다. 나는 그동안 부동산에 대해 공부하고 분석한 내용을 정리하기로 결심했다. 부동산 개발 업무를 하면서 얻은 노하우와 부동산 실전 투자 경험을 바탕으로 부동산 부자가 될 수 있는 방법을 분석했다. 부동산 부자들에 대해 연구를 하며 그들에게 배운 비법을 알려줄 것이다.

유명한 형이상학자 네빌 고다드의 저서 『세상은 당신의 명령을 기다리고 있습니다』에서 "신은 분명 사람들이 원하는 대로 부유하고 행복하게 살아가기를 원한다."라고 말한다. 그리고 "하지만 자신이 만들어놓은 한계 때문에 나아가지 못하고 가난하게 살아간다."라고 덧붙인다. 자신의 가난한 생각과 한계를 극복하면 우리도 분명히 부유하게 살아갈 수 있다는 말이다. 물론 명확한 목표와 계획, 그에 맞는 실행력이 동반되어야 한다.

평범한 당신도 부자가 될 수 있음을 세상에 보여주자. '부는 특정인들만의 전유물이 아니라는 것'을 증명하고 싶지 않은가? 당신도 빌딩의 주인이 될 수 있다. 그들이 할 수 있다면 당신도 할 수 있다. "시작은 미약하였으나, 그 끝은 창대하리라."라는 말처럼 당신도 부동산 부자가 될 수 있음을 나는 확신한다.

자 이제, 나와 함께 부동산 부자가 되는 길을 여행하자. 당신은 가볍고 즐거운 마음만 챙기면 된다. 단, '나는 할 수 없어.'라는 마음 대신 '나도 할 수 있어.'라는 마음이 여행 필수품이라는 것을 명심하자.

2

어떤 부자도 처음에는 평범한 사람이었다

행복은 돈으로 살 수 없지만 가난으로도 살 수 없다.

– 레오 로스텐

포기하지 않고 나아갈 때 당신도 부자가 될 수 있다

대학 시절 같은 과 동기들이랑 미래에 무엇을 하고 싶은지를 말하다가 한 남자 동기가 자신은 셔터맨이 꿈이라고 하는 말에 충격을 받았다. 건물주가 되고 싶다는 것이었다. '아니 무슨 대학생이 건물주가 되는 것을 꿈이라고 말을 할까?'라는 생각이 들었다. 그와 동시에 '나름 좋은 꿈이다. 그것도 나쁘지 않는데….'라는 생각이 들었다. 그와는 달리 다른 동기들은 평범하게 공무원이 되거나 대기업, 공기업에 입사하고 싶다고 했다. 어떤 동기는 유명한 식당을 운영하고 싶어 했다.

그런 대화 후, '나도 건물주가 되고 싶다.'라는 생각이 마음속에 자리잡았다. 그래서일까? 이상하게 부동산을 공부하는 것도, 부동산을 보러 다니는 것도 즐거웠다. 부동산 부자에 대한 책도 많이 읽었다. 인터넷 기사도 부동산 관련 기사만 읽고 자료를 모았다. 부동산 부자를 직접 만날 기회가 생기면 부자가 된 이야기를 상대방이 당황할 정도로 구체적으로 물어보았다. 그들의 대답을 듣고 항상 느낀 것은 '이들도 남들과 비슷하구나. 남들보다 더 힘든 환경에서 엄청나게 노력하신 분이구나.'라는 것이었다. 그들은 과거에 너무 평범해서 눈에 띄지도 않았을 것 같았다.

만난 사람 중에 기억에 남는 사람이 있다. 매서운 눈빛을 가졌고 부동산 시행업을 하는 50대 W씨다. 그는 한국토지주택공사에서 분양하는 상가용지를 낙찰받아 그 토지 위에 상가 건물을 지어 분양하는 사업을 하고 있다. 그는 경남 출신으로 부산에 20대에 돈을 벌러 왔다고 했다. 처음에는 조선 기자재를 생산하는 중소기업에서 일했다. 알뜰했던 그는 술과 담배를 하지 않고 착실하게 돈을 모아나갔다. 몇년 후, 지인으로부터 싼 가격에 부산 인근 토지를 살 수 있다는 말을 들었다. 조만간 토지 보상금을 받을 수도 있다는 말에 그동안 열심히 모아온 돈을 의심 없이 맡겼다.

그 당시, 개발붐이 일고 있었기 때문에 무조건 오른다는 생각에 "형님만 믿습니다."라는 말과 함께 3년간 모은 피 같은 돈을 건넸다. 그 뒤 그

형님이라는 사람은 잠적을 하고 말았다. 그렇게 그의 돈은 공중 분해되었다.

이후 그는 아무도 믿지 않았고, 모든 것을 철두철미하게 분석하고 따졌다. 부동산 정보가 들어오면, 직접 사실 확인을 했으며 관련 부동산법을 검토했다. 그러면서 현재 부동산 시행업까지 하게 된 것이다. 그는 금융 위기의 상처로 부동산 경기가 좋지 않은 시기에 신도시 미분양 상가 용지를 매입하였다. 미분양 용지에 대해서는 입찰을 하지 않고, 수의계약으로 감정 가격에 토지를 살 수 있었다. 신도시가 점점 성숙하면서 그 일대의 상업용지 가격은 최초 감정 가격보다 3배까지 올라갔다. 그는 상가 건물을 지어 구분 상가로 쪼개어 팔았고, 그가 투입한 비용은 1층만 팔아도 충분히 감당이 되었다.

만약 그가 지인에게 사기를 당하고 신세 한탄만 했다면 지금은 어떻게 되었을까? 아마 남을 계속 의심하면서 평범한 인생을 살고 있을 것이다. 그는 스스로 잘 알아보지도 않고 아는 사람의 말이라고 무조건 믿고 투자한 것을 후회했을 것이다. 그래서 더욱 피눈물 나게 부동산에 대해 공부를 하며, 하나하나 따졌을 것이다. 작은 실패에 머물러 있으면 앞으로 나아갈 수 없다. 실패를 하면 할수록 더욱 현명해지고 성장하게 된다.

단, 여기에는 조건이 있다. 절대 포기하지 말고 앞으로 나갈 때 비로소 성공할 수 있다. 성공할 때까지 포기하지 않고 계속 시도한다면 무조건 성공할 수밖에 없다. 왜? 목표를 성공에 두었기 때문이다. 현실에 대한 좌절이나 불평불만이 아닌 성공을 위한 노력에 초점을 두었기 때문이다.

당신과 부자의 차이점은 '부자가 되고자 하는 강한 의지'이다

현재 '직장인을 위한 부동산연구소'를 운영하는 이나금 씨가 있다. 그녀는 과거 아이의 분유 값이 없어 발을 동동 구르던 가난한 가정주부였다. 그녀는 가난에서 벗어나기 위해 닥치는 대로 일을 하며 버텼다. 그러던 중 부동산 사무실을 운영하면서 부동산으로 돈 버는 법을 알게 되었다. 그녀는 토지와 상가 투자로 큰돈을 모았다.

하지만 금융 위기가 오면서 자신의 자산은 빚으로 바뀌었고, 불안감으로 잠도 쉽게 잘 수 없었다. 그녀는 자신의 이야기를 책으로 썼고, 그 책은 대박이 났다. 지금은 그녀에게 많은 사람들이 상담을 받기 위해 예약을 한다. 또한 그녀의 부동산 실전 강의는 사람들로 붐빈다. 엄청난 수익을 올리고 있는 그녀는 이미 부자 반열에 들어섰다.

평범했던 사람이 부동산으로 부자가 된 사례는 많다. 그 중에서도 소형 아파트 갭투자로 전국을 떠들썩하게 만들었던 박정수 씨가 있다. 그는 2,000만 원으로 시작해서 아파트를 260채로 불린 사람이다. 그의 저서『부동산 투자 100문 100답』에서 그는 30대 중반에 위암에 걸렸다고 고백했다. 일을 하지 못하니 월급이 들어오지 않는 것을 보고 세상을 다시 보게 되었다. 자신이 아프거나 다치면 회사에서 당연히 월급을 지급하지 않는다는 사실에 충격을 받았다.

그는 그때부터 부자가 되어야겠다고 결심했다. 자신이 아파도 계속 수입이 들어오는 파이프라인을 만들기 위해 노력했다. 아픈 몸을 이끌고 전국 곳곳을 돌며 부동산을 연구했다. 그렇게 그는 아파트 260채를 만들기 위해 뼈아픈 공부를 하였다.

부동산 부자는 처음부터 부자였을까? 앞에서 언급한 이나금, 박정수 씨와 같은 사례만 봐도 '그렇지 않다'는 것을 알 수 있다. 세상을 둘러봐도 소수의 금수저를 제외하고는 밑바닥에서부터 시작해서 부자가 된 사람들이 더 많다. 평범했던 그들은 어떻게 부자가 되었을까? 그건 바로 자신들이 처해 있는 가난하고 어려운 삶에서 벗어나고자 했던 강한 의지였다.

가난했기 때문에 하나라도 더 배우려고 노력했다. 남들보다 가진 것이 없었기에 할 수 있는 것이라고는 배운 것을 실천할 수밖에 없었다. 혹시 너무 평범하게 태어나서 아무것도 할 수가 없다고 생각하거나 신이 정해주신 특별한 사람만이 부자가 될 수 있다고 믿고 있다면 생각을 바꿔야 한다. 절대 그렇지 않다. 평범했던 그들이 했다면 당신도 분명히 할 수 있다. 그들과 당신에게 신이 주신 조건은 비슷하다. 부자들에게 더 똑똑한 머리와 더 튼튼한 몸과 더 강한 정신을 주지 않으셨다. 당신 주변의 부자들을 살펴보거나 인터넷에 '부자'를 검색해보면 금방 알 수 있다. 단지 당신과 그들의 다른 점은 '부자가 되려는 강한 의지와 노력의 차이'일 것이다.

다음은 칭기즈칸이 아들에게 썼다는 편지의 내용이다.

"집안이 나쁘다고 탓하지 마라. 나는 9살 때 아버지를 잃고 마을에서 쫓겨났다.

가난하다고 말하지 마라. 나는 들쥐를 잡아먹으며 연명했고, 목숨을 건 전쟁이 내 직업이고 내 일이었다.

작은 나라에서 태어났다고 말하지 마라. 그림자 말고는 친구도 없고 병사로만 10만, 백성은 어린애 노인까지 합쳐 200만도 되지 않았다.

배운 게 없다고, 힘이 없다고 탓하지 마라. 나는 내 이름도 쓸 줄 몰랐으나 남의 말에 귀 기울이며 현명해지는 법을 배웠다.

너무 막막해서 포기해야겠다고 말하지 마라. 나는 목에 칼을 쓰고도 탈출했고, 뺨에 화살을 맞고 죽었다가 살아나기도 했다.

적은 밖에 있는 것이 아니라 내 안에 있었다. 나는 내게 거추장스러운 것은 깡그리 쓸어버렸다. 그렇게 나를 극복하는 그 순간 나는 칭기즈칸이 되었다."

3

그들은 안정보다 자유를 선택했다

돈은 유일한 해답은 아니지만 차이를 만들어낸다.

– 버락 오바마

안정된 직장이 더 위험할 수도 있다

20년 전쯤부터 '청소년들에게 인기 있는 직업은 교사, 공무원'이라는 신문기사를 많이 접하게 되었다. 이런 현상은 1997년 외환 위기와 2008년 금융 위기를 겪은 세대들이 자라면서 더 두드러지게 나타났다. 그들은 부모가 사업에 실패하고, 회사에서 쫓겨나는 것을 직접 목격했다. 그래서 정년이 보장되는 안전한 직업을 선택하고자 하는 욕구가 강하다.

하지만 수많은 성공학과 재테크 책을 읽고 주변의 부자들도 분석해본 결과, 그들은 안정보다는 자유를 선택한 사람들이었다. 그들은 경제적 자유, 시간의 자유, 선택의 자유를 원해서 남들이 가지 않는 길을 선택했다. 불안과 두려움은 있었지만, 그들은 그들의 길을 만들어나갔다. 남이 시키는 일을 하는 것이 아니라, 스스로 일을 계획하고 도전하였다. 그것이 바로 평범한 직장인과 차이점이었다.

지인 중에 교사나 공무원, 공기업 직원들이 많다. 그들과의 대화 주제는 재테크에 관한 것이 대부분이다. 그들은 비록 안정된 직장을 가지고 있지만 노후가 불안한 것이다. 남들이 부러워하는 직장에 들어가기 위해 잠을 줄여가며 공부를 했고 취직에 필요한 자격증을 따고 여러 시험 과목을 준비하기 위해 도서관에서 살다시피 했다. 나약해진 몸과 마음을 동여매고, 자신을 채찍질하며 몰아붙였을 것이다. 하지만 그렇게 해서 얻은 안정된 직장은 노후를 보장해주지 못하였다. 단지 아이들의 교육비와 생활비 수준의 월급을 얻을 수 있을 뿐이었다.

사기업도 마찬가지일 것이다. 특히 열악한 환경에서 근무하는 중소기업 직원들은 '배부른 소리'라고 볼멘소리를 할지 모르겠다. 사실 교사나 공무원은 퇴직 후 공무원연금을 받을 수 있어 더욱 인기 있는 직업으로 여겨진다. 공기업 직원은 퇴직 후 공무원연금을 받는 것이 아니라 일반 직장인과 똑같은 국민연금을 받는다.

그런 차이에서 공기업 직원들은 공무원들을 부러워한다. 반면 공무원들은 공기업 직원들의 높은 급여와 복지를 부러워한다. 서로의 입장 차이가 조금 있지만 공무원, 공기업 직원들도 교육비, 양육비 등을 쓰다 보면 생활비가 부족한 것이 사실이다. '모든 것이 오르는데, 월급만 안 오른다.'라는 말을 실감할 정도이다. 그래서 그들은 안정적인 직장 생활을 할 때 노후대비를 해놓고 싶어 한다.

현실을 깨닫고, 미리 준비하는 자들은 훨씬 유리한 자리를 차지한다. '내가 이때까지 세금을 얼마나 냈는데 노후는 정부가 책임져야지…. 노후 준비는 나중에 알아서 되겠지. 지금 고민해봐야 답이 없어.'라는 식의 생각을 하는 직장인들도 많다. 퇴근 후에 동료들과 몰려다니며 술집, 스크린 골프장 등을 전전하다 보면 퇴직이 코앞에 다가와 있을 것이다.

그때가 되면 아마 이렇게 이야기할 것이다.

"회사에 35년을 충성했는데, 고작 나에게 남은 것은 퇴직금 몇 푼밖에 없구나. 직장 생활이 참 허무하구나."

원하든 원하지 않든 모든 직장인은 퇴직을 하게 되어 있다. 그 시기가 조금 앞당겨지거나 뒤로 늦춰지거나 하는 차이가 조금 있을 뿐이다.

부동산 임대업을 하는 40대 P씨가 있다. 그는 직장을 다니다가 몇년 전 직업을 전향한 경우이다. 대기업에 다니고 있었는데, 일명 '월, 화, 수, 목, 금, 금, 금'의 생활을 못 견뎠다. 최근 '주 52시간 근무제'가 도입되면서 업무 환경이 개선되었는지는 모르겠다. 몇년 전만 하더라도 그의 생활처럼 숨막히는 업무 강도로 힘들어하는 사람들을 많이 보았다. 우선 그는 시간의 자유에 가장 목이 말라 있었다. 대기업에 다녔기 때문에 남들보다는 높은 연봉을 받았다. 하지만 자신들이 일하는 만큼의 월급 수준은 아니라며 손사래를 쳤다.

결국 그는 그동안 모은 돈에 퇴직금을 보태서 5층짜리 꼬마 빌딩의 주인이 되었다. 현재 그는 매일 아침 자신의 상가로 출근을 한다. 시설에 문제가 없는지, 청소 상태는 어떤지 등을 확인하는 일로 일과를 시작한다. 한 달에 한 번 임대료 수금, 관리비 정산 등을 하며, 1년에 한두 번 임차인과 계약 처리를 한다. 이미 안정화되어 있는 상가이기 때문에 크게 임차인이 바뀌지는 않는다.

최근에 만난 그는 예전보다는 한결 여유로운 모습이었다. 그에게 '현재의 삶에 만족하느냐?'고 물어보았다. 그는 의미심장한 미소를 지으며 이렇게 대답하였다.

"대학을 갓 졸업하고 회사에 입사해서는 대기업을 다니는 것에 엄청난 프라이드가 있었어. 하지만 나의 삶은 없었지. 내가 회사를 그만둔다고 했을 때, 우리 부모님과 친구들은 나보고 미쳤다고 했어. 그 좋은 직장을 때려치운다고…."

잠시 생각에 잠긴 후, 그는 다시 말을 이어갔다.

"예전에 비하면, 오히려 지금 삶은 너무 단순해. 하지만 경제적 자유와 시간의 자유가 있어서 너무 좋아. 회사 일정이 아니라 내 일정에 따라 움직이면 되니 너무 자유로워. 이 정도면 나는 지금의 삶에 너무 만족해."

모든 선택에는 위험과 책임이 따른다. 그도 쉽지 않는 결정을 내렸을 것이다. 또한 주위의 걱정스런 말에 불안한 마음으로 잠을 설쳤을 것이다. 하지만 그는 매월 안정적으로 들어오는 월급보다는 조금은 두렵지만 자유를 선택했다. 사람에게는 경제적, 시간적, 선택의 자유가 중요하다. 무엇보다도 영혼의 자유가 중요하다. 나는 경제적, 시간적, 선택의 자유는 결국 '영혼의 자유'를 위한 것이라고 본다.

직장 생활을 하며 직장 내 상하 관계, 권위적인 군대 문화 속에서 자신의 영혼을 죽이는 일이 많았을 것이다. 나 역시 일이 많은 것보다 직장 내 상하 관계와 권위적인 문화에 많이 힘들었다. 인간관계에서 오는 스트레스가 업무에서 오는 스트레스보다 더 많았다. 나름 열심히 조직에 적응하며, 윗사람과 아랫사람에게 맞추며 겉으로는 잘 생활했다. 하지만 매일 긴장되어 딱딱한 나의 장기들을 풀어주며 잠자리에 들었다.

C씨 역시 직장 내 괴롭힘을 견디지 못하고 회사를 뛰쳐나왔다. 그는 자본이 없었기 때문에 인터넷 사업을 시작했다. 자신의 인터넷 카페를 만들어 괜찮은 물건을 하나 사서 사진을 찍어 올렸다. 자신의 글과 사진을 보고 연락한 사람들의 명단을 정리해 물건을 만드는 공장으로 넘겼다. 그러면 공장에서 물건을 주문받아 배송해주었다. 그는 그렇게 중간에서 이익을 남기며 장사를 했다.

돈 버는 방법을 터득한 그는 이제 자신의 카페 관리를 하면서 하루에 3~4시간만 일을 한다. 그는 해외여행을 가서도 컴퓨터만 있으면 일을 할 수 있다. 무엇보다도 일을 하면서 시간과 공간의 제약이 없는 것이 가장 만족스러워했다. 처음에 그는 원룸에서 월세를 살았지만 지금은 자신의 이름으로 된 아파트를 몇채 장만하였다.

직장 생활이 무조건 나쁘고, 자기 사업이 무조건 좋다는 의미는 아니다. 직장 생활을 하든 자기 사업을 하든 그것은 오로지 자신의 선택이다. 다만, 경계해야 할 태도는 자신의 노후 문제에 대해 회사와 정부만 믿고 있는 것이다. 자신의 삶은 회사와 정부가 책임져주지 않으며, 책임져줄 수도 없다. 주위에는 직장 생활을 하며 꾸준히 재테크를 하여 노후 준비를 하는 사람들도 많다. 그들은 퇴직할 때쯤 원룸 한 동을 통으로 사서 임대사업을 하기도 한다.

자신의 상황에 맞게, 자신에게 적합한 방법으로 각자의 미래를 대비해야 한다. 지금의 생활이 안정되어 있다고 해서 그 상태에 머물러버리면 위험하다. 세계적인 베스트셀러 『성공하는 사람들의 7가지 습관』의 저자인 스티븐 코비는 다음과 같이 말했다.

"가장 큰 위험은 위험이 없는 삶이다."

1. 부동산 부자 연예인들

* 부동산 부자가 될 수 있었던 성공 요인

– 젊었을 때부터 부동산에 관심 가지기

– 노동 수입을 부동산에 투자해서 월세 수입, 자본 수입으로 바꿈

– 부동산으로 노후 대비하기

이수만, 전지현, 비, 김태희, 서태지 등 연예인들 중에는 부동산 부자가 많다. 왜 그럴까? 그들은 연예인의 활동 기간이 길지 않다는 것을 안다. 그래서 수입이 많을 때 미리 부동산에 투자를 해놓는다. 부동산으로 노후 준비를 해놓은 것이다. 이들은 젊었을 때부터, 그리고 남들보다 일찍 부동산에 관심을 두어 부자로 성장할 수 있었다. 만약 이들이 부동산 투자를 하지 않고, 소비하는 데에만 돈과 시간을 사용했다면 부자가 되지 못했을 것이다.

연예인들 중에는 가족이 돈 관리를 대신해주면서, 가족 중 한 명이 사업을 한다며 재산을 모두 탕진한 사례가 심심치 않게 들려온다. 재산을

모두 날린 그 가족은 자신이 직접 번 돈이 아니므로, 그 돈의 가치를 가볍게 보고 혼신의 힘을 다하지 않았을 것이다. 가족인 연예인이 돈을 언제든 벌어올 것이라고 기대했을 것이다. 그 연예인의 인기가 영원할 줄 알았을 것이다. 본인이 직접 벌지 않으면 돈의 소중함을 모른다. 아무리 바쁘더라도 자신의 돈은 자신이 관리해야 한다. 좋은 부동산에 투자해놓는 것도 자산 관리의 한 방법이다.

4

과연 금수저, 운, 투기만이 부자를 만들까?

부는 많은 걱정거리를 해결해준다.

– 메난드로스

고정관념을 깨야 부자가 될 수 있다

당신은 부동산 부자를 떠올리면 무슨 생각이 가장 먼저 드는가?

'운이 좋은 사람? 부모로부터 유산을 많이 받은 사람? 부동산 투기를 잘한 사람?'

아마 사람마다 다른 생각을 가지고 있을 것이다. 그럼 '당신도 부동산 부자가 될 수 있을까?'라고 물으면 당신은 어떤 대답을 할 것인가?

'나는 돈이 없어서 부동산 투자를 할 수 없어. 부모님한테 받을 유산이 없어. 부동산 투자를 어떻게 하는지 몰라.'라는 핑계와 변명들이 머릿속을 스쳐지나갈 것이다. 당신 머릿속에 떠오르는 생각들은 모두 당신이 부동산 부자에 대해 가지고 있는 고정관념이다. 평범한 사람들은 부동산 부자에 대한 고정관념 때문에 자신과는 상관없는 별개의 세상이라고 생각한다. 그래서 '부동산' 하면 골치 아픈 것, 어려운 것으로 치부해버리고 아예 시도조차 하지 않으려고 한다.

사람들이 많이 가지고 있는 부동산 부자에 대한 고정관념을 3가지로 정리해보면 다음과 같다.

첫째, 부자들은 처음부터 돈이 많아서 부자가 되었다.
둘째, 운이 좋은 사람들만 부동산 부자가 될 수 있다.
셋째, 부동산 부자들은 모두 투기를 해서 부자가 되었다.

외제차를 타고 다니는 우아한 느낌의 60대 중년 여성을 알고 있다. 그녀는 젊었을 때 부동산 중개업을 하였다. 현재 그녀는 부동산 개발회사의 이사 직함을 가지고 있다. 그녀의 조카가 회사를 운영하면서 지분에 대한 배당금을 받고 있다. 이 회사는 지역 건설회사로 부산 지역의 부동산 호황기 때 소형 아파트를 분양해서 돈을 많이 벌었다. 현재는 소형 아파트 사업과 임대관리사업 등으로 사업을 확대해나가고 있다.

과거에 그녀는 돌이 갓 지난 어린 아들을 업고 땅을 보러 다녔다고 하였다. 아무도 도와주는 사람 없이 홀로 사업을 하며 버텼다. 나는 그녀가 항상 여유로워 보여서 부유한 집안에서 태어났을 거라고 생각했다. 하지만 그녀는 이혼 후 홀로 두 아들을 키우며, 부동산을 사고팔면서 돈을 벌어나갔다. 중간에 사기도 당하며, 산전수전을 많이 겪었다고 하였다. 그녀를 보며 나는 나의 고정관념을 발견하였다. '부동산 부자는 부유한 집안에서 태어나서 부자가 되었다.'라는 고정관념을 가지고 있었다.

첫 번째 고정관념은 앞에 언급한 3가지 고정관념 중 가장 위험한 생각이다. 왜냐하면 현재 자신의 상황만 보고 지레 포기하기 쉽기 때문이다. '나는 가난한 집안에서 태어나서 내 집 하나 장만할 형편도 안 되는데 무슨 부자 타령이야?'라고 하기 십상이다. 사실 부모로부터 물려받은 재산이 많아서 처음부터 부자가 된 사례는 극히 드물다. 강남의 빌딩 부자들을 취재하고 쓴 성선화 기자의 저서 『빌딩부자들』에서도 잘 나타나 있다. 강남 빌딩 부자들 중에는 부모로부터 물려받은 상속증여형은 거의 없고, 자수성가형이 반 이상을 차지하였다.

『빌딩부자들』에서 강남 빌딩부자들에게 '자신이 빌딩주가 된 결정적 이유'를 물었다. 가장 많은 답은 '운이 좋아서'였다. 그러면 '자녀에게 가장 물려주고 싶은 것은 무엇인가?'라는 질문의 대답은 '스스로 돈을 벌 수 있는 재테크 능력과 올바른 가치관'이었다. 여기서 '올바른 가치관'이란 '인생에 대한 목적의식이자, 삶과 일에 대한 태도'라고 말하고 있다. 그들은 '꿈을 포기하지 않는 태도'가 자신을 남들보다 더 높은 곳까지 끌어주었다는 것을 잘 알고 있었다.

하지만 사람들은 '부자들을 단지 운이 좋은 사람'으로 치부해버린다. 사실 부자들은 사람들에게 '시기를 잘 만나서', '뜻밖의 행운을 잡아서'라며 '운'을 언급한다. 그래서 사람들은 정말 모든 것은 '운' 때문이라고 생각하는 것이다. 부자들이 그 '운'을 만들기 위해 노력한 과정들은 보지 못하는 것이다. 분명 종잣돈을 모으기 위한 엄청난 노력이 있었을 것이다. 부동산에 대해 공부하고, 지역과 상권을 분석했을 것이다. 또 부동산 사무실을 내 집 드나들 듯했을 것이며, 좋은 물건을 잡기 위해 발품을 수십 번 팔았을 것이다.

이 모든 것들이 부자가 되는 과정 속에 포함되어 있다. 과정의 노력은 보지 못한 채 단지 '운'으로 둔갑한 결과만 보며, 지레 부자는 '운이 좋아야만 될 수 있다.'라는 고정관념을 가지는 것이다. 그러고는 자신은 '운이 좋지 않아서 부자가 될 수 없다.'라며 미리 포기하고 노력하지 않는다. 그러니 자신의 삶이 항상 제자리에 머무르는 것이다.

부자를 욕하면 절대 부자가 될 수 없다

부동산 부자라고 하면 모두 땅 투기를 해서 부자가 되었다고 생각하는 사람들이 많다. 일부 그런 사람들도 있을 것이다. 하지만 모든 부동산 부자를 그렇게 치부해버리면 자신은 절대 부자가 되지 못한다. '부자가 되서 사람들에게 손가락질 받지 않을 거야.'라는 생각이 무의식에 깔리게 된다. 그 생각들은 부모에게서 자식으로 상속이 된다. 그래서 '부동산 부자는 투기꾼'이라는 고정관념이 많은 사람들의 사고를 지배하고 있는 것이다.

30년 전에 세탁소를 운영했던 60대 S씨가 있다. 그는 세탁소를 운영하며 저축을 꾸준히 했다. 당시 은행에 저축을 하면 10%대의 예금 이자가 나오던 시절이었다. 그는 종잣돈을 모아 부산 외곽의 땅을 사 모으기 시작했다. 그 지역이 부산광역시로 편입되면서 땅값이 배 이상 올랐다. 몇 년 후, 개발 사업지구로 포함되면서 토지 보상비만 수십 억 받았다. 평소 알고 있던 지인들은 그가 갑자기 부자가 되자 질투심에 그를 '투기꾼'으로 매도하기 시작했다.

그는 지인들에 대해 실망하고 마음에 상처를 받은 나머지 과거 인맥을 다 청산했다. 그리고는 같이 토지 보상으로 갑자기 부자가 된 비슷한 처지의 사람들과 어울리기 시작하였다. 그는 부동산에 대해 해박한 사람들과 전국으로 땅을 보러 다녔고, 몇년 전부터는 전원주택지 개발 사업을 하고 있다. 우연히 30년 전에 알고 있던 지인 소식을 들었다. "부동산 투기하는 놈들은 다 죽어야 해. 나라는 그런 놈 안 잡아가고 뭐하나?"라며 부동산 투자로 성공한 S씨에 대한 시기와 질투를 몇년째 계속했다고 한다. 그는 생활이 계속 가난해져 공사판의 일용직 노동자로 근근이 입에 풀칠하며 살다가 알코올 중독으로 사망했다고 한다. 사실 그는 S씨의 어릴 적 동네 친구였다. 그의 자식도 부모 이혼 후, 현재 아르바이트로 생활비를 충당하며 미래 없는 삶을 살고 있다고 했다. S씨는 친구의 장례식장에서 마음이 많이 아팠다.

열심히 일하며 종잣돈을 모으고, 그 돈으로 땅을 샀다고 해서 모두를 '투기꾼'으로 볼 수 있을까? 그들은 자신의 미래를 위해 노력하고 실천한 것이다. 그 노력의 대가로 '부'를 얻은 것이다. 아무것도 하지 않으며, 남을 비난하고 시기 질투한다고 해서 자신의 삶이 더 나아지지는 않는다. 아니 더 가난해질 뿐이다. 아마 그런 사람들 주변에는 가난한 사람들밖에 없을 것이다. 그들은 '절대 부동산 부자가 되지 않겠다.'고 다짐을 하며 평생 살았을 것이다. 그들의 자식들 또한 그들 부모의 말을 듣고 자라며, '나는 절대 부동산 투기꾼이 되지 않겠다.'라고 다짐했을 것이다.

이 고정관념을 깨지 않으면, 당신도 절대 부자가 될 수 없다. 공부를 하고, 종잣돈을 모아 적절한 물건에 투자를 하는 것은 자본주의 사회를 살아가기 위한 경제 활동일 뿐이다. 어리석고 가난한 말에 자신의 미래를 맡기지 않았으면 한다.

물론 고정관념에 해당하는 행동으로 부자가 된 사람들도 일부 있을 것이다. 하지만 그렇지 않은 사람들이 더 많다는 사실을 알아야 한다. 그리고 자신이 부동산 부자에 대한 고정관념을 가지고 있다는 것을 인정해야 한다. 자신의 생각을 객관적으로 바라볼 수 있을 때, 그것으로부터 벗어날 수 있다.

자신의 그릇된 생각을 올바른 방향으로 바꿀 때 자신의 삶이 변화될 수 있다. "생각대로 살지 않으면 사는 대로 생각하게 된다."라는 유명 글귀처럼 자신에게 도움이 되는 긍정적인 생각을 하며 살아가기를 바란다.

5

당신의 돈 그릇 크기만큼 돈이 들어온다

부와 명예는 현명한 자에겐 노예이지만 동시에 어리석은 자에겐 주인이 된다.

– 세네카

당신의 돈 그릇 크기만큼 돈이 들어온다

'그 사람은 그릇이 크다.' 또는 '그릇이 작다.'라는 말을 들어본 적이 있을 것이다. '그릇'이라는 말에는 '마음의 수용력, 생각의 크기, 견디는 힘' 등의 의미가 포함되어 있다. 사람마다 마음의 그릇이 다르듯 돈을 받아들이는 그릇도 다 다르다. 그 그릇의 크기 차이 때문에 부자가 되거나 가난해진다.

'당신의 돈 그릇 크기는 어느 정도 될까? 당신은 어느 수준의 금액까지 편안하게 받아들일 수 있을까?'

돈 그릇이 1억밖에 되지 않은 사람에게 100억을 준다고 해도 받을 수 없다. 오히려 그 돈이 부담스러워 스스로 피할 것이다. 만약 돈 그릇이 100억인 사람에게 1억을 준다고 한다면 당연히 수용하고도 남는다. 오히려 '너무 작다'고 생각할 수 있다. 당신이 부자가 되고 싶다면 돈 그릇의 크기를 키워야 한다. 그래야 돈이 들어올 때 잘 받을 수 있고, 돈을 담아 놓을 수도 있게 된다.

로또에 당첨되거나 도박을 해서 갑자기 큰돈이 들어온 사람들의 이야기가 기사에 많이 나온다. 그들의 결말은 돈을 탕진하여 결국 다시 가난한 삶으로 돌아간다는 것이다. 왜 그럴까? 그것은 자신의 돈 그릇 크기보다 더 많은 돈이 들어와서 부담스럽고 감당하기 힘든 것이다. 그래서 계속 돈을 쓰면서 자신의 돈 그릇 크기에 맞추는 것이다. 그러고는 다음에도 행운이 찾아와 돈이 계속 생길 것이라는 어리석은 희망을 품는다. 그래서 자신의 억눌린 욕구를 해소하는 데 돈을 마구 쓰는 것이다.

파 농사를 하던 K씨의 토지가 개발 사업에 포함되어 수용이 되었다. 토지 보상금을 받은 그는 나이가 많았던 터라 그 보상금을 자신의 아들들에게 미리 유산으로 나눠주었다. 그의 아들들은 농부의 자식으로 어렸을 때부터 풍요롭지 못한 삶을 살았다. 그런데 갑자기 돈이 들어오자 아들들은 외제차를 사고, 첫째 아들은 거제도에서 펜션 사업을 시작했다.

자신이 잘 모르는 분야였지만 '예약을 받고 방만 빌려주면 되겠지!'라는 단순한 생각에 사업을 시작하였다. 첫째 아들은 이제 자신의 인생이 잘 풀릴 것이라고 기대했다. 성공한 사람의 흉내를 내기 위해 많은 돈을 겉치레하는 곳에 사용했다. 첫째 아들의 펜션 사업은 처음에는 잘 되는 듯했다. 하지만 주변에 펜션이 우후죽순으로 생겨났고, 결국 급매로 펜션을 처분하게 되었다. 최근에 만난 첫째 아들에게 펜션 사업에 대해 묻자 자신의 속마음을 털어놓았다.

"예전에 아버지랑 농사지으면서 살 때가 더 좋았던 것 같아. 그때는 돈이 없어도 서로 정이 있었는데…. 아버지는 나와 남동생에게 돈을 나눠주시고 우리 삶에 심하게 간섭하셨지. 돈을 줬으면 끝이지, 계속 감시당하는 느낌이랄까? 내가 펜션을 손해 보고 파는 통에 더 심하게 구박하셔서 이제는 본가에 잘 가지도 않아."라고 했다.

이어서 "돈이 없을 때가 마음은 더 편한 것 같아. 이제는 돈 버는 데 욕심은 없어. 사람이 사는 데는 마음 편한 게 최고지. 돈은 크게 중요한 것 같지 않아." 라며 쓴웃음을 지었다.

그는 무엇이 문제였을까?

무엇보다도 그는 돈 그릇의 크기가 작았다. 그리고 살면서 돈 그릇의 크기를 키우는 연습도 하지 못했다. 풍요롭지 못한 생활 탓에 작은 돈 그릇을 가지고 있었던 것이다. 아마 자신이 부자가 될 수 있다는 생각도 하지 않았을 것이다. 그는 부모를 보며 자신도 모르게 부모의 삶을 닮아갔을 것이다.

부자들은 자신의 자식들에게 돈 관리 능력을 가르치는 것을 중요하게 여긴다. 부모가 아무리 많은 재산을 남겨주더라도 돈을 관리할 수 있는 능력이 없다면, 재산은 순식간에 날아가버린다는 것을 잘 알고 있다. 그래서 어렸을 때부터 금융 교육을 시킨다. 부동산을 보러 다닐 때는 일부러 자식들을 데리고 가서 옆에서 간접 경험을 하게 한다.

이런 어릴 적 교육들이 돈 그릇을 크게 만든다. 일부 부자들은 자식에게 일정 금액을 주고 알아서 투자해서 돈을 불려오라고 한다. 그 과정에서 실패를 하든 성공을 하든 무엇이든 배울 수 있기 때문이다. 이런 크고 작은 경험들은 성공을 위한 밑거름이 된다. 이 경험들이 모여 각자의 삶의 모습을 결정하게 된다.

돈 그릇을 키우려면 당신의 의식 수준을 높여라

또한 의식의 차이가 그 사람의 삶을 결정짓는다. 그릇의 크기 차이도 바로 이 의식의 차이에 의해 영향을 받는다. 의식이 큰 사람은 당연히 돈 그릇도 크다. 그들은 돈이 한정된 것이 아니라 무한하여 그들이 원하는 만큼 돈을 얻을 수 있다고 생각한다. 그리고 자신은 그 돈을 받을 가치가 있다고 여긴다.

이런 '끌어당김의 법칙'에 의해 돈은 계속 돈 많은 사람한테만 간다. 반면 가난한 사람은 돈이란 유한하기 때문에 서로 경쟁해야 한다고 생각한다. 자신들이 가난한 이유는 부자들이 돈을 다 가지고 있기 때문이라고 생각하는 것이다.

그러고는 자신은 너무 평범하게 태어나서 부자가 될 수 없다고 생각한다. 실제로 부자들을 만나 보지 못했기 때문에 부자가 되는 것은 다른 세상 이야기라 여긴다. 모든 사람은 자신과 만나는 사람들의 영향을 많이 받는다. 안타깝게도 가난한 사람은 가난한 사람끼리 만나고 부자는 부자끼리 만난다.

자신과 다른 환경의 사람을 만나면 마음이 불편하다. 대화 주제도 맞지 않고, 생각의 차이도 많아 공감하기가 힘들다. 그래서 비난하게 되고, 다시는 만나고 싶지 않은 것이다. 가난한 사람일수록 남의 이야기를 듣기 싫어한다. 자신의 생각이 '옳다'라는 사고방식을 가지고 있기 때문에 남에게 배우려고 하지 않는다. 하지만 부자들은 오히려 다른 사람에게서 배우려고 귀를 기울인다. 그들에게는 모든 것이 부자가 될 수 있는 정보가 되기 때문이다.

만약 당신이 부자를 만날 기회가 적다면, 대신 성공자들에 대한 책을 읽자. 책에는 성공자들의 생각과 습관, 성공 비법들이 들어 있다. 그것을 자신의 것으로 흡수하고 실천하자. 그 어떤 것보다도 효과가 크고 가장 저렴한 방법이다. 가난한 사람들과 어울려 술자리에서 험담이나 욕 등을 하느라 자신의 시간과 에너지를 낭비하지 말자. 그런 행동들은 자신을 더욱 가난하게 만들 뿐 아무런 도움이 되지 않는다.

퇴근 후나 주말에 커피숍에 앉아 당신의 의식을 확장해줄 책을 읽어보라. 책이 당신을 부자로 만들어줄 방법을 제시할 것이다. 책은 당신을 격려하고, 당신에게 희망을 줄 것이다. 결국 책은 당신의 돈 그릇의 크기를 키워줄 것이다.

돈 그릇이 작은 사람은 돈에 지배당할 것이며, 돈 그릇이 큰 사람은 돈을 지배하게 될 것이다. 부자가 되기 위해서는 돈 그릇의 크기를 키우는 연습을 해야 한다. 그릇이 작으면 넘쳐 흘러내리는 것은 당연한 일이다. 돈 그릇의 크기를 키워야지 들어오는 돈이 새어나가지 않는다. 돈 그릇을 키우기 위해서는 돈에 대한 실전 경험을 쌓아가야 한다. 만약 실패를 했다면 그 실패에서 배워야 한다. '무엇이 문제였을까? 어떻게 하면 내가 원하는 결과를 낼 수 있지?'라고 끊임없이 생각하고 다시 도전해야 한다. 그러다 보면 어느 순간, 자신의 돈 그릇이 커져 있음을 발견할 것이다.

성공하기 위해서는 무엇보다 꿈과 목표가 명확해야 한다. 기차를 타더라도 목적지가 있어야지 내릴 때를 기다리며 참을 수 있다. 만약 목적지가 없다면, 어디로 가는지, 어디서 내릴 것인지, 가는 동안 무엇을 할 것인지를 결정하지 못하게 된다. 그래서 방황만 하다가 인생을 낭비하게 되는 것이다.

"당신은 돈을 지배하는 사람이 될 것인가? 아니면 돈에 지배당하는 사람이 될 것인가?"

그 선택은 순전히 자신의 몫이다.

6

가난은 병이다,
가난한 생각을 버려라

고전적 교육은 당신이 부자가 되는 것을 막는 데다가
그 부를 경멸하게 한다는 데 장점이 있다.

– 러셀 그린

가난한 생각을 버려야 부자가 될 수 있다

2018년도 6월 20일자 〈머니투데이〉에 실린 기사의 제목이 나의 눈길을 끌었다. '부자 될 수 있는 방법, 창업보다 부동산 투자.' 이 기사에 따르면 일반인들에게 '자신을 부자라고 생각하는지'에 대해 물어보았다. '자신은 부자가 아니다.'라는 응답이 91.8%였고, '그렇다.'라는 응답이 8.2%밖에 되지 않았다.

'부자가 아니다.'라고 대답한 응답자에게 '언제 부자가 될 수 있겠느냐?'라고 다시 물었다. 그러자 '평생 자신은 불가능하다.'라고 대답한 사람이 61.1%나 되었다. 충격적이었다. 하지만 더욱 충격적인 것은 20대 응답자의 36%, 학생 응답자의 32.2%가 '평생 자신은 부자가 될 가능성이 없다.'라고 대답했다는 것이다.

*** 자신이 부자라고 생각하는 비율**

*** 가장 실현 가능성이 높은 부자 되는 방법**

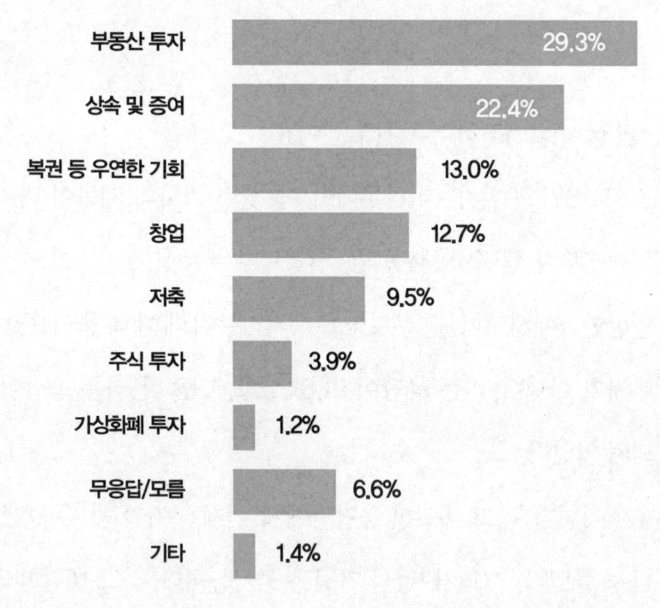

출처 : "부자 될 수 있는 방법, 창업보다 부동산 투자", 〈머니투데이〉, 2018.06.20.

이들은 스스로 자신은 부자가 될 수 없을 것이라고 믿고 있는 것이었다. 그런 생각을 가진 사람들은 실제로 부자가 될 수 있는 기회가 와도 거부하게 된다. 이것은 잠재의식과 관련이 있다. 스스로 가난하다고 생각하는 사람에게 돈이 들어온다면 어떻게 될까? 그 가난한 사람은 돈을 가지고 있는 것이 아주 불편한 상태가 된다. 그래서 무의식중에 돈을 거부하거나 다 써버리는 것이다. 그래서 결국 가난한 삶으로 다시 돌아오게 된다. 이것은 '끌어당김의 법칙'의 원조라고 말할 수 있는 힉스 부부의 『머니룰』과 조셉 머피의 『잠재의식의 힘』에 잘 설명되어 있다.

당신은 신문기사에서 로또 1등에 당첨된 사람들의 결말을 접해보았을 것이다. 그들은 남들이 쉽게 벌 수 없는 어마어마한 돈을 받았지만, 결국 도박, 술 등 유혹에 빠져 파산을 했다. 그들에게 돈이 있었지만, 관리할 수 있는 능력이 부족했다. 그들의 잠재의식은 가난한 생각으로 가득찼기 때문에 가난한 삶을 끌어들였다.

가난한 삶을 벗어나려면, 가난한 생각을 버리고 부자의 생각을 해야 한다. '가난한 생각을 하면 안 돼!'라는 것보다 '부자가 되려면 어떻게 해야 할까?'라며 '부'에 집중해야 한다. 우리의 뇌는 부정형과 긍정형을 구분하지 못한다고 한다. "난 가난한 삶이 싫어, 가난하게 살지 않을 거야." 라고 말하면, 뇌는 가난한 삶에 집중하게 되는 것이다. 따라서 "나는 점점 부유해지고 있어, 나는 이미 부자야."라는 긍정의 완결형 말을 해야 한다. 또한 당신이 부자가 되고 싶다면, 부자에 대해 나쁜 말을 하지 말아야 한다. 우리나라 속담에 "사촌이 땅을 사면 배가 아프다."라는 말이 있다. 가난한 사람들은 부자들을 시기 질투하면서, 자신의 잠재의식에 '부자는 나쁘다.'라고 새겨둔다. 그렇게 당신은 당신이 부자가 되면 나쁜 사람이 될까 봐 두려워한다. 그래서 항상 가난한 삶을 살아가게 당신 스스로 조정하고 있는 것이다. 사실 당신도 부자가 되고 싶은 것이 솔직한 심정일 것이다. 당신을 가난하게 만드는 것은 남이 아니라 당신의 생각과 말이다. 부자가 되고 싶으면, 부자나 성공한 사람들을 축하해줘야 한다. 그리고 '어떻게 하면 나도 그들처럼 될 수 있을까?'라고 생각하면서, 그들의 장점과 차별성을 배워야 한다.

당신은 부자를 말할 때 어떤 생각이 가장 먼저 떠오르는가? 혹시, '부자들은 다 사기꾼들이야. 부자들은 부당한 방법으로 부를 모았어. 부자가 되면 다 이혼해.' 등의 나쁜 이미지를 가지고 있지 않은가? 만약 그렇다면 당신의 잠재의식은 당신이 생각하는 대로 부자가 되기를 거부하게 될 것이다. 그렇다고 부자들이 전부 좋은 사람들이라고는 말하지 않겠다. 그럼에도 불구하고, 당신도 풍요롭고 여유롭게 살아가고 싶을 것이다. 당신이 부유하고 행복하게 살아가는 것은 당신에게 주어진 의무이자 권리이기도 하다. 당신은 당신이 원하는 대로 모든 것을 가질 수 있다.

이것은 우주의 명백한 법칙이다.

안타깝게도 가난한 부모들은 자식까지 가난하게 만든다. 가난한 아이들은 부모로부터 '돈이 많으면 욕심이 많아, 결국 벌을 받고 감옥에 갈 거야.'라는 말을 듣고 자란다. 그런 말을 듣고 자란 아이들은 '욕심 많다고 비난받기 싫어. 감옥 가기 싫어.'라는 생각으로 무의식적으로 돈을 멀리하게 되는 것이다. 가난이 대물림되는 원인은 여러 가지가 있다. 하지만 그중에서도 부모의 지속적인 가난한 말들은 아이들의 무의식에 아주 강력하게 박히게 된다.

부자가 되고 싶으면 부에 대해 말하라

가난한 사람들의 특징 중 하나는 변명과 비난이 많다는 것이다. 남 탓, 경기 탓, 자기 합리화를 통해 왜 자기 자신이 가난한지에 대해 끊임없이 이유를 찾는다. 앞서 언급했듯이 자신의 생각과 말의 결과가 끌어당김의 법칙에 의해 나타난다. '누구 때문에 못해, 경기가 안 좋아서 사업이 안 돼' 등을 계속 생각하게 된다. 자신의 잘못이 아니라고 생각하기 때문에 자신의 행동을 바꾸려하지 않는다.

가난에 집중하고, 가난에 대해 말하고, 가난을 받아들인다. 그러면 당연히 가난한 결과가 나타날 수밖에 없다. 오리슨 스웨트 마든은 『부의 비밀』에서 "가난을 이야기하고, 가난을 생각하고, 가난을 예상하고, 가난에 대비하면 정말로 가난해진다."라고 말한다.

반면, 부자들은 부나 성공에 집중하고, 말하고, 받아들인다. '어떻게 하면 문제를 해결할 수 있을까? 좋은 결과를 위해 지금 내가 해야 하는 일은 무엇일까?'에 대해 고민한다. 어떤 생각에 집중하느냐에 따라 결과가 다르게 나타나는 것은 자명한 일이다. 자신의 사고 패턴과 자신이 말하는 것을 가만히 들여다보아야 한다. 지금 자신이 가난한 생각을 하고 있지 않은지, 가난의 에너지를 끌어당기고 있지 않은지를 면밀히 살펴봐야 한다.

현재 당신이 가난하다면 당신은 마음의 병을 가지고 있는 것이다. 몸의 병만 치료해야 하는 것이 아니라 자신을 스스로 가난하게 만드는 마음의 병 또한 치료가 필요하다. 이 마음의 병은 육체의 병처럼 눈에 보이지 않아서 관리를 하지 않으면 더욱 악화될 수 있다. 그래서 현재의 가난한 삶의 원인이 자신에게 있는지 모른 채 남을 탓하고, 부모를 탓하고, 정부를 탓하게 된다. 병의 근본 원인을 모르는데 올바른 치료법과 해결법이 나올 수 없다.

그럼 가난한 생각을 치료하는 방법은 무엇이 있을까? 오래전부터 많은 책에서 해답을 제시해봤다. '긍정의 생각을 해라, 성공학 책을 읽어라, 감사의 일기를 써라' 등 당신이 알고 있는 방법들이다. 하지만 가난한 사람들은 이미 아는 방법이라며 하찮은 것이라고 치부해버리고는 실천하지 않는다. 또는 한두 번 시도하다가 '거짓말, 삶이 변하지 않잖아.'라고 생각하고 금방 포기해버린다.

먼저 자신의 목표와 실천 계획을 적어보자. 그리고 매일 꿈이 이루어진 당신의 모습을 상상을 하고, 당신의 꿈이 이루어진 것에 대해 미리 감사하자. 당신의 삶은 점점 변화하게 될 것이다. 단, 꾸준히 실천하며 꿈이 현실로 나타나는 버퍼링 시간을 기다리자.

'한국책쓰기1인창업코칭협회'의 대표이자 23년 동안 200권 이상 집필한 김태광 작가가 있다. 그는 23년 동안 독서와 책 쓰기를 통해 높은 의식을 가지고 있었다. 매사에 긍정적이고, 열정적인 그는 수많은 초보 작가에게 영감을 주었다. 그를 만나는 사람들은 모두 그의 높은 의식에 매료되었고, 그와 함께하기 위해 줄을 섰다. 나 또한 그를 통해 높은 의식을 유지하는 방법을 배웠다. 가난한 생각은 낮은 의식에서, 부자의 생각은 높은 의식에서 비롯됨을 깨달았다.

다음은 부자가 된 비결을 묻는 기자의 질문에 빌 게이츠가 대답한 내용이다. 왜 그가 세계 최대의 부자가 될 수 있었는지 짐작할 수 있는 대목이다.

"내가 부자가 된 것은 매일 스스로 2가지 말을 반복하기 때문이다. 하나는 '왠지 오늘은 나에게 큰 행운이 생길 것 같다', 또 다른 하나는 '나는 무엇이든 할 수 있다'는 것이다."

부동산 읽어보기

"로또 1등 당첨되면 행복할 줄 알았는데... '242억' 비극 되풀이"

– 〈이데일리〉, 2019.06.17

로또 1등에 당첨되고도 상습적으로 금품을 훔친 30대가 경찰에 검거됐다. '대박'을 맞은 로또 당첨자가 불행한 결말을 맞는 경우가 종종 전해지면서 씁쓸함을 주고 있다. 부산 연제경찰서는 17일 A(34) 씨를 상습절도 혐의로 불구속 입건했다고 밝혔다.

경찰에 따르면 A씨는 지난해 7월 부산 연제구의 한 주점에서 업주와 친분이 있다고 종업원을 속인 뒤 '단체 예약을 할 건데 선불금을 받아오라'며 밖으로 내보낸 후 귀금속을 훔친 혐의를 받고 있다. A씨는 이런 수법으로 부산, 대구 지역 식당, 주점 등 16곳에서 3,600만 원 상당의 금품을 훔친 것으로 전해졌다.

A씨가 경찰에 덜미를 잡힌 것은 로또 1등에 당첨된 과거 때문이었다.

경찰은 A씨가 범행 이후 택시를 타고 도주하면서 택시기사에게 "예전에 경남에 살았고, 로또 1등에 당첨된 적이 있다."라고 말한 사실을 확인했다. 이에 경찰은 경남 지역 로또 복권 1등 당첨자를 검색해 A씨를 특정하고, 갈취죄로 이미 부산구치소에 수감돼 있던 A씨를 입건했다. 경찰은 "A씨가 로또 당첨금을 도박 등으로 탕진한 뒤 상습적으로 절도와 갈취를 저지른 것으로 드러났다."라고 설명했다.

지난 2003년 5월 역대 당첨금 2위에 해당하는 로또 1등 당첨자의 비참한 결말은 '한 탕주의'의 교훈처럼 남아 있다. 당시 변변한 직업 없이 교도소를 들락거린 40대 B씨는 로또 1등에 당첨되면서 242억 원, 세금을 제외해도 189억 원이라는 거액을 거머쥐었다. B씨는 당첨금으로 당시 한 채에 22억 원에 달하는 아파트를 2채 마련했다. 하지만 아파트를 포함한 전 재산을 탕진하는 데는 채 5년이 걸리지 않았다.

그는 전문 지식 없이 주식을 사들여 큰 손해를 봤고, 사업도 거듭 실패했다. 또 인터넷에서 만난 사람에게 주식 투자로 돈을 벌게 해주겠다며 1억 4,000여만 원을 받아내 재기를 노렸지만 물거품이 됐다. 결국 B씨는 신분을 숨기고 부동산 중개업소에서 일하다 경찰에 검거됐다.

2014년 3월에도 로또 1등에 당첨된 한 30대 남성이 당첨금을 모두 탕진한 뒤 절도범으로 검거되기도 했다.

7

당신이 부자가 되지 못하는 이유

태만은 천천히 움직이므로 가난이 곧 따라잡는다.

– 벤자민 프랭클린

모든 것은 당신이 말하는 대로 이루어진다

내가 공인중개사 자격증이 있고, 부동산학 박사 과정 중이라는 것을 아는 사람들은 나에게 '어느 지역이 투자하기 좋은지' 물어보고 아파트 분양공고가 뜨면, '그 아파트에 청약을 해도 될지? 어떤 형태가 좋은지'를 물어보는 사람들이 많다. 점포 겸용 단독주택용지 입찰 공고가 나오면, 좋은 위치를 알려주고 직접 입찰까지 도와준다. 이런 도움을 요청하는 사람들은 기본적으로 부동산에 관심이 많은 사람들이다. '부동산 가격이 오르지 않으면 어떡하지?'라는 불안감은 누구나 가지고 있지만 '시도하느냐, 시도하지 않느냐'에 따라 '부'의 차이가 정해진다.

"로즈 씨, 요즘 어느 아파트가 좋지?"

"○○ 지역이 좋은 것 같아요. 이번에 ○○ 아파트 분양공고가 났던데, 청약 한번 넣어보시죠?"

"그 아파트 너무 비싸. 나 돈 없어. 돈 좀 빌려줘. 지금 먹고살 돈도 없는데…."

이렇게 농담 반, 푸념 반으로 말하는 선배가 있었다. 너무 자주 '돈이 없다.'라는 말을 해서, '끌어당김의 법칙'을 알고 있는 나는 걱정스러운 마음에 그에게 말을 했다.

"선배, 비밀 하나 알려드릴까요? 선배가 말하는 대로 다 이루어져요. 선배가 계속 '돈 없다.'라고 말하면 돈이 계속 없을 거예요. 따라서 '돈이 지금 들어오고 있다.'라고 말해야 해요."

몇 초가 흐른 뒤, 그는 "그래, 로즈 씨의 말이 맞는 것 같아…."라는 말을 하고서는 생각에 잠기는 듯했다.

사실 그는 안정적인 직장을 다니고 있으며, 아내 또한 공무원이다. 그의 실질적인 생활이 가난하기보다는 그의 생각이 가난해서 아무것도 하지 못하는 것이었다. 그 일 이후, 그는 그런 말을 하지 않았다. 오히려 내가 그에게 다시 물어보았다.

"선배, 요즘 '돈 없다.'라는 말을 하지 않으시네요?"

"어, 네 말이 맞더라고, 예전에는 긍정의 힘이 많았는데…. 나도 모르게 요즘 그런 말을 자주한 것 같아. 이제는 다시 긍정적으로 생각하고, 말하려고."

놀라운 변화였다. 나의 말 한마디에 그는 그의 과거 모습을 객관적으로 바라보았다. 그러고는 앞으로의 삶에 대한 태도까지 바꾸겠다고 하였다. 그는 아주 현명한 사람이고, 앞으로도 발전 가능성이 많은 사람이었다. 나는 그에게 '부자가 될 수 있는 씨앗'을 심어놓은 것 같아 아주 뿌듯했다.

당신의 젊음과 인생을 낭비하지 말라

어느 날, 직장 생활을 시작한 지 2, 3년차 되는 후배들과 이야기를 할 시간이 있었다. 나의 전공이 부동산이다보니 나는 "직장 생활을 하면서 틈틈이 부동산 공부를 하라. 젊었을 때부터 부동산 공부를 하면서 종잣돈을 만들어 투자해야 한다. 결혼해서 월급만으로 생활하기에는 빠듯하며, 직장인들은 퇴직 후의 삶이 불안하다."라고 조언하였다. 이것은 내가 퇴직하는 상사들의 모습을 직접 보았기 때문이다. 나의 조언을 알아듣고, "네, 열심히 공부해야겠어요."라고 대답하는 후배가 있는 반면, "요즘은 욜로족이 유행이에요. 여행 다니며, 내 삶을 즐기면 그만이죠. 몇년 뒤에는 집이 남아돈다고 하는데 굳이 집을 살 필요가 있을까요?"라며,

나의 조언을 구시대적 발상으로 여기는 후배도 있다. 어느 것이 정답이라고 할 수는 없다. 자신의 삶을 어떻게 살 것인가는 자기 자신의 선택임으로 옳고, 그름의 문제는 아니다. 하지만 10~20년 뒤, 누가 더 부자가 될 확률이 높을까? 당연히 현재의 유흥을 위해 버는 족족 쓰는 사람보다는 미래를 위해 공부하고 투자하는 사람이 더 부자가 될 확률이 높을 것이다.

현재의 삶을 즐기지 말라는 뜻이 아니다. 현재의 삶만 즐기느라 자신의 미래를 포기하지 말라는 것이다. '욜로'라는 단어를 인터넷에 검색해 보았다. '인생은 한 번뿐이다' 라는 뜻으로 You Only Live Once의 앞 글자를 딴 용어이다. '현재 자신의 행복을 가장 중시하여 소비하는 태도'를 말한다. '미래 또는 남을 위해 희생하지 않고 현재의 행복을 위해 소비하는 라이프 스타일'이라는 설명이 덧붙여져 있다. 어느 세미나에서 "현재의 만족만을 위해 소비하는 것은 미래가 불안한 청년의 삶을 반영하는 것이다."라는 말을 들었다. 미래를 꿈꿀 수 없을 정도로 힘든 지금의 청년들에게 '현재를 즐기자. 미래는 어떻게 될지 모른다.'라는 생각이 무의식에 깔려 있다는 것이다. 왜 젊은이들이 '욜로족'이 되었는지 이해가 되었다.

하지만 미래가 불안하다고 하여 현재의 돈마저 다 써버린다면 가난한 삶밖에 남지 않는다. 미래가 불안하다면 지금 당장 준비하고, 자기 계발을 하는 데 집중해야 한다. 꿈과 목표가 없으니 불안한 마음에 반대로 행동하는 것이다. 자신이 부자가 될 수 있다는 사실조차 모른 채 젊음을 낭비하고 있는 것이다. 젊었을 때의 모든 경험은 피가 되고 살이 된다는 것을 부인하지 않는다. 다만, 지레 포기하여 자신의 인생을 낭비하는 것을 경계해야 한다.

경계해야 할 또 하나의 태도가 있다. 한 번 실패했다고 해서 모든 것을 포기해버리는 경우가 있다. 이 경우는 돈, 시간, 에너지를 모두 낭비하는 것이다. 실패를 통해 배우고, '어떻게 하면 성공할 수 있을까?'를 고민해야 한다. 작은 실패에 걸려 넘어져 두 번 다시 시도하지 않으면 앞에 노력했던 과정들이 모두 쓸모없는 일이 되어버린다. 지인 중에 돈가스 가게를 운영하는 J씨가 있다. 젊은 나이에 그녀는 가게를 운영하면서 돈을 꽤 모았다. 평소 알고 지내던 그녀의 지인과 상가에 공동투자하기로 하였다. 하지만 지인의 배신으로 돈을 날리고 사람도 잃게 되었다. 그 뒤 그녀는 부동산에 '부'자도 듣기 싫어졌다. 부동산을 통해 돈을 불리려고 하다가 모아둔 돈을 다 날리게 되어 속이 쓰렸다.

현재 그녀는 돈가스 가게를 계속 운영하며 다시 돈을 모으고 있다. 하지만 집은 사지 않은 채, 전세로만 집을 구하고 있다. 부동산 호황기에 집값이 계속 올라도 그녀는 전세만 고집하였다. 평생 부동산에 투자하지 않겠노라며, 계속 전세 값만 올려주고 있다. 그녀는 한 번의 실패로 부동산을 위험한 것, 안 좋은 것으로 단정지어버렸다. 안타깝게도 그녀는 앞으로 부동산 부자는 될 수 없을 것이다.

당신이 부동산 부자가 되지 못하는 이유가 있다. 많은 사람들이 자신에 대해 다음과 같이 생각한다.

'나는 현재 돈이 없기 때문에 아무것도 할 수 없다.'
'돈이 돈을 버는 세상이다.'
'내가 부동산에 투자를 하면 망할 것 같다.'

이런 생각들을 가지고 있으면 시작도 하지 못하고, 지레 겁을 먹고 포기해버린다. 그러면서 '역시 나는 부자가 될 수 없는 운명이야.'라는 식의 말을 스스로에게 주입시킨다. 정작 자기 자신을 가난하게 만드는 것은 세상 그 누가 아니라 자기 자신임을 깨닫지 못한다. 그러고는 남 탓, 환경 탓, 세상 탓을 한다. 그러는 사이에 시간은 계속 갈 것이며, 자신은 더욱 가난해질 것이다. 평범했던 수많은 사람이 현재는 부자가 되었다. 평범했던 그들이 할 수 있다면, 분명 당신도 할 수 있음을 명심하자.

2.『나는 해외투자로 글로벌 부동산 부자가 되었다』 저자 방미

* 부동산 부자가 될 수 있었던 성공 요인

- 부동산 부자들과 인맥 형성
- 직접 발품 팔기
- 부동산에 일찍 관심 갖고, 투자하기

가수 방미 씨는 서울, 제주, 미국 등에 200억대 부동산을 소유한 것으로 알려졌다. 최근에는『나는 해외투자로 글로벌 부동산 부자가 되었다』라는 책을 펴냈다. 그녀는 한 방송에서 부동산 투자를 한 계기를 말했다. 연예 활동을 하면서 벌었던 돈을 지인의 권유로 유성온천 인근 땅에 투자하면서 투자한 돈의 약 14배의 이익을 얻게 되었다. 그 뒤 부동산의 힘을 알게 된 그녀는 아파트, 주택, 연립, 빌라 등에 투자하면서 연예계 활동을 접고 본격적으로 부동산 투자를 하기 시작했다.

그녀가 공개한 부자 비법은 '첫째, 부자를 따라가라. 둘째, 신도시에 가지 마라. 셋째, 첫 가격을 확인하라.'였다. 오랜 기간 동안 준비하고 노력한 것이 현재의 200억대 부동산 부자를 만들었다. 모든 것은 노력 없이 이루어지는 것이 아니다. 그녀 역시 젊은 시절 부동산 공부를 하고 투자한 덕분에 현재의 삶을 누리고 있는 것이다. 그녀는 "돈을 벌고 싶으면 공부하고 노력해서 떳떳하게 투자해야 된다."라고 강조했다.

2장

부동산 공부로 만들어나가는 부의 파이프라인

1

절박할수록 부동산 파이프라인을 구축하라

최고에 도달하려면 최저에서 시작하라.

– P. 시루스

부동산으로 파이프라인을 구축하라

주위를 둘러보면 많은 사람들이 "요즘 경기가 좋지 않아서 경제적으로 많이 어렵다."라는 말을 한다. 곰곰이 생각해보면 이 말은 몇십 년째 듣고 있는 것 같다. 사실 우리나라는 1970~1980년대 급속한 경제 성장 이후 경제 성장률이 계속 떨어지고 있는 상황이다. 사람들의 입장에서 보면 과거의 급속한 경제 성장기와 현재를 비교하게 되는 것이다.

그래서 항상 사람들은 "경기가 좋지 않다. 어렵다."라는 말을 달고 사는 것이다. 실질적으로도 경제적인 어려움을 겪고 있는 사람들도 많다.

겉으로는 잘 살아가는 것처럼 보여도 실제로는 경제적 곤란에 처해 있는 경우도 있다.

하지만 이런 경제적 어려움을 겪고 있는 사람들은 그 상황을 벗어나기 위해 무엇을 하고 있을까? 어떤 사람들은 "어렵다. 힘들다. 정부에서는 무엇을 하고 있나?" 등의 원망 섞인 말을 계속 하고 있을 것이다. 또 어떤 사람들은 그 상황을 극복하기 위해 열심히 일을 하고 있을 것이다. 여기에서 '파산'과 '가난'을 구분할 필요가 있다. '파산'은 경제적으로 돈이 없는 상태이고, '가난'은 정신적으로 가난한 생각을 많이 하는 것이다.

만약 경제적인 파산의 어려움을 겪는다면 더 버는 방법밖에 없다. 자신의 육체를 이용하여 일을 더 많이 하거나, 돈을 투자해서 돈을 버는 방법이 있다. 전자의 경우처럼 자신의 육체를 이용해서 돈을 번다면 당신이 아프거나 일을 하지 못할 때는 돈이 들어오지 않는다. 반면, 후자의 경우처럼 월세 받는 시스템을 만들어놓는다면 직접 일하지 않더라도 돈이 들어온다. 이것이 그 유명한 '파이프라인'을 확보하는 방법이다.

여기서 잠시, '파이프라인 우화'를 잠깐 소개할까 한다.

「이탈리아의 작은 마을에 사는 파블로와 브루노가 물통을 나르는 일을 했다. 브루노는 물을 나르고 품삯을 받으면서 이런 일을 할 수 있다는 건 꿈을 달성한 것이라고 행복해 했다. 하지만 파블로는 자신이 꿈꿔오던 것은 이것이 아니라는 생각했다. 하루 종일 물통을 나르느라 손은 물집투성인 데다가 온몸이 구석구석 쑤셔왔기 때문이다.

파블로는 물통을 나르는 것보다 파이프라인을 놓는 것이 좋다고 판단하고 브르노를 설득한다. 하지만 하루 벌어 하루를 즐기는 브르노는 파이프라인을 구축하느라 하루벌이도 못하는 건 끔찍한 일이고, 쓸데없는 생각이라며 파블로를 조롱한다.

브루노의 조롱에도 불구하고 파블로는 실패를 거듭하며 파이프라인을 놓는 데 노력했고, 결국 성공했다. 파이프라인이 완공되자 파블로는 더 이상 물동이를 질 필요가 없었다. 그가 일을 하든 일을 하지 않든 물이 흘렀다. 그가 식사를 하는 동안에도, 잠을 자는 동안에도, 또 노는 동안에도 쉬지 않고 흘렀다. 더 많은 양의 물이 마을로 흘러들수록 더 많은 돈이 파블로의 주머니에 들어왔다.

반면 브르노는 이제 힘이 없고 몸이 아파서 더 이상 물동이를 져 나를 수 없게 되었다. 언제까지나 자신은 돈을 벌 수 있을 거라 생각한 브르노는 파블로가 힘들게 파이프라인을 구축하고 있는 동안에 그를 조롱하며 그날그날 번 돈으로 술을 마시고 즐기며 살았다. 결국엔 브루노는 후회하며 파블로의 도움을 받게 되었다.」

여기에 나오는 브루노와 같이 일반인들은 자신의 노동을 제공한 대가로 돈을 받는다. 경제적으로 어려울수록 자신의 몸을 혹사해서라도 더 많은 일을 하려고 할 것이다. 몸을 많이 쓸수록 에너지가 소진되며, 시간이 갈수록 몸은 노화한다. 결국 아프거나 늙어서 더 이상 일을 할 수 없게 된다. 버는 돈은 자식들의 교육비와 생활비로 이미 다 쓰고 없다. 설상가상으로, 나이가 드니 병원비는 계속 나가고 생활은 더욱 어려워진다. 누구보다 열심히 살았지만 결국 남는 것은 병든 몸뚱이 하나밖에 없다. 슬프지만 이것이 현실이다.

그럼 우리는 어떻게 해야 할까? 우화에 나오는 파블로처럼 당신 대신 일해줄 파이프라인을 찾아야 한다. 직장 이외에 돈을 벌 수 있는 파이프라인의 종류로는 부동산 임대 수익, 주식, 채권 등이 있다. 과거부터 부자들은 부동산에 투자해서 임대 수익을 얻는 방법을 가장 선호했다. 부동산에 투자해서 부자가 되었다고 말해도 과언이 아닐 것이다.

직장 생활은 한계가 있다. 아무리 안정된 직장이라고 하더라도 누구든 끝은 있다. 직장인 평균 월급은 생활비, 교육비 등 현재를 살아갈 수준의 월급밖에 되지 않는다. 퇴직 이후에는 얼마 되지 않는 퇴직금으로 죽을 때까지 살아가야 한다. 만약 아프기라도 한다면 병원비까지 들어간다. 준비되지 않은 노후는 상상만 해도 끔직하다.

파이프라인 구축은 선택 사항이 아니라 필수 사항이다

더 늙고 아프기 전에 부동산으로 파이프라인을 구축해야 한다. 더 이상 지체하다가는 가난한 노후를 맞이할 수밖에 없다. 노인들의 우울증과 자살은 이미 심각한 사회 문제로 대두되고 있다. 월급 이외의 파이프라인 구축은 더 이상 선택 사항이 아니라 필수 사항이다. 혹시 아직도 직장생활만 열심히 하면 노후가 보장되고, 편안한 삶을 살 수 있다고 착각하고 있지는 않는가? 이것은 스스로를 가난에 빠뜨릴 수 있는 위험한 생각이다.

나는 나의 어머니로부터 "젊은 시절 돈을 잘 벌 때에는, 영원히 젊고 돈을 계속 잘 벌 수 있을 거라고 착각했다."라는 후회 섞인 말을 최근 10년간 자주 들었다. "나의 생각처럼 인생이 잘 풀리지 않더구나!"라는 말씀에서 어머니의 고단함과 상실감이 느껴졌다.

젊은 시절 어머니는 보험회사에 다니셔서 수입이 많으셨다. 아버지는 내가 고등학교 때까지 공무원 생활을 하셨다. 어머니는 여유 돈이 있으니 부동산에 투자하고 싶어 하셨다. 하지만 아버지는 '공무원은 부동산 투자로 돈을 벌면 안 된다.'라는 신념이 강하셨다. 그래서 어머니가 부동산에 투자하는 것을 완강히 반대하셨다. 그렇게 1980~1990년대 경제 성장기에 힘입은 부동산 호황기 시절은 지나갔다.

외환 위기가 오자, 명예퇴직이 일상화되던 시점에 아버지는 공무원을 그만두셨다. 그 뒤 퇴직금으로 법무사 사무실을 차리셨다. 법무사는 부동산의 소유권 이전등기나 담보 대출에 대한 설정등기 업무를 주로 한다. 공인중개사와 은행이 주 고객이다.

부동산에 대한 많은 정보가 있었음에도 아버지는 그때에도 부동산 투자를 하지 않으셨다. "일해서 돈 벌면 되는데, 땅 투기해서 괜히 책잡히는 일은 하지 말라."라는 아버지의 엄포에 어머니는 부동산 투자는 꿈도 꾸지 못했다. 그러다 보니 버는 돈은 가족들의 이런저런 이유의 경제적 구멍을 메우는 데 들어갔다. 그리고 모으는 것보다는 쓰는 것에 익숙해져갔다. 그렇게 외환 위기 이후의 부동산 호황기 시절은 다시 지나갔다. 그 시절에는 입주 아파트의 등기 업무를 따내기 위한 노력만 계속하셨다.

시간이 흘러, 지금 입주 아파트의 등기 업무는 법무사끼리의 과다출혈 경쟁으로 헐값에 노동력만 제공되고 있다. 일을 해도 남는 게 없는 것이다. 그 일마저 서울의 대형 법인에서 독점하고 있는 실정이다. 현재 부산 부동산 시장은 하락기로 매매 거래가 급감했다. 부동산 관련 업종은 어려운 시기를 맞이하고 있다.

나는 항상 '우리 부모님이 몇 번의 부동산 호황기를 잘 활용하셨다면 고생을 덜 하셨을 텐데….'라는 아쉬움이 있다. 회사의 눈치를 보느라, 또 직접 노동을 하면 된다는 생각 때문에 당신들의 노후까지 길게 생각하지 못하셨다. 어머니의 말씀처럼 '항상 돈을 잘 벌 줄 알고, 항상 젊고 건강할 줄 알고' 젊은 날에 미래를 준비하지 못하셨다.

젊을수록, 삶이 절박할수록 부동산 파이프라인을 만들어야 한다. 그 파이프라인을 만들기 위해서는 부동산 공부는 필수이다. 당신의 미래를 위한 소중한 돈을 남의 말만 믿고 투자할 것인가? 삶이 바뀌었으면 하는 생각이 절박할수록 부동산 공부를 해야 한다. 당신의 위대한 삶을 누구에게 맡기는가? 당신 스스로가 당신의 삶을 책임져야 한다는 사실은 단 한 번도 바뀐 적이 없다.

2

부동산을 모르면 절대 부자가 될 수 없다

언제까지 계속되는 불행은 없다. 가만히 견디고 참든지
용기를 내 쫓아버리든지, 이 둘 중 한 가지 방법을 택해야 한다.

– 로망 롤랑

예금, 적금만으로 부자가 될 수 없다

자본주의 체제를 파헤친 EBS 다큐프라임을 책으로 펴낸 『자본주의』를 몇년 전에 읽었다. 당시 나는 그 책을 읽고 충격을 받았다. 우리가 현재 자본주의 사회에 살고 있지만 자본주의에 대해 너무 모르고 있었다는 걸 깨달았다. 이 책을 읽고 '자본주의'의 숨겨진 비밀을 알게 되면서 '내가 너무 순진하게 속고 있었다.'라는 생각이 들었다.

비슷한 시기에 『부자들의 음모』, 『재테크의 비밀』 등 자본가들이 군중을 유혹하는 비밀에 대해 파헤치는 책들을 접하였다. 나는 당시 그 책들을 읽으며, '내가 자본가들이 던진 미끼를 문 물고기에 지나지 않았다'는 것을 깨달았다. '자본가들이 파놓은 함정과 그것의 숨은 이면을 보아야 한다.'는 생각과 함께 공부의 필요성을 깨달은 계기가 되었다.

자본주의 사회에서 물가는 절대 내려가지 않는다. 자본주의 특성상 돈을 계속 찍어낼 수밖에 없다. 그래서 돈의 가치는 계속 떨어지는 것이다. 50년 전 자장면 한 그릇의 가격은 15원이었다.

요즘은 최소 5,000~6,000원은 내야 한다. 50년 동안 무려 300배 이상 올랐다. 하지만 그동안 단 한 번도 자장면 가격이 내려간 적은 없다. 따라서 재산을 현금으로만 가지고 있는 것은 매우 위험한 일이 되는 것이다. 1970~1980년대에는 돈을 은행에 예금해놓으면 이자율이 10~20%였다. 하지만 2019년 현재의 예금이자는 1% 후반~2% 초반이다. 이 이자율로는 물가상승률도 따라가지 못한다.

'하나금융경영연구소'에서 발표한 '2019년 한국 부자 보고서'를 보면, 부자들의 재무 상태를 알 수 있다. 부자들의 총자산 중 부동산이 차지하는 비율은 53%로 가장 높았다. '보유 자산에 가장 많은 기여를 한 소득' 역시 부동산이 27.2%로 가장 높았다. 이렇듯 대한민국에서는 '부동산'을 빼고 부자를 논할 수 없을 정도다. 좁은 국토로 인해, 과거부터 토지를 선점하고 있다는 것만으로도 부자가 될 가능성이 높았다.

＊ 총자산 중 부동산 자산 비중

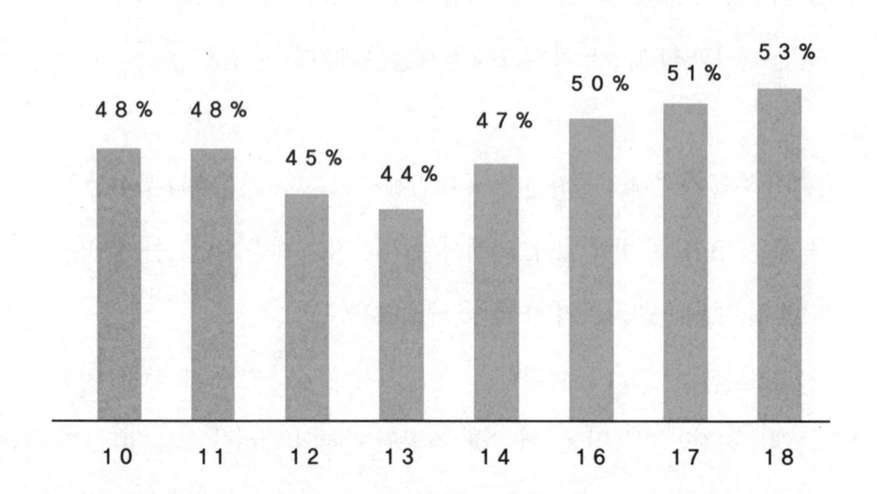

＊ 총자산별 보유자산 축적 기여 내용

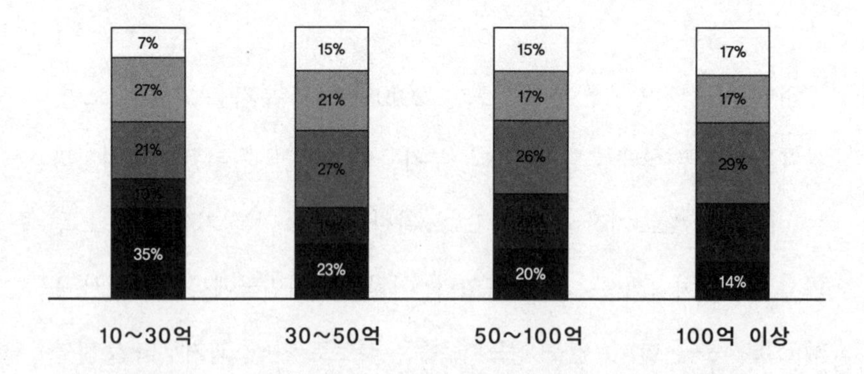

출처 : 2019 Korean Wealth Report 〈한국 부자들의 자산 관리 방식 및 라이프스타일〉, 하나금융경영연구소

『한국의 100억 부자들』에서 언급된 부자의 주 수입원에 대한 설문조사 결과는 흥미로웠다. 100명 중 73명이 주 수입원으로 '부동산 임대 수익'을 꼽았다. 13명이 '사업 및 급여 수익', 13명이 '각종 연금', 12명이 '투자 수익' 순으로 이어졌다. 일반인들은 노후를 대비해서 돈을 따로 모으지만, 부자들은 돈을 따로 모으지 않았다. 부자의 75%가 노후 대책은 바로 '부동산 임대 수익'이라고 생각하는 것이었다. 부자들 중 정기저축을 노후 대책으로 삼는 사람은 6%에 불과했다.

예금과 적금으로는 더 이상 부자가 될 수 없다. 돈을 가만히 은행에 넣어두는 것은 아무것도 하지 않고 돈을 까먹는 것이다. 예금과 적금은 투자를 위한 종잣돈 마련 수단이다. 돈은 눈 굴리듯 계속 굴려야 커진다. 부자들은 하나같이 처음에 종잣돈 만드는 것이 힘들었다고 한다. 하지만 작은 돈이지만 굴리다 보면 어느새 돈의 단위가 훌쩍 커진다고 말한다. 그래서 '어느 정도 종잣돈을 마련했다면 반드시 투자를 해야 한다.'라고 조언한다. 소액 투자부터 시작하면서 실전 경험을 쌓아야 한다.

운동선수가 매일 훈련을 하듯이 부자가 되는 것도 연습이 필요하다. 첫 투자부터 성공하면 좋겠지만 그렇지 못할 수도 있다. 하지만 좌절하거나 포기하지 않아야 한다. 실패를 통해 배우면, 다음 투자에서는 더욱 신중하게 올바른 판단을 하기 위해 노력한다. 그래서 공부도 더욱 열심히 하고 발품도 더 많이 팔게 된다. 그 과정에서 좋은 부동산을 선택하는 능력이 생기는 것이다. 실패는 성공을 위한 밑거름이 된다.

부동산은 당신의 든든한 지원군이 된다

지인 중 자동차 부품을 생산하는 공장을 운영하는 50대 Y씨가 있다. 그는 자동차 수출이 잘되는 시기에 돈을 많이 모았다. 그는 돈을 은행에 맡기기보다는 부동산에 투자하였다. 현재 또 다른 공장을 사서 임대를 주고 있다. 그리고 상가에 투자해 국내 유명 빵 프랜차이즈를 입점시켜 월세를 안정적으로 받고 있다. 10년 전에 매입한 토지는 유통업체에 임대했다. 그는 3~4년 전에는 토지를 사기 위해 발품을 팔고 다녔다.

현재 자동차산 업이 주춤하면서 일시적으로 공장 운영에 어려움을 겪고 있다. 하지만 그는 사업수익을 미리 부동산에 투자해놓았다. 그 덕분에 부동산에서 월수입이 계속 들어오면서 자금난을 견딜 수 있다. 같은 업종의 영세 공장들은 대출이자를 견디지 못해 경매로 넘어가고 있는 실정이다. 그는 '부동산 투자 없이 공장만 운영했다면 어떻게 됐을까?'라며 가슴을 쓸어내렸다.

부자들은 사업이 잘되더라도 사업이 어려울 것을 대비해 미리 다른 자산에 투자를 해놓는다. 그 중 가장 많이 투자하는 것이 부동산이다. 사업이 조금 어렵더라도 투자한 부동산 가격이 상승한다면 부동산은 든든한 지원군이 되는 것이다. 과거, 사업을 하는 사람들이 공장부지를 사서 공장을 운영하다가 땅값이 상승하면 팔았다. 그러고는 새로 조성된 저렴한 외곽 공업단지로 옮기면서 돈을 불려 나갔다. 도시가 확장되면서 기존에 공장이 있던 자리까지 개발되어 돈을 번 사람들이 많다.

주식은 그 회사가 망하면 휴지조각이 된다. 하지만 부동산은 망하더라도 땅이라도 남으니 부자들은 부동산을 더 선호한다. "계란을 한 바구니에 담지 말라."라는 말이 있다. 잘 모르는 일반인 중 주식에 조금, 적금에 조금, 부동산에 조금 투자하는 사람들이 있다. 이렇게 하면 종잣돈이 분산된다. "계란을 한 바구니에 담지 말라."라는 말은 부자들처럼 돈 관리가 필요한 시점에서 분산 투자를 하는 것이 맞다는 말로 이해해야 한다.

분산 투자를 할 만큼 돈이 많지 않는 사람들은 종잣돈을 한 곳에 모을 필요가 있다. 재테크 전문가라도 부동산과 주식 분야에 모두 능할 수는 없다. 그래서 부동산 전문가, 주식 전문가, 금융 전문가가 다 따로 있는 것이다. 한 사람이 모든 분야를 다 알기에는 한계가 있다. 투자의 범위가 방대하기 때문이다. 전문가도 어려운 일인데, 하물며 개인이 부동산과 주식을 두루 섭렵하기는 더욱 어렵다. 여러 가지를 다 하려다가 모두 어설프게 알 확률이 더 높다.

그렇게 되면 자신이 없기 때문에 떠도는 소문이나 남의 말에 휘둘리게 된다. 그런 사람들은 결국 투자에 실패할 확률이 높다. 자신의 성향에 맞고, 관심이 있는 분야에 집중하자. 그 분야에 대해 깊게 공부해서 전문가다운 실력을 갖추자. 이것저것 하는 것보다 한 분야에 집중하면 성공할 확률이 더 높다. 만약 투자에 성공해서 돈 관리를 해야 할 정도로 돈이 많아진다면 그때 분산 투자해도 늦지 않다. '선택과 집중'의 관점에서 볼 때에도, 한정된 시간과 에너지, 돈을 집중적으로 사용하는 것이 더욱 효율적이다.

『부자아빠 가난한 아빠』로 유명한 로버트 기요사키도 부동산 임대업으로 부자가 되었다. 현재 미국 대통령 도널드 트럼프 역시 부동산 부자이다. 이들 외에도 세계 곳곳에는 부동산으로 부자가 된 경우가 너무 많다. 부동산을 모르고는 절대 부자가 될 수 없는 것이다. 사업 수완이 좋아 부자가 될 수도 있다. 하지만 그 부를 유지하고 관리하기 위해서는 부동산을 활용할 수밖에 없다. 그들은 이미 현금을 가지고 있으면 돈의 가치가 계속 떨어진다는 것을 안다.

자본주의 사회에 살고 있다면 자본주의의 속성을 알아야 한다. 자본주의에서는 돈을 계속 찍어낼 수밖에 없다. 따라서 실물자산인 부동산을 가지고 있는 것은 인플레이션에 대처하는 방법이다.

전세금에 대해 생각해볼 필요도 있다. 전세금 역시 인플레이션 때문에 2년 후에 돌려받을 때에는 그 가치가 하락한다. 같은 액수의 돈이지만 전세 기간 동안 물가가 상승하면서 비슷한 아파트를 구하기 힘들어지는 것이다. 전세 가격은 상승과 하락을 반복하면서 결국 우상향했다. 전세 가격의 상승은 매매 가격을 끌어올린다. 부동산의 이런 구조를 아는 것과 모르는 것은 천지 차이이다. 자본주의 사회를 살아가기 위해서는 부동산 공부는 필수이다.

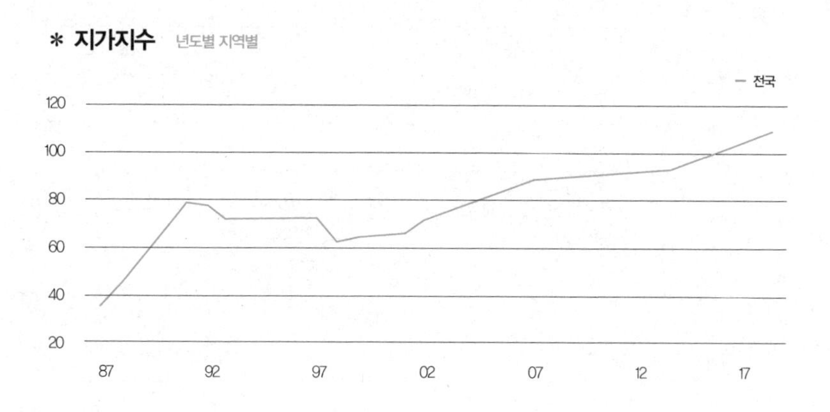

＊ 아파트 실거래 가격지수 지역별 아파트 실거래가 지수

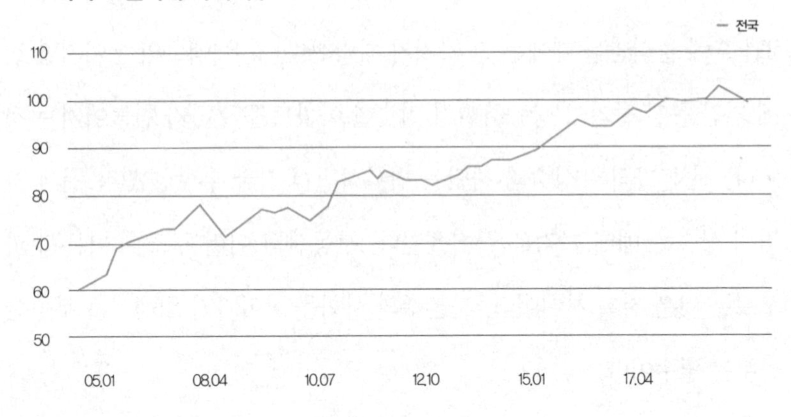

＊ 소비자 물가지수(전체)

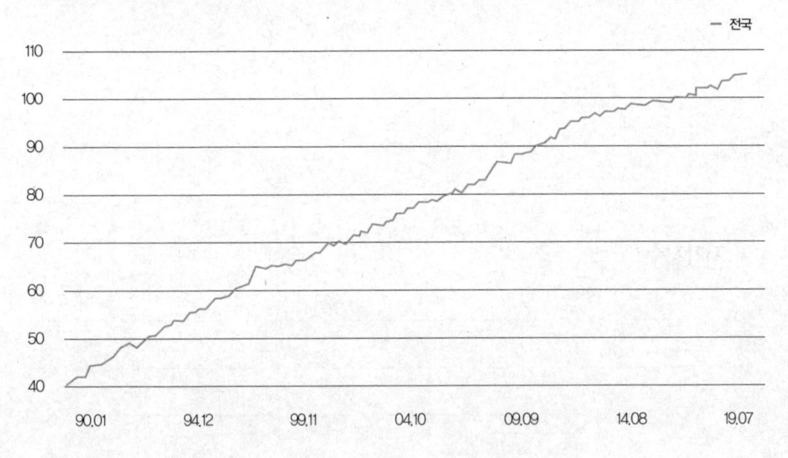

* 정기예금금리

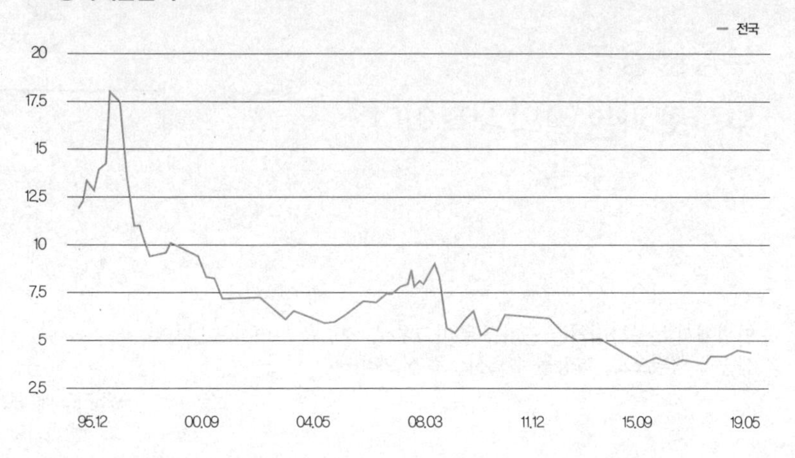

* 주택담보 대출금리

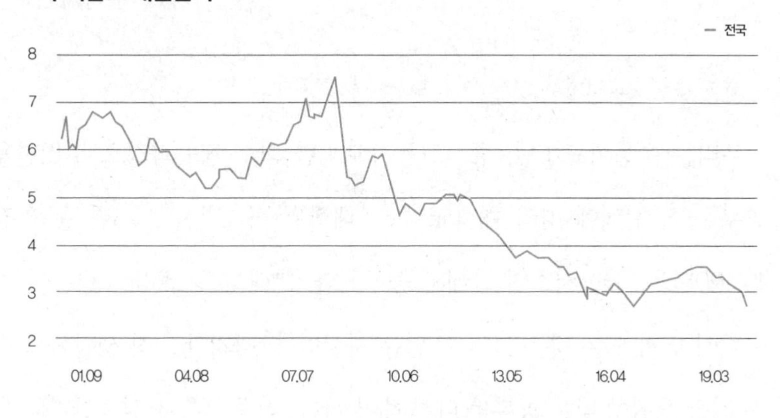

출처 : 한국감정원

3

부동산 공부,
부자로 가는 길의 시작이다

인생에서 성공하려거든 끈기를 죽마고우로, 경험을 현명한 조언자로, 신중을 형님으로, 희망을 수호신으로 삼으라.

– 조지프 애디슨

자본주의 사회에서 부동산 공부는 필수다

우리는 초등학교 6년, 중 · 고등학교 6년 최소 정규과정으로 12년을 공부한다. 선택에 따라 대학교 4년, 대학원 석 · 박사 2~5년 등 최장 19~20년을 학교 시스템 안에서 공부한다. 그래서 '공부'라는 단어에 거부감이 먼저 드는 것은 어쩔 수 없는 사실이다. 하지만 직장 생활을 하면서 직장 생활에 맞는 공부를 다시 해야 한다. 직장 생활에 필요한 지식은 학교에서 배우지 않은 것이 더 많기 때문이다. 직장인들은 회사에 출근하기 전이나 퇴근 후, 학원이나 인터넷 강의 등을 통해 각자 필요한 부분을 공부한다.

그럼 직장 생활에 필요한 지식만 공부하면 끝일까? 그렇지 않다. 삶을 살아가는 데 필요한 지식도 공부해야 한다. 세금, 법, 부동산, 주식 등 자신을 증식하고 관리하는 데 필요한 지식도 필수이다. 이런 지식이 없다면 자본주의 사회를 살아가는 우리의 삶이 위협받는다. 부자들은 아이들에게 어렸을 때부터 금융 교육을 시킨다. 그들은 자본주의 사회를 살아가는 데 꼭 필요한 지식을 가르치고자 노력한다.

현대인들의 생활은 금융과 밀접하게 연결되어 있다. 저축을 하러 은행에 가고, 집을 한 채 사려고 해도 모든 것은 금융 지식이 밑바탕이 되어야 한다. 금융 지식을 공부하지 않으면 자본가들의 발 아래에서 현대판 노예로 살아가게 된다. 자본주의 사회를 살아가는 사람들은 자본주의 시스템을 벗어나기는 매우 어렵다. 또한 금융 지식 위에 자산 증식을 위한 지식을 쌓아야 한다.

영어학원 강사를 하던 40대 G씨가 있다. 그녀는 20대부터 영어강사를 하면서 돈을 모았다. 그녀가 일한 시기는 토익이 유행했던 시절이었다. 외국에서 대학교를 졸업한 그녀는 인기 강사였다. 그녀는 열심히 월급을 모아 20대 후반에 20평대 아파트를 빚 없이 매입했다. 그때부터 그녀는 부동산에 눈을 뜨기 시작했다. 그녀는 통계청에 들어가서 지역별 인구 변화 추이, 아파트 인허가 현황 등을 분석하였다. 머리가 좋고 실행력이 빠른 그녀는 투자할 아파트를 물색하기 시작하였다. 그녀는 금융 위기로 미분양 무덤이었던 송도 국제신도시 아파트를 매입하였다. 매수자 우위시장이었기 때문에 그녀는 계약하는 자리에서 2,000만 원을 바로 낮추어 계약을 하였다. 불황기가 지나가고 송도 국제신도시 아파트 가격이 다시 상승하였다. 그 당시 부동산 경기 부양을 위해 일시적으로 양도세를 면제해주는 제도가 있었다. 그 제도를 활용하여 그녀는 양도세를 한 푼도 내지 않고 수익을 고스란히 남기고 아파트를 처분하였다.

그녀는 부동산에 대해 계속 공부해갔다. 부동산의 흐름과 물건의 장단점을 분석하며 자신의 실력을 키워나갔다. 2~3년 전부터 그녀는 2019년도를 매우 기다리고 있었다. 부산 경남 일대에 아파트 공급량이 많아 급매가 많이 나올 것으로 예상했다. 부동산 10년 주기설에 의하면 2019년은 불황기로 부동산을 저렴하게 살 수 있다며 기대하였다. 그녀는 부산의 부동산 가격이 최고점이었던 2017년에, 자신이 가지고 있던 아파트를 비싼 가격에 팔고 현금을 확보했다. 그녀의 계획대로 2019년에 해운대 아파트를 시세보다 5,000~6,000만 원 저렴한 가격에 매입하였다. 그리고 명지 국제신도시 아파트 중 입주 시점에 저렴하게 나온 아파트도 시세보다 5,000~6,000만 원 저렴하게 샀다. 이 아파트는 대형 평수로 과거 최고 프리미엄이 7,000~8,000만 원 붙었던 물건이었다.

그녀는 부동산에서 항상 이기는 게임을 하였다. 그녀의 부동산 투자 성공 비결은 공부에 있다. 일반 공인중개사보다 많은 지식을 가지고 있었다. 하나의 부동산 물건을 선택하더라도 모든 것을 분석하고 고려하였다. 세계 경제, 국내 경제, 법, 세금, 지역 분석, 물건 분석 등 그녀는 사실 자격증만 없지 부동산 전문가나 마찬가지였다.

그래서일까? 작년 2018년도에 공인중개사 자격 시험에 도전한 그녀는 90점대의 높은 점수를 받으며 자격증을 취득하였다. 나는 무엇보다도 '60점이 합격 커트라인인데, 얼마나 열심히 했으면 90점대를 받았을까?' 하는 대단한 마음이 들었다. 집에서 두 아이를 양육하면서 이루어낸 점수라는 게 믿기지 않았다. 역시 무엇을 하든 똑소리 나게 하는 것에 대해 다시 한번 감탄을 했다. 그녀의 남다른 노력과 의지가 그녀를 지금의 부동산 부자로 만들어주었다.

대한민국에 사는 사람들은 부동산을 필수적으로 알아야 한다

몇 해 전, 경매스터디를 하면서 알게 된 K씨가 있다. 그는 경매스터디의 리더를 하며 팀을 이끌어갔다. 수년간의 노하우를 사람들에게 공유하였다. 그는 경매를 공부하고 직접 투자하면서 일반 직장인의 연봉 이상을 벌었다. 그는 회사에 다니지는 않았지만 경매로 자산을 불려나가고 있었다.

경매스터디 멤버는 직장인이 대부분이었다. 그들은 물건 분석을 하고 실전 투자에 뛰어들었다. 어떤 경매 물건이 안전한지를 파악하며 수익률을 예상하였다. 그렇게 낙찰받은 물건을 되팔면서 수익을 남겼다.

그들은 자신의 시간과 노력을 경매 공부를 하는 데 사용했다. 퇴근 후에는 일주일에 한 번 경매스터디에 참가해서 공부를 하였다. 주말에는 입찰할 경매 물건의 임장을 다녔다. 타 지역의 물건도 많았기 때문에 전국으로 발품을 팔았다. 그들의 노력은 수익이라는 열매를 안겨주었다.

부동산 석 · 박사 과정에는 부동산 관련업을 하시는 분들이 많이 오신다. 50~60대 분들이 공부를 하기 위해 매주 토요일 아침 수업을 듣는 모습을 볼 때마다 존경심이 든다. 보통 그 나이가 되면 공부는커녕 책 한 권 읽기 쉽지 않을 텐데…. 그분들은 자신의 사업에 도움이 되는 배움을 스스로 선택해서 공부하고 있는 것이었다. 물론 이런 전문가 집단에서 인맥을 형성하려는 목적도 있다. 그들은 어려운 점이 있으면 서로 자문을 구하고 도움을 준다.

나는 이런 인맥 활용을 위해서라도 부동산 공부가 필요하다고 생각한다. 부동산은 한 분야만 알면 되는 것이 아니라, 전체를 아우르는 종합 학문이다. 따라서 각 분야의 전문가가 모여야 진정한 부동산 전문가 집단이 형성되는 것이다. 결국 모든 정보와 해결책은 그 전문가 집단에서 나온다. 그래서 그들은 계속 인맥을 형성하고 유지해간다.

관심사가 같아서 나는 그들과 대화하는 것이 즐겁다. 그들로부터 그들이 시행하고 있는 부동산 개발 프로젝트에 대해 듣다 보면 간접 경험이 많이 쌓인다. 그리고 서로 관심사가 같으니 부동산에 대해 마음껏 대화해도 비난하는 사람이 없다. 부동산 공부를 하는 것이 좋은 인맥을 만들기 위한 과정이 되기도 하는 것이다.

부동산 공부는 부자로 가는 길의 시작이다. 학교 공부가 끝이 아니다. 요즘은 평생 교육이라 하지 않는가? 꼭 학교에 가서 배울 필요는 없다. 하지만 배움을 게을리해서는 자본주의 사회에서 잘 살 수 없다. 자산을 증식하는 다양한 방법이 있다. 그중에서도 대한민국에 사는 사람들은 부동산을 필수적으로 알아야 한다. 좁은 국토로 인해 가용토지에 한계가 있기 때문이다. 과거에는 아무 부동산을 사놓기만 해도 가격이 올랐다. 하지만 이제는 인구가 줄어들고 있기 때문에 부동산 선택이 중요해졌다. 따라서 부동산을 공부할 수밖에 없다. 잘못 선택한 부동산으로 인해 정신 건강과 돈을 잃을 수 있기 때문에 더욱 신중한 선택이 필요하다. 당신이 부자가 되고 싶다면 부동산 공부를 반드시 하길 바란다.

3.『부자아빠, 가난한 아빠』
저자 로버트 기요사키

* 부동산 부자가 될 수 있었던 성공 요인

– 부자가 되고자 하는 뚜렷한 목표 정하기

– 안정된 현금 흐름에 집중하며, 꾸준한 부동산 투자하기

– 부동산에 일찍 관심을 갖고 공부하기

전 세계적으로 베스트셀러가 된 책『부자아빠, 가난한 아빠』의 저자 로버트 기요사키는 대표적인 부동산 부자이다. 그는 자본소득보다는 현금흐름을 중요하게 여긴다. 과거 우리나라는 경제 성장기를 맞이해서 계속 부동산 가격이 상승하였기 때문에 부동산 가격이 오른 뒤에 수익을 남기는 자본소득에 더욱 익숙했다. 20년 전 이 책이 나올 당시, 그는 '현금흐름에 집중하라'는 메시지를 남겼을 때 우리나라 사람들에게는 조금 생소한 개념이었다. 최근 저성장 시대에 진입하면서 부동산 가격이 과거처럼 폭등하지는 않았다. 그래서 매월 꾸준히 들어오는 현금 흐름에 집중하는 현상이 최근 몇년 동안 이어져오고 있다.

그는 부자가 되고자 하는 명확한 목표를 가지고 꾸준히 공부를 하였다. 그의 저서에서도 그는 '배움에 시간과 돈을 투자하라'고 말하고 있다. 그가 원하지 않았던 일과 원했던 것은 다음과 같다.

– 원하지 않았던 것 : 평생 동안 일에 매달리는 것, 누군가의 고용인이 되는 것, 바빠서 아들의 풋볼시합에 가지 못하는 것, 평생 동안 일한 것을 거의 세금으로 내는 것, 안정적인 직업, 교외의 집

– 원했던 것 : 젊어서도 자유롭게 세상을 여행하며 좋아하는 방식대로 사는 것, 돈이 그를 위해 일하는 것, 그의 시간과 삶을 그가 온전히 통제하는 것

놀랍게도 그가 원하지 않았던 일들이 보통 사람들이 살아가는 방식이다. 그는 현재 자신이 원하는 방식으로 삶을 살아가고 있다. 꾸준히 책을 쓰며, 인세 수입도 어마어마하다. 전 세계적으로 베스트셀러가 되었고, 그가 책을 내는 족족 그의 마니아들이 계속적으로 책을 구입하고 있다. 정말 그는 돈이 그를 위해 일하게 하고 있다.

4

부동산 부자가 되는 공부는 따로 있다

늘 명심하라. 성공하겠다는 너 자신의 결심이 다른 어떤 것보다 중요하다는 것을.

– 에이브러햄 링컨

부동산 시장의 흐름을 읽는 능력이 중요하다

부자들이 부동산에서 가장 중요하게 여기는 것은 부동산 시장의 흐름이다. 부동산 트렌드 역시 시대에 따라 변하기 때문에 중요하다. 부동산 상품도 각 시대와 상황에 따라 선호하는 것이 달라지는 것이다. 시대마다 아파트가 유행하기도 하고, 토지가 유행하기도 한다. 이것은 지역에 따라서도 영향을 받는다. 사람들이 선호하는 부동산이라면 자연히 가격도 오른다.

부자들은 미래에 어떤 부동산이 유행할지에 대해 관심이 많다. 부동산 시장 상황에 대해서도 아주 민감하다. 그래서 부자들은 항상 신문, 뉴스,

잡지, 책 등을 보면서 미래의 흐름을 예측하고자 한다. 불황이 예상되면 미리 부동산을 팔아 현금화시킨다. 반대로 상승기가 예상되면 미리 저렴한 가격에 부동산을 사놓고 기다린다. 그 뒤 일반인들이 부동산을 사려고 달려들 때 이익을 붙여서 비싸게 파는 것이다.

많은 재테크 책에서 "부자들은 일반인과 반대로 행동한다."라고 말하고 있다. 일반인들이 부자들과 같이 반대로 행동하지 못하는 이유는 무엇일까? 그건 아마도 두려움과 자신감 부족 때문일 것이다. 군중심리와 자신의 무지가 결합하여 일반인들과 반대로 행동하기가 두려운 것이다. 일반인들은 부동산 가격이 떨어지면 앞으로 더 떨어질까 봐 두려워 사지 못한다. 반대로 가격이 오르면 과거의 가격에 연연해하며 비싸다고 또 사지 못한다.

결국 마음이 이리저리 끌려 다니면서 아무런 행동을 하지 못하게 된다. 그러다가 너도나도 부동산에서 돈을 벌었다고 소문이 나면, 그때는 정작 앞뒤를 가리지 않는다. 객관적인 판단 없이 대출을 최대한 받아 투자를 하게 되는 것이다. 그러면 이미 최고 꼭짓점에서 샀기 때문에 그 뒤부터는 매매 수요가 사라지고 가격이 떨어진다.

혹시 당신이 부동산을 사면 떨어지고, 팔면 오르지 않는가? 그렇다면 당신은 군중 심리의 피해자인 것이다. 그런 사람일수록 부동산을 공부해야 한다. 스스로 판단하는 능력을 키워야 한다. 남의 말과 행동을 따라 투자한다면 부동산뿐만 아니라 모든 투자에서 실패하게 되어 있다. 혹운이 좋아 한두 번 투자에서 성공할 수는 있지만 그 운은 계속되지 못한다. 자신의 능력이 아닌 운에 의한 성공에 도취되면 자만해지기 쉽다. 그래서 다음에는 무리하게 투자하게 되어 있다. 이미 얻은 '부'까지 날릴 수 있음을 경계해야 한다.

'부'를 이미 얻었다고 해도 반드시 '부'를 유지하고 관리하는 능력을 따로 갖춰야 한다. 돈을 버는 능력과 돈을 관리하는 능력은 엄연히 다른 능력이다. 부자가 되기 위해서는 두 능력을 모두 갖추어야 한다.

부동산의 흐름을 읽기 위해서 부자들은 공부를 많이 한다. 특히 매일 신문과 뉴스를 챙겨보며 경제 상황과 정부의 정책을 눈여겨본다. 만약 세금에 관한 정책이 바뀐다면 그것이 부동산 시장에 미치는 영향까지 생각해본다. 개발 사업의 발표나 부동산 시장의 분양 정보도 예의주시하고 있다. 그들은 하나의 작은 정보라도 부동산에 미치는 영향을 분석한다.

문화, 예술 등 다른 분야의 정보라도 부동산에 미치는 영향은 없는지를 생각하는 것이다. 속된 말로 '부자는 돈 냄새를 잘 맡는다.'라고 한다. 앞에 언급한 부자들의 습관으로 사회 현상을 분석하고 미래를 예측하는 힘이 생기는 것이다. 그 결과, 남들보다 빨리 선점하고 때를 기다릴 수 있다. 이것은 '돈이 지나가는 길목에서 기다려라.'라는 말과 일맥상통한다.

요즘은 인터넷이 발달해서 정보를 쉽게 얻을 수 있다. 국가기관 사이트에 들어가면 일반인들에게 제공하는 통계 자료나 정보가 많다. 이런 정보들을 잘 활용한다면 전문가 못지않게 부동산을 보는 눈을 기를 수 있다. 하지만 정보를 찾는 것조차 힘들어하는 사람들이 많다. 어디서 어떤 정보를 구해야 하는지도 모른다. 부동산에 조금이라도 관심이 있으면 인터넷 포털사이트에서 검색만 해도 많은 정보를 얻을 수 있다.

이것은 능력의 문제가 아니라 관심의 문제이다. 연예 기사나 스포츠 기사를 읽는 데 시간을 낭비하지 말고 부동산 정보를 찾아보자. 현재 자신이 살고 있는 아파트의 실거래가나 최근 5년간의 가격 추이를 살펴보아라. 느끼는 바가 많을 것이다. 통계청에 들어가서 지역별 인구 변화, 건축허가 건수, 지가 상승률 등을 클릭해보아라. 여기에는 아주 많은 부동산 정보가 들어 있다.

이런 정보들을 찾아보고 분석하면 부동산 시장의 흐름이 보일 것이다. 물론 그런 능력이 단기간에 생기지는 않는다. 모르는 것은 인터넷을 찾아보고 책을 읽으면서 공부해야 한다. 부자들은 이런 과정들을 즐긴다. 세미나에 주기적으로 참석하고, 대학원에 진학하여 공부한다. 부동산 시장은 계속 변한다. 선호 상품, 선호 지역, 부동산 관련 법, 정책들이 계속 변하는 것이다. 부자들은 그 변화를 따라 잡기 위해 끊임없이 공부를 한다.

공부를 기반으로 한 부동산 투자를 할 때, 좋은 결과를 낼 수 있다. 반면 공부를 기반으로 하지 않는다면, 그것은 '묻지마 투기'가 된다. 모든 결과에 대해서는 본인이 책임을 져야 한다. 실패하더라도 '투자'에서는 성공을 위한 실패가 되지만 '투기'에서는 좌절만 남는 실패가 된다. 부동산 투자에서는 결과도 중요하지만 과정도 중요하다. 과정이 없는 '투기'로 돈을 벌었다면 그 '부'를 지킬 힘이 약해지기 때문이다.

자신의 기준이 아닌 '대중의 심리'를 파악하라

돈 되는 부동산을 사고 싶다면 자신의 기준이 아닌 '대중의 심리'를 파악해야 한다. 일반인들이 선호하지 않는 자신만의 취향을 고집한다면, 팔고 싶어도 팔리지 않는 부동산이 된다. 사업을 정리하고 편안한 노후를 보내고 싶었던 H씨가 있다. 그는 경남의 중소도시에 조성하는 전원주택부지 2필지를 샀다. 2필지를 한꺼번에 사면 할인해준다는 전원주택 개발자의 말에 혹하였다.

할인 분양의 이유도 있었지만, 사람들이 은퇴를 하면 자신처럼 농촌 시골마을을 좋아할 거라는 생각에 투자를 결정하였다. 현재 자신이 살 땅에는 집을 지어 살고 있지만 나머지 1필지는 아직 팔지 못하고 있다. 개발된 전원주택지에도 아직 미분양 토지가 많이 남아 있다.

사실 그 곳은 마을과 떨어져 있고, 편의시설이 거의 없어 차가 없으면 불편한 곳이다. 노인들은 나이가 들면 시력이 나빠져서 운전하기 힘들다. 아픈 곳이 많아 병원을 자주 찾는 노인들에게는 살기 불편한 곳이었다. 젊은 사람들이 살기에도 자녀의 학교가 멀리 떨어져 있어 선호하지 않았다.

이와 같이 많은 사람들은 자신의 기준으로 부동산을 선택한다. 그러면 십중팔구 팔려고 해도 팔리지 않아 평생 자신이 살아야 한다. 부동산 부자들은 투자를 할 때, 주거용과 투자용의 선택 기준이 확실히 다르다. 자신의 주거용은 자신의 취향으로 선택하고, 투자용은 철저히 세입자의 기준에서 선택한다.

그들은 교통, 대단지, 조망, 학교, 편의시설들을 모두 고려하여 선택한다. 따라서 실패할 확률이 낮다. 사람들이 선호하는 지역에 투자함으로, 세입자는 항상 대기하고 있다. 이런 선호 지역의 부동산 가격은 계속해서 오른다. 사람들이 선호하는 지역은 재개발되기도 쉽다. 이것은 서울 인기 지역의 아파트 가격이 계속 오르는 이유이기도 하다. 토지는 한정되어 있는데 수요가 넘친다면, '수요와 공급의 법칙'에 의해 가격이 계속 오를 수밖에 없다.

부동산은 도시계획, 법, 정책, 세금 등 많은 부분들이 얽혀 있다. 사실 개인이 모든 것을 다 알 수는 없다. 그래서 부동산에는 각 분야의 전문가가 있는 것이다. 하지만 부동산 부자가 되는 공부는 따로 있다. 책의 죽은 지식 공부가 아닌 산 공부를 해야 한다. 깊고 복잡한 내용은 전문가를 활용하면 된다.

대신 당신은 부동산 시장 흐름을 읽을 수 있는 눈을 가지면 된다. 부동산 시장의 흐름을 파악하여 미래를 예측할 수 있다면, 부동산 부자가 되는 것은 시간 문제이다. 많은 부자들이 매일 신문을 읽고 부동산 공부를 하는 이유를 생각해보라. 그들은 먹잇감을 사냥할 때를 기다리고 있다.

* 부동산 분석 시 활용하면 좋은 인터넷 사이트

① 통계청 (kostat.go.kr/portal/korea)

② 국토교통부 실거래가 공개시스템 (rt.molit.go.kr)

③ 한국은행 경제통계시스템 (ecos.bok.or.kr)

④ 한국감정원 부동산통계정보 (www.kab.co.kr)

⑤ 도시계획정보서비스 (upis.go.kr)

⑥ 소상공인 상권정보시스템 (sg.sbiz.or.kr)

⑦ 국토교통부 보도자료 (www.molit.go.kr)

⑧ 한국토지주택공사 부동산정보 포털서비스 (seereal.lh.or.kr)

5

인생역전은 부동산 공부에서 시작된다

한 번 실패와 영원한 실패를 혼동하지 마라.

– F. 스콧 피츠제랄드

부동산 공부와 투자는 당신을 가난의 지옥에서 탈출시켜 줄 수 있다

"에휴~ 사는 게 왜 이리 힘드니? 월급을 받아도 공과금, 대출이자, 카드값 내고 나면 통장에 남는 게 하나도 없어. 그나마 마이너스가 되지 않으면 천만 다행이야."

오랜만에 만난 지인 H씨는 푸념을 하며 말을 이어나갔다.

"나는 정말 열심히 일하는데, 느는 건 빚밖에 없는 것 같아. 그렇다고 내가 과소비하는 것도 아닌데 말이야…."

그녀의 현실만 그런 것은 아니다. 평범한 일반인들의 현실이 그녀와 비슷하다. 직장에서는 죽어라 일하지만 더 열심히 하지 않는다고 비난한다. 아이들이 어떻게 크는지 돌아볼 여유도 없이 직장 생활을 하는데 말이다. 사람들의 젊음과 열정을 평생 회사에 바치는 것에 비하면 퇴직금도 얼마 되지 않는다. 그렇다고 국민연금으로 노후를 대비할 수 있는 것도 아니다. 그래서 항상 직장인들은 불안한 것이다.

그들은 불안감과 스트레스를 술로 푼다. 요즘 젊은이들은 힘든 현실을 잊기 위해 술 대신 게임으로 사고를 마비시킨다. 개인적으로 게임으로 자신의 인생을 낭비하고 있는 젊은이들이 너무 안타깝다. 프로게이머로 활동하며 게임에서 두각을 나타내는 경우를 제외하고는, 게임에 몰입하는 집중력과 열정을 다른 곳에 쓴다면, 분명 더 성공한 삶을 살 수 있을텐데…. 안타깝게도 많은 젊은이들이 자신들에게 주어진 소중한 시간들을 보지 못한다.

젊은 시절 사업에 실패하여 공장에 다니며 힘겹게 살아가던 Y씨가 있다. 그녀는 공장에서 월 150만 원을 받았다. 남편의 암 투병은 힘든 그녀의 인생을 더욱 힘들게 만들었다. 그녀는 죽지 않기 위해 이를 악물고 버텼다. 그러던 중 월세보증금 2,000만 원을 발판 삼아 아파트를 급매로 구입했다. 그때부터 그녀는 가난한 현실에서 벗어나기 위해 부동산공부를 시작했다. 그때 그녀의 나이는 마흔 살이 훌쩍 넘어서였다.

그녀는 책을 읽고 공부를 하면서 경매에도 관심이 생겼다. 경매학원도 다니며 부동산 공부에 집중했다. 그러면서 소액으로 경매 물건을 하나 둘 낙찰받기 시작했다. 그렇게 노력하여 현재는 집을 7채 소유한 다주택자가 되었다. 현재 그녀는 자신만의 노하우를 활용하여 부동산 컨설팅을 하며 돈을 많이 벌고 있다.

그녀는 현실의 지옥에서 탈출하는 방법은 부동산 공부와 투자밖에 없다고 강조한다. 그 방법으로 그녀는 지옥을 탈출하였기 때문에 더욱 확신하는 것이다. 월급을 예금과 적금으로 모아봤자 예금이자를 받는 것만으로는 절대 경제적 상황이 나아지지 않는다. 오히려 돈의 가치만 떨어져서 모으는 것이 더 억울한 상황이 된다.

하지만 예금으로 종잣돈을 모아 부동산에 투자를 한다면 인플레이션 때문에 실물 자산가치가 오른다. 더 노동을 하거나 자본을 투자할 필요는 없다. 당신이 해야 하는 일은 좋은 부동산을 선택해서 투자하는 것밖에 없다. 만약 상승한 부동산 가격만큼 일을 하며 돈을 모았다면, 몇년은 아무데도 쓰지 않고 모아야 할 큰돈이다.

젊었을 때 부동산 투자에 눈을 뜬다면, 당신의 노후가 바뀐다

지인 중 K씨는 20년 전쯤, 땅값이 저렴할 때 토지를 사서 상가 건물을 지었다. 상가는 임대를 주어 월 2,000~3,000만 원의 임대 수익을 얻고 있다. 20년 동안 땅값은 계속 상승했고, 땅을 담보로 은행에서 추가 대출을 받아 다른 토지에 재투자를 했다. 땅값이 오르니 은행에서도 계속 대출이 가능한 것이었다.

그 땅을 팔지 않는 이상 월세 수입은 계속 들어올 것이며, 땅값도 계속 상승할 것이다. 그는 젊은 시절 토지에 투자를 잘해놓은 덕분에 평생을 넉넉하게 살아가고 있다. 평일에는 국내 골프장에 다니면서 주기적으로 해외에 나가 골프를 친다. 물론 그도 젊었을 때 사업을 하며 고생을 하였다. 하지만 사업으로 모은 돈을 부동산에 투자했다. 젊을 때의 선택이 그를 평생 부유하게 살아갈 수 있게 만든 것이다.

현재 60대 후반인 그를 보면 동년배인 나의 부모님이 생각난다. 공무원 출신인 아버지는 부동산 투자를 하면 공무원 조직에서 안 좋게 본다는 이유로 부동산에 일체 투자하지 않으셨다. 사는 아파트도 무조건 어머니 이름으로 할 정도였다.

나는 어렸을 때부터 "사람은 정신이 바른 것이 가장 중요하다. 돈보다는 마음이 편한 것이 최고이다. 사람은 욕심을 많이 부리면 안 된다."라는 식의 말을 많이 듣고 자랐다. 커서 그런 아버지를 보니 '청빈한 선비'가 떠올랐다.

어렸을 때부터 바른 정신과 인성을 강조하셨기 때문에 나의 마음속에도 '돈은 정신보다 중요하지 않아. 돈만 많으면 뭐해! 정신 수준이 높아야지.'라는 생각이 많았다. 되돌아보니 무의식중에 돈이 많아도 인품이 낮은 사람을 싫어하는 경향이 있었다. 나는 이상하게 예전부터 돈이 많은 사람보다는 인품이 높은 사람을 존경했다.

하지만 직장 생활과 결혼 생활을 하면서 돈을 절대 무시해서는 안 된다는 생각이 들었다. 돈 없이 청빈한 정신만으로는 배고픔을 해결해주지 못함을 발견하였다. 돈과 정신이 모두 중요한 것이다. 배고픔을 해결해야 정신도 올바르게 유지할 수 있는 것이다. 돈을 무시한 채 정신만 강조한다면 생존에 위협을 받을 수 있다. 우리 부모님도 젊은 시절 '청빈한 선비'가 아닌 '부유한 양반'을 선택했다면 더 좋지 않았을까? 하는 아쉬움이 든다. 자식의 입장에서 일만 하시다가 늙으신 부모님이 안쓰럽기 때문이다.

현재 나의 어머니는 동생과 함께 명지 국제신도시에서 공인중개사 사무실을 운영하고 계신다. '내가 프로다.'라는 자신감으로 '프로부동산' 간판을 다셨다. 어머니가 추천해주신 부동산으로 적게는 몇천만 원에서 많게는 수십억을 벌어가는 사람들이 많다. 어떤 법인에게는 몇백 억의 수익을 안겨주기도 하셨다.

부동산 컨설팅회사도 운영하시며 정말 열심히 살고 계신다. 어머니는 성실하시며 열정이 넘치신다. 부동산 일이라고 하면 열과 성의를 다하신다. 본인을 믿고 의뢰한 부동산 일에 '상대방에게 손실을 안겨주면 안 된다.'라는 생각에 밤낮으로 일하신다. 어떨 때는 몸살이 날 정도로 책임감을 다하시는 어머니를 보면 마음 한편이 아프다.

부동산 투자로 누구는 일하지 않고 손쉽게 돈을 버는데, 누구는 늙어서까지 일을 해야 하는 것이다. 만약 젊었을 때부터 부동산 투자에 눈을 뜬다면, 당신의 노후가 바뀐다. 늙어서 가난하게 살 것인가?, 부유하게 살 것인가? 는 전적으로 당신의 선택이다. 나는 당신이 부유하게 살아가기를 희망한다.

『부의 본능』의 저자인 브라운스톤은 종잣돈 500만 원에서 시작하여 50억 원을 벌었다고 한다. 그는 시간이 날 때마다 재테크 공부를 하고, 투자를 위해 발품을 팔고 다녔다. 그는 국내에서 나온 재테크 책은 거의 다 읽었고, 국내에 소개되지 않은 원서까지 구해서 읽었다. 그도 재테크 지식을 쌓으면서 반드시 실행을 해야 한다고 강조한다. 재테크에서 성공하기 위해서는 재테크 지식과 이를 실천에 옮기는 행동, 둘 다 중요한 것이다.

지식 없이 투자를 하면 실패할 확률이 높고, 투자 없이 지식만 쌓으면 부를 창출할 수 없다. 이론과 실무를 겸비한 사람이 직장에서도 전문가로 인정받는 것과 같다. 부동산 공부를 하면서 소액 투자를 하는 것이 더 빨리 배울 수 있다. 예를 들어, 수영을 배울 때를 가정해보자. 수영하는 법을 책에서 읽어보면 대충 이해가 간다. 하지만 실제로 수영을 잘할 수 있지는 않다. 직접 수영을 하면서 물도 먹어보고 다리에 쥐도 나면서 연습을 해야지, 그제야 수영을 잘할 수 있는 것이다.

자신이 현재 가진 것이 없다고 처음부터 포기하지 않는 것이 중요하다. 현재 직장 생활에서 월급이 나온다고 안심하는 것도 경계해야 한다. 인생에서 가장 위험한 일은 아무것도 하지 않고 세월만 보내는 것이다. 늙음과는 반대로 부동산은 세월이 갈수록 더욱 빛을 발하게 된다.

금수저로 태어난 사람을 제외하고는 자수성가로 부동산부자가 된 사람들도 힘든 시절이 있었다. 그들도 힘겨운 삶에서 벗어나기 위해 악착같이 일했다. 인생의 쓰나미 속에서 헤어나오지 못해 좌충우돌하였다. 하지만 그들은 명확한 목표를 세우고 실천했다. 물론 크고 작은 실패도 있었다.

아무것도 하지 않으면 아무 일도 일어나지 않는다. 아니 더 도태될 뿐이다. 당신의 인생을 바꾸고 싶은가? 그럼, 공부하고 실천하라. 당신은 방법을 몰라서 부자가 되지 못하는 것이 아니다. 실행력이 부족해서 부자가 되지 못한 것이다. 생각이 아닌 실천만이 답이다.

6

가난하게 늙지 않으려면 경제 기사를 읽어라

항상 무언가를 듣고 무언가를 생각하며 무언가를 배우자.

– 아서 헬프스

자신의 소중한 젊음을 낭비하지 말고, 그 시간에 경제 기사를 읽어라

당신은 인터넷 기사를 볼 때 어떤 분야의 기사를 가장 많이 보는가? 요즘은 과거와 달리 인터넷 포털사이트에서 원하는 기사를 쉽게 읽을 수 있다. 수많은 정보가 제공되는 세상이다. 정보의 홍수 속에서 어떤 정보를 얻고 활용할 것인가에 대한 판단은 순전히 자기 자신의 몫이다.

현재 자신이 어느 분야의 기사를 자주 읽고 있는지 살펴보아라. 혹시 연예인 기사 등 가십거리를 읽으며 자신의 소중한 시간을 때우고 있지는 않는가? 혹은 인터넷 게임이나 모바일 게임을 하느라 자신의 젊음을 낭비하고 있지는 않는가? 그 시간에 경제 기사를 읽어라. 포털사이트에 들어가서 읽어도 괜찮고, 아니면 매일경제나 한국경제 등 해당 신문사 사이트에 접속해서 기사를 읽어도 괜찮다. 모든 기사를 하나하나 정독할 필요는 없다. 경제 기사를 중심으로 꾸준히 읽다 보면 경제용어도 익숙해지고 속도도 빨라진다.

신문을 읽다 보면 부동산, 금융, 정책, 세금 등의 내용을 계속 접하게 될 것이다. 이 모든 내용들은 우리의 삶과 긴밀히 연결되어 있다. 당신이 자본주의 사회에 살아가려면 적어도 기본적인 금융지식은 알아야 한다. 부자들은 이런 금융지식, 정책 등을 숙지하고 있으며 변화에도 발 빠르게 대처한다. 그 변화 속에서 기회를 찾고 더 부자가 될 준비를 하는 것이다.

나는 네이버에서 경제 분야의 기사를 읽는다. 보통 누구를 기다리거나 잠시 시간이 날 때, 핸드폰으로 기사를 읽는다. 전체적으로 읽되, 부동산 분야의 기사는 꼼꼼하게 체크해본다. 점심시간 동안이나 퇴근 후, 인터넷에서 일간지 신문 2~3개를 읽는다. 마음이 가는 1개의 일간지를 기준으로 잡고 먼저 읽는다.

다른 일간지는 기준 일간지에 없는 기사만 골라 읽는다. 일간지마다 주요 기사는 비슷비슷하고 중복된 내용이 많다. 중복된 기사는 생략하면서 읽으면 2~3개의 일간지를 섭렵하는 데는 많은 시간이 걸리지 않는다.

신문을 읽다 보면 경제와 부동산 시장 트렌드의 흐름이 보인다. 하지만 신문은 시장의 반응을 조금 시간이 흐른 뒤에 기사화된다. 따라서 현재의 상황을 실시간으로 알기에는 조금 늦은 감이 있다. 그래서 언론에서 '부동산 가격이 폭등한다.' 등 최고 꼭짓점을 걱정하는 상황이라면 그때는 팔아야 하는 시점이다.

부동산 가격이 계속 오를 것이라는 기대와 더 오르면 사기 힘들다는 인식이 생기면서 부동산 가격이 폭등하는 것이다. 하지만 너무 많이 오른 탓에 피로감이 쌓이고, 건설사들은 물량 밀어내기를 한다. 너무 많은 물량 탓에 2~3년 뒤, 아파트 입주 시점에는 수요가 물량을 따라올 수 없게 된다. 그렇게 급매 물건들이 쏟아져 나오면 가격이 하락하게 된다.

설상가상으로 공급량이 너무 많아 기존 아파트도 팔리지 않게 된다. 자신의 기존 집을 팔아서 새 아파트로 이사를 가려고 해도 팔리지 않는 것이다. 새 아파트의 잔금을 내기 위해 너도나도 기존 집을 급매로 내놓으면서 전체 아파트 시장의 가격이 내려가게 된다. 현재 부산, 경남 일대 등 지방에서 일어나고 있는 심각한 현상이다.

경제 기사를 꾸준히 읽으면 좋은 점은 부동산에서 돈 벌수 있는 방법이 눈에 보인다. 인기 지역, 인기 부동산 상품, 향후 인구 감소 지역 등을 파악할 수 있다. 부동산 정책도 수시로 변화기 때문에 신문을 읽으며 변화를 따라가야 한다. 부동산은 사람들의 심리와 정책변화에 많은 영향을 받는다. 경제신문을 읽으며 이런 점을 미리 파악하면 변화에 발 빠르게 대처할 수 있다. 시장의 변화를 감지하지 못한 채 남의 말만 믿고 무턱대고 투자했다가는 쪽박 차기 십상이다.

기업의 경영진들은 적어도 매일 3~4개의 신문을 읽는다. 워런 버핏도 일간지 2~3개는 꼭 챙겨본다고 한다. 신문을 읽으면 그 안에 경제, 정치, 문화 등의 내용이 다 들어 있어 사회 흐름을 파악할 수 있다. 국내 상황뿐만 아니라 국제 상황까지 파악하여 국내시장에 미칠 영향까지 예측하게 되는 것이다. 경영진에게는 미래에 대한 예측력이 중요하다. 신문은 향후 시장의 변화와 대처 방안에 중요한 잣대를 제공한다.

기사를 읽을 때는 왜곡된 부분을 파악하면서 읽어라

하지만 경제 기사를 읽을 때 주의해야 할 점이 있다. 건설사에서 홍보를 위해 신문사에 비싼 광고비를 지급하고, 기사 내용을 제공한다는 것을 알아야 한다. 신문에 나오는 기사이기 때문에 일반인들은 기사 내용을 의심 없이 믿는다. 이런 기사는 돈을 받고 쓰기 때문에 건설사에 유리한 내용으로 쓰기 마련이다. 그래서 홍보 기사인지 일반 기사인지를 구분하면서 기사를 읽어야 한다.

건설사나 분양사들은 일간지에 게시된 신문기사를 모델하우스나 분양 사무실에 대문짝하게 걸어놓는다. 신문기사에도 나올 만큼 좋은 투자처라며 사람들을 현혹한다. 일반인들은 신문에 나온 아파트라면 신뢰할 수 있다고 생각한다. 사실 그 신문광고비도 자신들이 내는 분양가격에 포함되어 있다는 것을 잘 인식하지 못한다. 결국 내 돈 주고 신문사, 건설사, 분양사의 배를 채워주고 있는 것이다.

언론에 나왔다고 해서 무분별하게 모든 것을 그대로 받아들이면 안 된다. 분명 왜곡되는 부분이 있다는 것을 알아야 한다. 신문기사를 꾸준히 읽다 보면 이런 왜곡된 기사들이 눈에 보이기 시작한다. 나중에는 판단능력이 생겨서 기사를 분석하고 자신이 스스로 결론을 내게 된다. 기사를 읽다보면 기사의 숨은 이야기들이 보인다. 왜 이런 기사를 냈는지, 지금 왜 이런 현상들이 생기는지가 파악이 된다. 일명 통찰력과 직관력이 생기는 것이다.

몇년 전, 분양형 호텔 광고가 일간지 광고면을 도배했던 적이 있었다. '수익률 10%대, 매월 100만 원씩 월세 수익'이라며 광고를 했다. 비슷한 시기에 신문에서는 '분양형 호텔이 노후 대비를 위한 좋은 수단'이라며 투자를 유도하였다. 그 결과는 어떻게 되었을까? 이런 분양형 호텔의 공급이 많아지면서 공실이 많이 생기기 시작했다.

위탁운영사에게 운영수수료를 꼬박꼬박 내야 했지만, 광고에서 제시한 수익률은 확보조차 하지 못하였다. 결국 분양자들은 분양사에게 소송을 걸었다. 현재까지 그 피해는 고스란히 분양을 받은 일반인들에게 돌아갔다. 경제신문을 꾸준히 읽으면 이런 기사들을 걸러낼 수 있다. '요즘 호텔 공급이 많아지는구나, 공급이 너무 많아 투자하기에는 위험하겠다.'라고 스스로 판단할 수 있게 되는 것이다.

앞서 언급했듯이 모든 기사의 내용을 곧이곧대로 받아들이면 안 된다. 신문사에 광고비를 내는 곳은 대부분 대기업이다. 그렇기 때문에 기업에게 유리한 정보를 쓸 수밖에 없다. 어떤 때는 알아야 할 정보도 차단되는 경우도 비일비재하다. 정부에 의해서도 정보가 차단된다는 것을 알 것이다. 언론은 왜곡된 정보를 줄 수도 있고, 의도된 방향으로 여론몰이 역할을 하기도 한다.

따라서 항상 기자의 숨은 의도까지 파악해야 한다. 기자들도 신문사에서 월급을 받는 직장인이라는 것을 감안해야 하는 것이다. 기자도 자신의 뜻대로만 기사를 쓸 수는 없다. 각자의 입장이 모두 다른 것이다. 따라서 평범한 일반인들은 더욱 공부를 해야 한다. 자신을 보호하기 위해서 자신의 삶과 직접 연계된 지식을 공부해야 한다. 신문은 쉽게 구할 수 있는 가장 저렴하고, 살아 있는 지식이다.

부동산 부자가 되고 싶다면, 먼저 경제 기사를 읽어라. 경제 기사 안에는 사회의 많은 정보가 담겨 있다. 최신 부동산 경기와 트렌드에 대한 흐름을 파악할 수 있는 정보의 장인 것이다. 자신에게 도움이 되지 않는 연예 기사, 스포츠 기사 등을 읽으면서 더 이상 소중한 시간을 낭비하지 말자. 그 시간들이 모여 당신의 인생이 된다.

무엇을 하면서 당신의 시간을 보냈는가에 따라 당신의 부의 수준도 결정이 된다. 당신의 삶에 도움이 되는 시간을 보내야 한다. 그렇지 않으면 계속 가난해질 수밖에 없다. 당신의 삶을 소중히 여긴다면 경제 기사를 읽고, 부동산 시장의 흐름을 분석하자. 당신도 부자들처럼 경제 기사를 읽는 것을 습관화하길 바란다.

부동산 읽어보기

"분양형 호텔 `수익률 뻥튀기` 제동 걸리나"

– 〈매일경제〉, 2019.07.15.

지난달 중순 제주도 서귀포경찰서 앞에 40여 명이 모여 집회를 열었다. 2016년 9월부터 영업이 진행 중인 서귀포 A호텔 투자자들이었다.

이 투자자들은 시행사로부터 분양 당시 약속받은 확정수익을 받지 못해 피해를 입었다고 호소하고 있다. A호텔 투자자들은 지난해 관리단을 구성해 민사소송을 제기하는 한편 호텔 관리를 위해 영업신고증을 교부받아 4월 자체적으로 위탁 운영사까지 선정했다.

하지만 투자자들이 위탁한 운영사 직원들은 최근 기존 시행사에서 보낸 인력에 의해 강제로 호텔 밖으로 쫓겨났다. 이들은 "심각한 재산상 피해를 입었는데도 아무런 구제를 받지 못하고 있다."라고 말했다.

과장 · 허위 광고를 믿고 분양형 호텔이나 생활형 숙박시설(레지던스)에 투자했다가 피해를 보는 사람들이 늘어나자 정부가 일정 규모 이상 건축물이면 분양신고를 의무화하는 등 제도 개선에 나섰다. 하지만 사업자 처벌이나 피해자 보호 등에 허점이 아직도 많아 정부가 좀 더 적극적으로 나서야 한다는 지적이 제기되고 있다.

15일 국토교통부에 따르면 분양형 호텔과 생활형 숙박시설 제도를 개선하는 내용을 골자로 하는 '건축물 분양에 관한 법률(건축물 분양법)' 시행령 개정안이 최근 입법 예고됐다. 개정안 핵심은 분양형 호텔 · 레지던스의 총 객실이 30실 이상이면 분양신고를 의무화하는 내용이다. 현행 건축물 분양법엔 바닥면적 합계가 3000㎡ 이상일 때만 분양신고를 하도록 되어 있어 해당 규모 이하인 건물은 허위 · 과장 광고를 하더라도 대처할 방법이 없다.

처벌은커녕 관리조차 안 된다는 지적이 나오면서 규모가 작은 분양형 호텔이라도 최소한의 관리 범위 안에 둬야 한다는 주장에 따른 것이다. 이에 따라 앞으로 분양형 호텔 · 레지던스의 인허가가 매우 깐깐해지고 '깜깜이 분양'에도 제동이 걸린다. 기존에 남발했던 확정수익률 약속에도 제동이 불가피해졌다. 분양형 호텔 · 레지던스의 분양 절차가 불투명하다는 지적이 나오자 추첨 시기를 명확히 규정하는 등 제도의 실효성을 높이는 방안도 포함됐다. 이들 시설의 인터넷 청약 안정성을 높이기 위해 청약 대행기관도 국토부 장관이 지정한다.

최근 분양형 호텔 등으로 인한 피해자는 급증하는 추세다. 보건복지부 등에 따르면 전국에서 운영되고 있는 분양형 호텔 151개 중 24개가 당초 제시된 수익률이 지급되지 않아 호텔 운영권 문제 등을 놓고 각종 소송전을 벌이고 있는 것으로 조사됐다. 소송이 종료된 사례(27개)까지 합치면 문제가 발생한 곳이 51개나 된다. 이는 전국에서 운영 중인 분양형 호텔의 3분의 1에 해당한다. 분양형 호텔은 개발 사업자가 호텔 객실을 별도로 분양한 후 호텔 영업 수익을 계약자들에게 배분하는 수익형 부동산이다. 확정수익을 보장한 분양형 호텔의 피해자들이 당초 제시된 수익금을 지급하지 못하는 배경에 호텔 운영사의 일방적이고 불공정한 계약이 있다.

수익금을 받지 못한 투자자들이 호텔 담보 대출을 통해 분양대금을 마련한 만큼 분양형 호텔의 분쟁과 부실이 금융권 부실로도 이어질 것이라는 경고음도 커지는 모습이다. 하지만 전문가들은 정부 대책이 분양형 호텔의 허위 · 과장 광고에 따른 피해를 막기에는 역부족이라고 보고 있다. 국토부가 건축물 분양법으로 관리를 한다지만 이 법령으로는 과징금조차 물릴 수 없기 때문이다.

김학권 한국비즈니스호텔협회 회장은 "허위 광고로 인한 처벌뿐만 아니라 분양신고를 할 때 보증을 받도록 해 보증기관 명칭을 공고하는 등 좀 더 치밀한 소비자 보호 대책이 추진돼야 한다."라고 설명했다.

7

당신이 살고 있는 집의 등기부등본부터 보라

겨울이 없다면 봄은 그리 즐겁지 않을 것이다.
고난을 맛보지 않으면 성공이 반갑지 않을 것이다.

– 앤 브레드 스트리트

등기부등본을 읽을 수 있는 능력이 필요하다

자가든 전세든 모든 사람은 집이라는 장소에서 잠을 잔다. 그래서 부동산은 우리의 삶과 밀접하게 연결되어 있는 것이다. 하지만 자신이 살고 있는 집의 정보에 대해서는 잘 알지 못한다. 집에 대한 정보를 알 수 있는 가장 대표적인 문서로는 '등기부등본'이 있다. 아파트에 살고 있다면, '집합건물 등기부등본'에 정보가 적혀 있다. 토지는 '토지 등기부등본'을, 건물은 '건물 등기부등본'을 확인하면 된다.

이 문서에는 그 부동산의 소유자와 채무관계 등이 적혀 있다. 그럼 왜 등기부등본이 중요할까? 집을 매매할 때는 물론, 전세나 월세를 얻고자

할 때도 이 문서를 확인해야 한다. 만약 이것을 확인하지 않은 채, 집을 계약한다면 사기를 당할 수도 있다.

예전과 달리 인터넷등기소 사이트에서 등기부등본을 손쉽게 열람하거나 발급받을 수 있다. 20년 전 내가 대학생일 때에는, 등기부등본을 발급받으려고 하면 등기소에 직접가야 했다. 발급 받을 대상지의 주소와 발급신청 서류를 작성해서 제출해야 했다. 발급 받을 서류가 많을 때에는 몇 시간 뒤에 다시 찾으러 가야 했다.

내가 대학생일 때, 방학에 아버지의 법무사 사무실에서 아르바이트를 한 적이 있다. 소유권 이전 등 등기 업무가 많았기 때문에 나의 업무는 등기소에 가서 등기부등본을 발급받아 오는 것이었다. 등기부등본을 발급 받기 위해 매일 걸어서 10분 거리의 등기소를 하루에 2~3번은 왔다 갔다 한 기억이 있다. 그래서 현재 인터넷에서 등기부등본이 발급 가능해진 것이 아주 편리한 서비스라는 것을 몸소 알고 있다.

회사에 입사하고 6개월 뒤 보상팀으로 발령이 났다. 그때 나의 업무 중 하나는 등기부등본을 보고 각 토지의 소유자와 채권자를 전산시스템에 입력하는 것이었다. 한 필지가 한 사람의 소유로 되어 있으면 아주 행복한 일이었다. 왜냐하면, 한 필지의 소유자가 많으면 지분을 일일이 계산해서 입력을 해야 했다.

지분별로 소유자가 계속 바뀌거나, 지분이 쪼개진 필지의 소유자를 정리하는 것은 여간 신경 쓰이는 일이 아니었다. 잘못 입력되면 그 지분에 따라 토지 보상금이 계산되어 소유자에게 잘못된 보상 금액이 통보되기 때문이다. 그렇게 되면, 민원이 발생하고 내가 실수했다는 생각에 찜찜함이 밀려온다. 잘못된 소유자에게 통보가 갈 경우에도 문제가 발생하기 때문에 등기부등본을 정확하게 확인하는 것은 아주 중요하다. 나중에 안 사실이지만, 등기부등본 발급 시 요약본을 같이 신청하면 지분별로 소유자가 정리되어 나온다. 등기소에 신청을 할 때 미리 요약본도 같이 발급해야 했는데, 이미 몇백 필지의 등기부등본을 일일이 분석한 이후였다. 하지만 이때의 경험은 아주 소유한 자산이 되었다. 그 후, 업무를 하면서 등기부등본을 보면 토지 소유의 변동이 보였다. 이혼을 해서 토지를 부부끼리 서로 교환을 했다거나, 상속을 받았는데 형제들로부터 소송이 들어와 지분을 나눠졌다거나 하는 내용이 모두 파악되었다. 등기부등본이 토지에 숨은 이야기를 내게 말해주는 것 같아 재미있었다.

나는 마음에 드는 건물이나 아파트가 있으면 등기부등본을 발급해본다. 물론 인터넷에서 기본적인 정보를 찾아보기도 한다. 하지만 등기부등본을 보면 인터넷에는 공개되지 않은 숨겨진 이야기가 담겨 있다. 네이버 지도에서 그 건물이 위치한 곳을 클릭하면 지번이 뜬다. 인터넷등기소 사이트에 들어가서 그 지번의 건물 등기부등본을 열람하면 된다.

건물 소유자가 누구인지, 대출은 얼마가 있는지, 다른 특이사항은 없는지를 알 수 있다. 나는 등기부등본을 보면서 얼마의 대출을 활용하여 그 건물의 주인이 됐는지를 추측해보기도 한다.

만약 이사 갈 아파트가 있다면, 미리 집합건물 등기부등본을 열람해본다. 그것만으로도 현재 소유자가 어떤 상황에 있는지를 알 수 있다. 가령, 제2금융권에 한도가 꽉 찬 상태로 대출되어 있다면, 이 소유자는 집을 빨리 처분하고자 할 가능성이 크다. 그 정보를 미리 알고 협상을 하면, 나에게 유리한 상황으로 끌고 오기 쉽다. 물론 등기부등본은 공신력이 인정되지 않는다. 이 말은 오류, 사기 등에 의해 소유자정보가 왜곡될 수 있다는 것이다. 하지만 현재 부동산을 매매할 때, 소유자를 확인할 수 있는 가장 신뢰할 만한 자료 또한 등기부등본임이 아이러니하다. 부동산에서 등기부등본의 확인은 기본 중에 기본임을 잊지 말아야 한다.

부동산에 무지하면 사기 당하기 쉽다

몇년 전, 경매 스터디에 참가한 적이 있다. 그 당시 경매 사이트를 보는 방법을 배우면서 자연스럽게 내가 살고 있는 집 주변의 경매 물건들을 찾아보았다. 그때 우연히 오피스텔이 하나 눈에 들어왔다. 감정 가격은 1억 정도였는데, 대출은 이미 5,000만 원이 잡혀 있었다. 그런데 전세 세입자가 전세 보증금 6,000만 원을 내고 살고 있었다. 전세 세입자 정보를 보니 20대 초반의 여자였다. 추측하건대 이미 대출이 잡힌 집의 등기부등본을 확인하지 않고 이사를 했을 것이다. 또는 주인이 잠시 주소 이전을 해달라고 부탁하고, 그 사이에 대출을 받았을 것이다. 이 20대 초반의 여자는 이사를 들어올 때 등기부등본을 확인해야 한다거나, 주인이 주소 이전을 요구할 때는 의심을 해야 한다는 것을 몰랐을 것이다.

아마 월세 계약도 공인중개사를 통하지 않고, 주인과 직거래로 계약했을 확률이 높다. 주인은 이미 그런 사실을 알고 젊은 여자를 속였을 가능성도 있다. '등기부등본만이라도 확인했더라면 좋았을 텐데….' 안타까운 마음이 들었다. 경매가 진행되면서 그녀는 아마 자신의 전세금을 모두 회수하지는 못했을 것이다. 그녀는 무지에 대한 값비싼 대가를 치르고, 세상을 욕하며 쓸쓸히 떠났을 것이다. 세상에는 사람들의 무지를 이용하여 사기 치는 사람이 많다는 것을 알아야 한다. 그들의 먹잇감이 되지 않으려면 무조건 자신이 알아야 한다. '남이 다 알아서 해주겠지', '그 사람이 나를 속이지는 않겠지'라는 생각을 하고 있다면 위험하다. 많이 알고 있어도 사기 당하기 쉬운 세상에, 잘 모르면 너무나 쉬운 먹잇감이 된다.

당신이 부동산 부자가 되고 싶다면, 부동산에 대한 기본 정보를 스스로 확인할 수 있어야 한다. 등기부등본을 보면 부동산의 소유자와 그 부동산에 잡혀 있는 대출 금액을 확인할 수 있다. 만약 당신이 집을 사든, 전세를 살든 당신의 권리 보호를 위해 부동산 계약서를 작성할 것이다. 이때 그 부동산의 진짜 주인을 확인하는 것은 아주 중요하다. 당신의 피

같은 돈이 투입되는데, 가짜 주인에게 돈을 건네는 어리석은 행동은 하지 않아야 한다. 부동산에서 등기부등본의 내용을 이해하는 능력은 기본 중의 기본이다. 이 기본적인 사항도 모른다면, 당신은 부동산 부자는커녕 사기당하지 않는 것만 해도 다행인 것이다.

사람들은 부동산이라는 장소에서 먹고, 자고, 쉰다. 우리의 삶은 부동산 안에서 많은 부분이 이루어지고 있다. 당신이 부동산 부자를 목표하지 않더라도 당신의 삶을 위해 부동산 공부는 필수이다. 그중에서도 등기부등본을 확인하는 것만 하더라도 사기의 반을 피할 수 있다. 당신이 등기부등본을 확인할 줄 모른다면, 글을 읽지 못하는 것과 같다. 오늘 당장 당신이 살고 있는 집의 등기부등본부터 떼보아라.

부동산 등기부 보는 법

부동산 등기부란?

부동산 등기부는 부동산에 관한 권리관계 및 현황이 등기부에 기재되어 있는 공적장부입니다. 즉, 대상부동산의 지번, 지목, 구조, 면적 등의 현황과 소유권, 저당권, 전세권, 가압류 등의 권리설정 여부를 알 수 있습니다. 부동산등기부에는 토지등기부와 건물등기부가 있으며, 표제부 · 갑구 · 을구로 구성되어 있습니다. 표제부에는 부동산의 소재지와 그 현황이 나와 있고, 갑구에는 소유권 및 소유권 관련 권리관계(예:가등기, 가처분, 예고등기, 가압류, 압류, 경매 등)를, 을구에는 소유권 이외의 권리

관계(예: 저당권, 전세권, 지역권, 지상권 등)를 표시합니다. 을구는 해당사항이 없는 경우도 많습니다. 이하에서는 일반인들이 가장 많이 접하게 되는 집합건물 부동산등기부를 기준으로 살펴보도록 하겠습니다.

등기부 등본 [표제부]의 내용

아래 그림은 집합건물의 등기부 등본의 표제부의 사례입니다. 집합건물의 표제부는 다시 1동 건물에 대한 표시, 대지권의 목적인 토지에 대한 표시, 전유부분 건물의 표시, 대지권의 표시로 나뉩니다. 그 의미는 각각 아래와 같습니다.

등기부 등본 (현재 유효사항) – 집합건물

[집합건물] 서울 특별시 고유번호

【 표 제 부 】 (1동의 건물의 표시)

표시번호	접수	소재지번, 건물명칭 및 번호	건물내역	등기원인 및 기타
1 (전 1)	1973년 5월 21일	서울 특별시 ○○○ ○○○ 300-130 제 17동	철근콩크리트조 슬래브지붕 5층 맨숀아파트주택 1층 611.71m² 4층 611.71m² 2층 611.71m² 5층 611.71m² 3층 611.71m² 옥탑 39.67m²	

(대지권의 목적인 토지의 표시)

표시번호	소재지번	지목	면적	등기원인 및 기타
1 (전 1)	1. 서울특별시 ○○○ ○○○ 300-130 2. 서울특별시 ○○○ ○○○ 300-128 3. 서울특별시 ○○○ ○○○ 300-129 4. 서울특별시 ○○○ ○○○ 300-289	대 대 도로 대	1639.7m² 465.4m² 559.7m² 203m²	

1동 건물의 표시에 대한 표제부

집합건물 1동 건물의 표시입니다. 등기한 순서와 접수날짜가 나오고, 건물의 위치 · 명칭 · 번호 등이 표시됩니다. 건물의 구조, 층수, 용도, 면적 등도 나옵니다. 건물의 종류도 잘 보아야 합니다.

대지권의 목적인 토지의 표시에 대한 표제부

집합건물이 속한 토지 즉, 대지권의 목적인 토지에 대한 표시입니다. 소재지 지번, 토지의 지목(예: 대지, 공장용지, 학교용지, 도로, 하천, 공원 등), 면적 등이 나옵니다. 토지 거래를 할 때는 특히 유심히 봐야 할 항목입니다.

【 표 제 부 】 (전유부분의 건물의 표시)				
표시번호	접수	건물번호	건물내역	등기원인 및 기타사항
전 (전 1)	1973년 5월 21일	제 1층 제 101호	철근콩크리트조 101.95m²	도면편철장 제 2책 제323장
(대지권의 표시)				
표시번호	대지권종류		대지권비율	등기원인 및 기타사항
전 (전 1)	1, 2, 3, 4 소유권대지권		867.5분의 29	1986년 9월 17일 대지권 1986년 9월 17일

전유부분의 건물의 표시

집합건물에 속한 한 세대에 대한 건물의 표시입니다. 건물번호 란에 층과 호수 등이 나오고 건물내역에 면적 등이 나옵니다. 여기에 나오는 면적이 이른바 전용면적이라고 하는 것입니다. 이 면적은 통상 공급면적

혹은 분양면적보다는 적습니다. 건물번호도 정확하게 확인해야 할 부분입니다.

대지권의 표시

집합건물이 속한 대지 중 해당 전유세대의 지분에 해당하는 토지에 대한 표시입니다. 대지권 종류란에는 대지권의 대상이 되는 권리를 표시합니다. 소유권대지권이 일반적입니다. 대지권 비율은 1동 건물에 속한 토지 중 해당 전유 부분이 차지하는 지분 비율을 표시합니다. 예를 들어 건물이 차지한 땅이 100평인데 지분이 5분의 1이라면 이 집 몫의 땅은 20평이라는 뜻입니다.

등기부 등본의 [갑구]의 내용

【 갑 구 】		(소유권에 관한 사항)		
순위번호	동기목적	접수	동기원인	관리자 및 기타사항
10	소유권이전	2005년 2월 17일 제 4173호	2005년 1월 19일 매매	소유자 : ○○○ ······-······· 서울특별시 (주소)

갑구에는 소유권과 관계 있는 사항이 기록되어 있습니다. 순위번호, 등기목적, 접수일 등기를 한 이유 권리자 등이 나옵니다. 등기한 순서대로 나오므로 마지막 부분에서 현재의 부동산 주인이 누구인지 확인할 수 있습니다. 토지나 건물을 공유할 수도 있는데, 단독 소유면 '소유자', 공

동 소유면 '공유자'라고 나오고 지분을 표시합니다. 소유자(혹은 공유자)가 누구이냐는 가장 기본적인 확인사항입니다.

갑구에 가등기, 가처분, 예고등기, 가압류, 압류, 경매 등 다른 등기가 있다면 소유권에 관한 분쟁의 소지가 있을 수 있으니 각별히 주의해야 합니다. 이때 순위 번호에 나오는 등기 순서가 권리의 우선순위가 됩니다. 또한 소유권변동이 최근에 자주 발생한 경우나, 상속받은 경우로서 진정한 소유권자인지 의심스러운 경우 등은 등기부상의 소유자라고 하더라도 나중에 진정한 소유자 여부로 다툼이 있을 수도 있으므로 역시 각별히 주의해야 합니다.

등기부 등본의 [을구]의 내용

【 을 구 】		(소유권 이외의 권리에 관한 사항)		
순위번호	동기목적	접수	동기원인	관리자 및 기타사항
13	근저당권설정	2005년 2월 17일 제 4174호	2005년 2월 17일 설정계약	채권최고액 : 금300,000,000원 채무자 : OOO 서울특별시 (주소) 근저당권자 : 주식회사 OO 은행 서울 종로구 (주소) (개인여신팀)

을구에는 소유권 이외 권리가 기록되어 있습니다. 저당권, 전세권, 지역권, 지상권 등의 권리가 표시됩니다. 읽는 방법은 갑구와 비슷하니 참고하시기를 바랍니다. 을구와 관련되어 실무적으로 가장 흔한 케이스가

전세계약을 체결할 때 근저당, 즉 융자가 있는 경우입니다. 예를 들어, 부동산등기부등본의 을구란에 근저당권자로 머니머니주식회사가 채권최고액 1억2천만 원을 설정하였다면, 실제 채권액은 대략 1억 원으로 정도라고 보시면 됩니다. 채권최고액에는 통상 실제 채권액의 120~130%를 설정하기 때문입니다.

여기서 위와 같이 근저당이 설정되어 있다면 제3자 혹은 근저당권자의 부동산경매 시 낙찰예상금액을 따져서 전세 계약을 체결하여도 안전한지 확인해 볼 필요가 있습니다. 이를 위해서는 인터넷이나 부동산 관련 언론매체를 통한 비슷한 건물의 감정가나 낙찰가율을 찾아보시기를 권합니다. 결국 채권최고액과 전세금을 합한 금액이 경매 시 낙찰예상금액보다 적어야 안전하다는 뜻입니다. 경우에 따라서는 전세금으로 융자를 일부 갚아 채권최고액을 감액하도록 계약시 요구할 필요도 있습니다.

[네이버 지식백과] 부동산 등기부 보는 법 – 부동산 매매 · 임대차의 필수 상식 (방법사전, 정상수)

* 토지 · 건물정보 확인 가능한 인터넷 사이트

① 네이버 지도 (map.naver.com)

– 활용 : 지번 및 위치 확인

② 인터넷 등기소 (www.iros.go.kr)

– 활용 : 등기부등본 열람 및 발급

③ 민원24 (www.minwon.go.kr)

– 정부24 이용 가능

– 활용 : 토지대장, 건축물대장 열람 및 발급

④ 일사편리 부동산정보조회 시스템 (kras.seoul.go.kr)

– 지역별로 운영('인사편리' 해당 지역으로 검색)

– 활용 : 토지정보, 건축물정보, 토지이용계획, 개별공시지가 확인

8

경제적 자유를 원한다면 당장 시작하라

인생의 위대한 목표는 지식이 아니라 행동이다.

— 올더스 헉슬리

경제적 자유를 원한다면 하루 빨리 부동산 공부를 시작해야 한다

주위를 둘러보면 많은 사람들이 팍팍한 삶에 힘들어한다. 직장에 다니며 월급을 받아도 삶이 나아지지 않는다. 그래서 다들 경제적 자유를 원한다. 경제적 자유를 얻으면 굳이 돈 때문에 직장 생활을 하지 않아도 된다. 그렇게 되면, 직장 생활은 생존이 아닌 자신의 가치관에 따른 선택사항이 된다. 요즘 직장 생활은 '현대판 노예'라고까지 불린다. 하지만 자신의 가치 실현을 위한 직장 생활은 더 이상 현대판 노예가 아니게 된다.

그러기 위해서는 생존에 위협이 되지 않도록 경제적 자유가 필요하다. 경제적 자유를 가지면서 직장 생활을 하면 자신의 꿈을 위해 일을 하게 된다. 그럼 즐거운 마음으로 인생을 살아갈 수 있는 것이다. 돈 때문에 일하는 것이 아니기에 창의력이 더욱 발휘된다. 남에게 아쉬운 말을 할 필요도 없고, 남 눈치를 보지 않아도 된다. 오직 목표에만 집중하기 때문에 오히려 더 좋은 성과를 낼 수 있다.

무엇보다도 경제적 자유로 얻은 당당하고 자신감 있는 태도가 더 가치 있다. 경제적 자유는 시간의 자유와 선택의 자유를 같이 가져다준다. 물론 인생에서 돈이 다가 아니다. 하지만 돈은 자본주의 사회에 살고 있는 사람들에게는 아주 중요한 수단이다. 사실 돈이 없어서 사람들에게 생기는 어려움도 많다.

돈을 많이 가지고 싶어 하는 것은 사람들의 기본적인 욕망이다. 그것을 욕하는 사람은 십중팔구 속과 겉이 다른 사람이다. 그런 사람과는 가까이하지 않는 것이 좋다. 당신도 그들과 똑같이 가난해지기 십상이기 때문이다. 그들이 가난하기 때문에 돈을 가진 사람들을 욕하는 것이다. 경제적 자유를 원하는 것은 비난받을 일이 아니다. 오히려 그런 노력을 지지하고 격려해야 한다. 사람들은 자신의 삶을 더 행복하고 풍요롭게 살아갈 권리가 있다. 자신의 삶에 대한 의무를 가지고 태어난 것이다. 돈은 자신의 생각, 습관, 행동의 결과가 모여 나타난 결과일 뿐이다. 모든 것은 자신의 선택과 책임이라는 것을 깨달아야 한다.

당신이 경제적 자유를 원한다면 하루 빨리 부동산 공부를 시작해야 한다. 경제적 자유를 얻기 위한 길은 '씨앗이 열매가 되는 과정'과 동일하다. 씨앗을 열매로 키우기 위해서는 노력과 시간이 필요하다. '부동산 공부'가 씨앗이라면, '부동산 투자'는 노력이며 '경제적 자유'는 열매이다.

모든 씨앗이 열매로 싹틔우지 못하듯이 분명 크고 작은 실패도 있을 수 있다. 하지만 빨리 시작할수록 실패를 성공으로 바꿀 수 있는 시간을 더 많이 확보할 수 있다. 실패에서 배우며, 진짜 실력을 갖출 수 있다.

노진섭 기자의 『한국의 100억 부자들』에서는 100명의 부자들을 대상으로 설문 조사한 결과가 나온다. 흥미롭게 본 질문은 그들이 종잣돈을 모은 방법에 대한 것이었다. 100명 중 34명이 '부동산 수익'으로 종잣돈을 모았다는 대답이 가장 많았다. 그리고 부자가 될 수 있었던 가장 큰 이유는 1위가 38%로 '사업 수완이 뛰어나서'였고, 2위가 35%로 '부동산 등 재테크 감각이 뛰어나서'였다. 그만큼 부동산은 그들이 부자가 될 수 있게 해준 수단이었다.

부자들은 은행에 돈을 쌓아두지 않는다. 돈을 불릴 수 있도록 다른 재테크 수단을 찾는다. 사업을 해서 돈을 많이 벌어도 결국 그 돈을 부동산 등 다른 재테크 수단으로 바꿀 수밖에 없다. 인플레이션 때문에 돈의 가치가 계속 하락하기 때문이다. 돈을 은행에 넣어두면 이자 상승율이 물가 상승률을 따라가지 못한다. 그래서 결국 돈을 까먹는 꼴이 된다.

하지만 부동산에 투자를 해두면 시간이 갈수록 가치가 상승한다. 주식처럼 한순간에 휴지조각이 되지도 않는다. 아무리 부동산 시장 경기가 좋지 않아도 부동산이라는 실물은 남는다. 그래서 부자들은 주식보다 부동산을 선호하는 사람들이 더 많다.

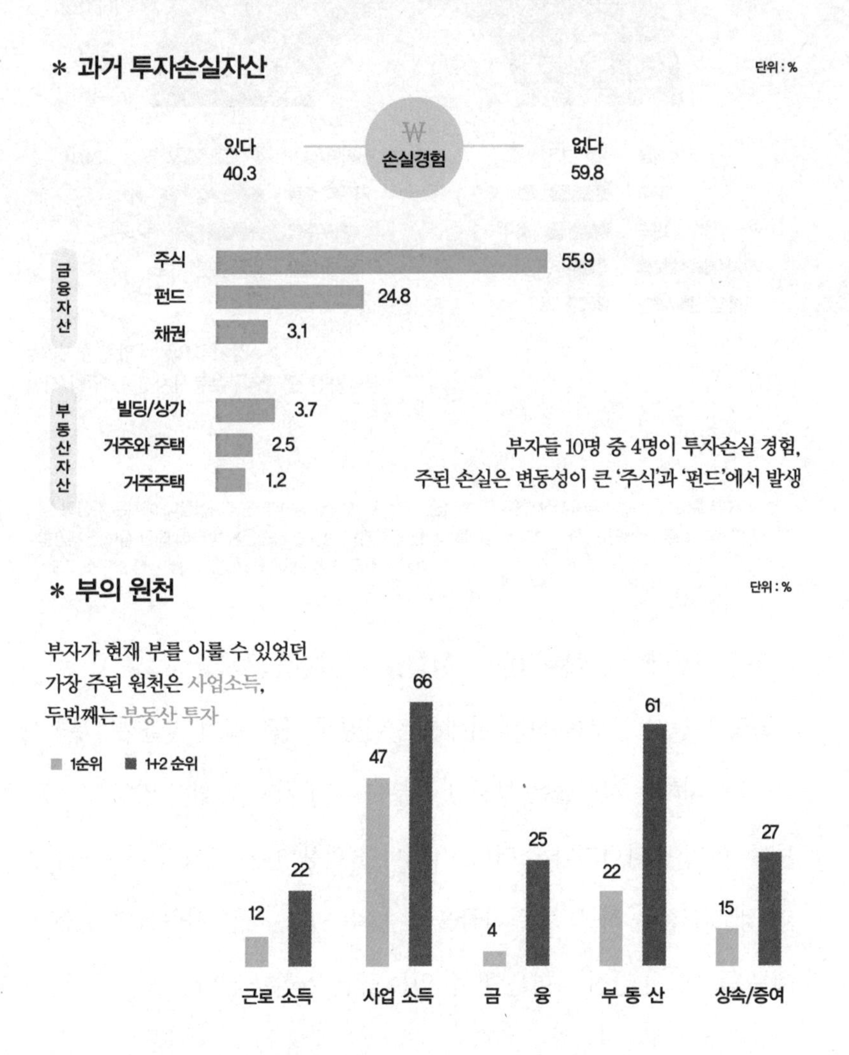

* 자신이 부자라고 생각하는 여부 단위 : %

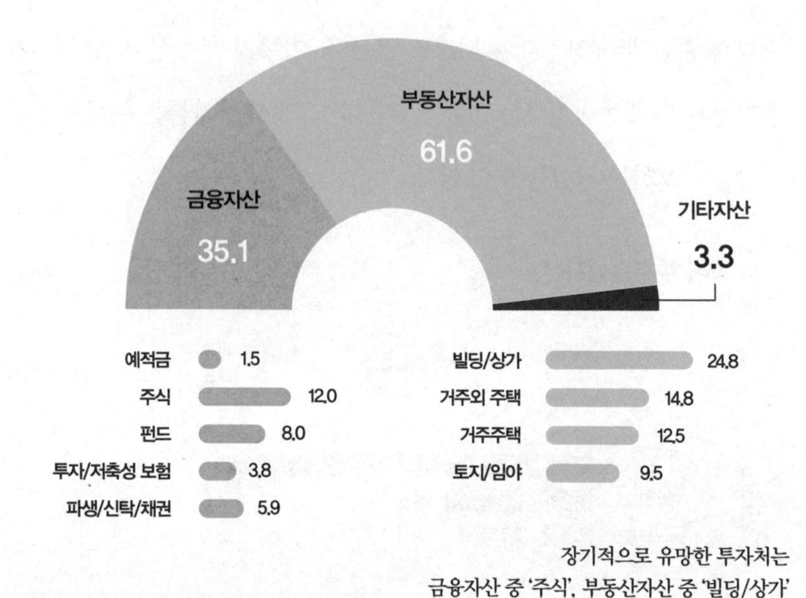

장기적으로 유망한 투자처는
금융자산 중 '주식', 부동산자산 중 '빌딩/상가'

'한국 富者 보고서'는 매년 금융자산 (현금 및 예적금, 보험, 주식, 채권 등의 금융투자상품에 예치된 자산의 합) 10억 원 이상 보유한 개인을 '한국 부자'로 정의하며, 한국 부자의 현황과 자산운용 행태에 대한 정보를 제공함

출처 : 「한국 富者 보고서」, KB금융지주 경영연구소, 2019

부동산에 대해 함께 이야기할 사람들을 만나라

그럼 부동산 공부를 하기 위해서는 어떻게 하는 것이 좋을까? 부동산을 처음 대하는 사람들은 부동산 공부를 혼자 하기는 쉽지 않다. 그래서 보통, 학원에 다니거나 스터디, 세미나를 활용한다. 그러면 다른 사람들과 정보 교환을 하고 서로 자극을 받을 수 있다. 다른 사람들의 실전 사례를 들으면서 간접 경험을 할 수 있는 좋은 기회가 된다.

나의 경우도 개인 공부와 스터디를 병행했다. 회사에 막 입사한 20대에는 인터넷 유명 재테크카페를 활용하였다. 카페에서 하는 특강에 참가하고, 책 이벤트도 신청하며 부동산의 기초 정보를 쌓아 나갔다. 사실 내가 가장 집중적으로 부동산에 대해 배울 수 있었던 때는 '공인중개사 자격 시험'을 공부하면서였다. 나의 공부는 순수하게 부동산에 대한 관심과 업무능력향상이 목적이었다.

몇 달 동안, 퇴근 후 공인중개사 학원에 가서 수업을 들었다. 주말에는 도서관에 가서 몇 시간씩 공부했다. 그때 처음으로 민법, 공법, 세법 등 법 공부를 해보았다. 법 공부가 처음에는 너무 어려웠다. 나중에는 어떤 법이든 공부하면 이해할 수 있겠다는 자신감이 생겼다. 이 자신감은 당시 나의 업무였던 토지 보상 업무를 할 때에도 많은 도움이 되었다. 법을 해석하는 능력이 높아지면서 토지 보상법상의 법적 절차 등 업무에 대한 이해도가 높아졌다.

인생에서 가장 도움이 되었던 부분은 부동산에 대한 시야가 넓어졌다는 것이다. 모든 것은 자신이 아는 만큼 보인다고 했던가? 정말 딱 아는 만큼 보였다. 예전에는 시골마을이라며 관심도 가지지 않았던 논과 밭이 다르게 보였다. 땅을 보면 어느 위치가 가격이 비쌀 것인지 예상이 되었다. 아무런 생각 없이 지나쳤던 건물과 상가들이 다시 보였다. 어느 곳이 장사가 잘되고 사람들이 모여드는 곳인지가 파악하게 되었다. 대형 프랜차이즈 커피숍과 패스트푸드점이 왜 그 위치에 들어섰는지 짐작할 수 있었다.

나는 부동산에 관심이 있는 사람들과 같이 공부하며 이야기를 하고 싶었다. 그 소망은 대학원의 부동산학 석사과정에 입학하는 결과가 되었다. 매주 토요일 수업을 듣고, 동기들과 수업 후 별도로 2시간 정도 스터디를 했다. 부동산관련 논문이나 책을 읽고 토론을 했다. 시간 가는 줄 모르고 부동산 시장에 대해 이야기를 나눴다. 나는 평소 궁금했던 사항들을 스터디 멤버들에게 질문하였다.

그 스터디는 공인중개사, 부동산 시행사, 상가분양사 등 부동산관련 직종의 사람들로 구성되어 있었다. 30대 초반이었던 나는 젊은 편이었고, 대부분 40~50대 분들이었다. 멤버들은 서로의 사업 경험이나 투자 경험을 말해주었다. 배우고자 하는 열정이 많은 나의 질문에 모두 친절히 대답해주었다. 실전 경험이 많이 없었던 젊은 나에게는 너무나 좋은 간접 경험이 되었다.

그래서일까? 그때의 스터디 멤버들에게 항상 감사한 마음을 가지고 있다. 1년에 몇 번 안 되는 석사 동기 모임이지만 오랜만에 만난 이들이 편안하게 느껴진다. 우리는 만나면 예전 스터디 모임처럼 부동산 시장 동향에 대해 많이 이야기를 한다. 다른 모임처럼 술 마시고 노는 것에 집중하지 않는다. 그래서 이 모임은 항상 무엇을 배우는 시간이 되어 즐겁다. 나는 아무런 영양가 없이 술만 마시고 쓸데없는 이야기만 하다가 끝나는 모임을 싫어한다. 인간관계 때문에 억지로 가는 술 모임은 시간 낭비, 에너지 낭비만 하는 것 같아 좋아하지 않는다.

나는 기회가 되면 스터디를 구성해서 공부할 계획이 있다. 나와 함께 부동산과 부자 마인드에 대해 공부하고자 하는 사람들은 언제나 환영이다. 나에게 이메일을 보내면 스터디 멤버 모집 시 연락을 하겠다. 단, 부정적이고 열정이 없는 사람들은 거부한다. 나의 지식과 경험을 공유해서 많은 사람들이 더 긍정적이고 부유한 삶을 살았으면 좋겠다.

특히, 가난한 생각으로 가난에 갇혀버린 사람들에게 조금이나마 꿈과 희망을 드리고 싶다. 사실 나도 수많은 가난한 생각에 나를 가둬봐서 그 상황을 잘 안다. 나는 부동산 공부뿐만 아니라 의식과 마음공부도 오랫동안 하였다. 모든 것이 나의 생각과 연결되어 있음을 깨달았다. 그 과정에서 가난한 생각으로부터 벗어나는 방법을 알게 되었다.

계획하고 있는 스터디에서 하는 공부는 어렵고 지겨운 공부가 아니다.

인생에 정말 도움이 되는 살아 있는 공부를 할 예정이다. 서로 도움을 주고받으며, 삶을 풍요롭게 변화시킬 수 있는 만남의 장소가 될 것이다. 부동산에서는 좋은 인맥이 좋은 정보가 되어 돈이 된다. 그래서 부자들이 부동산 전문가들과 친해지려고 하는 것이다.

부자들은 자신들에게 도움이 되지 않는 사람들을 만나는 것을 좋아하지 않는다. 같이 있으면 긍정적인 에너지를 주는 사람을 좋아한다. 만약 당신이 부동산 공부를 한다고 할 때 비난하는 사람이 있다면, 절대 가까이 지내지 마라. 부동산 공부의 가치를 모르는 사람이며, 절대 발전할 수 없는 사람이다. 그들은 당신의 열정과 에너지를 뺏는 드림킬러가 될 것이다.

당신이 경제적 자유를 원한다면 지금 당장 부동산 공부를 시작하라. 그리고 실전 경험을 쌓아라. 소액이라도 좋다. 가장 능률이 높은 공부는 자신의 돈이 투입될 때 집중력이 발휘된다. 책으로만 배운 공부는 자기 것으로 100% 흡수되지 못한다. 이론과 실무를 겸비할 때 실력이 향상된다.

공부만 하고 실전 투자하지 않는 것은 자신의 삶을 부유하게 만들지 못한다. 반드시 자신의 지식과 경험을 돈으로 바꾸어야 한다. 그것이 당신의 삶을 부유하게 만드는 방법이다. 지금 당장 시작해보자! 오늘은 당신의 인생에서 가장 젊은 날이다. 당신에게는 풍요롭고 행복하게 살 권리와 능력이 있다.

4. 미국 대통령 도널드 트럼프

* 부동산 부자가 될 수 있었던 성공 요인

– 철저하게 공부하고 준비하기

– 부동산 가치 향상시키기

– 자신이 아는 곳에 투자하기

미국 대통령 도널드 트럼프는 세계적으로 부동산 부자로 잘 알려진 인물이다. 그가 부유한 집안에서 태어난 이유도 있겠지만, 철저하게 공부하고 준비하는 등 그의 꾸준한 노력이 있었기에 가능했다. 그는 부동산 가치를 창출하기 위하여 끝임 없이 고민하고 창조력을 끌어냈다. 적절한 때가 올 때를 알고 뚝심으로 기다리며 위험을 낮췄다.

그는 "이기는 투자를 위해 끊임없이 공부하고 남들보다 잘 알기 위해 노력하면, 결국 다른 눈을 가지게 된다."라고 말한다. 나는 이 점이 그가 부동산 부자가 된 이유라고 생각한다.

2016년 11월 8일 〈조선일보 위클리비즈〉에 실린 "9년 전 만난 트럼프 단독 인터뷰"기사에서 그의 가치관과 부자의 원리들을 많이 엿볼 수 있었다. 자신만의 '부동산 노하우'를 공개해달라는 말에 그는 다음과 같이 말했다.

"일단 처음엔 '작게' 시작하는 게 좋습니다. 나는 처음 필라델피아에서, 로버트 기요사키는 하와이에서 시작했습니다. 일단 최대한 자신의 지역에서 가까운 '홈 그라운드'에서 시작하세요. 누구보다 그 지역을 잘 알고 있을 가능성이 높고, 지역의 큰 이슈나 굵직굵직한 정보를 얻는 게 상대적으로 수월하기 때문이죠. 최고의 투자는 '누구보다 잘 아는' 데서 시작합니다. 아마 처음엔 좀 몸으로 부딪쳐 실수도 해봐야 뭔가 보이기 시작할 겁니다."

나는 그의 말에 전적으로 동의한다. 실수를 하더라도 계속 배워나갈 때 무슨 일이든 성공할 수 있는 것이 아니겠는가?

3장

그들끼리만 은밀히 공유하는 부자의 원리

1

투자 지식보다 부자 마인드가 먼저다

낙관주의는 성공으로 인도하는 믿음이다.
희망과 자신감이 없으면 아무것도 이루어질 수 없다.

– 헬렌 켈러

긍정적인 생각과 말을 하며, 좋은 에너지를 끌어당겨야 한다

많은 사람들은 부자가 되기를 원한다. 하지만 그들은 부자가 되기를 거부한다. '이게 무슨 모순적인 이야기인가?'라고 의문이 들 것이다.

"나는 부자가 되고 싶어. 하지만 돈이 없어서 불가능해."

"돈은 부자들이 다 가지고 가서, 우리처럼 평범한 사람들이 돈을 버는 것은 불가능해."

"나는 저 집을 사고 싶어. 하지만 지금 버는 돈으로는 택도 없어. 아마 평생 모아도 내 집을 사지 못할 거야."

이렇게 일반인들은 스스로를 한계 짓는 말을 많이 한다. '이것을 원해. 하지만 안 돼.' 항상 스스로에게 이렇게 말한다. 남에게 말할 때에도 마찬가지다. 상대방이 어떤 아이디어나 조언을 말해주면, "무슨 소리야. 네가 내 사정을 몰라서 그래. 그것은 뭐 때문에 안 되고, 저것은 또 뭐 때문에 안 돼!", "안 돼!", "안 돼!", "안 돼!"를 수백 번, 수천 번 반복한다.

'안 된다고!!!'를 온 우주에 말하는 사람이 잘될 리가 없다. 생각은 진동을 통해 우주에 메시지를 전달한다. 그러면 우주는 그 메시지대로 움직이게 된다. 한 치의 오차도 없이 사람들의 메시지를 들어주기 위해 노력한다. 우주는 당신의 명령을 기다리고 있다. 가난한 사람들은 대부분 부정적인 생각과 말을 많이 한다. 그리고 비슷한 부정적인 사람들로 둘러싸여 있다. 집단의 에너지는 아주 강해서 쉽게 벗어날 수 없다.

누가 조금이라도 그 가난에서 벗어나려고 하면, "저 사람은 욕심이 많아.", "세상을 뭐 저리 힘들게 살지? 욕심 부리지 말고 분수에 맞게 살아."라며 자신들과 똑같은 수준으로 끌어내리려고 안간힘을 쓴다. 자신들보다 잘났거나 잘사는 것을 용납하지 않는다. 자신과 비슷하게 그저 그런 삶을 살아가라고 강요한다. 그래서 자신보다 잘났거나, 부자인 사람들의 작은 결점 하나까지 트집 잡아 깎아내린다. 그러니 누가 열심히 노력해서 부자가 되고 싶겠는가?

아이러니하게도 사실 그들의 마음속에는 돈에 대한 욕망이 가득하다.

자신의 마음을 입 밖으로 내뱉으면 손가락질 당할까 봐 꽁꽁 숨기고 있다. 돈을 마음 놓고 사랑하지 못하니 돈이 들어오지 않는다. '어떻게 하면 꿈을 이룰 수 있을까?'를 계속 고민해도 현실로 나타날까 말까 한 상황에 아무런 목표나 계획이 없으면, 평생 지금과 똑같은 삶만 살아갈 뿐이다. 아니 더 나빠질 것이다.

'붉은 여왕 효과'를 아는가? 『이상한 나라의 앨리스』의 속편인 『거울 나라의 앨리스』에서 유래된 붉은 여왕 효과가 있다. 거울 나라 속 붉은 여왕과 앨리스는 나무 아래에서 계속 달리지만 제자리이다. 붉은 여왕은 말한다. "여기서는 힘껏 달려봐야 제자리야. 나무를 벗어나려면 지금보다 두 배는 더 빨리 뛰어야 해. 붉은 여왕의 나라에서는 어떤 물체가 움직일 때 주변 세계와 함께 움직이기 때문에 끊임없이 달려야 겨우 한 발을 내딛을 수 있단다." 생태계의 쫓고 쫓기는 평형 관계를 묘사하는 데 자주 인용되는 이론이다. 이 '붉은 여왕 효과'에 따르면 현실을 유지하는 데에도 지속적인 노력이 필요한 것이다.

급변하는 현대 사회에서 '난 지금 만족스럽고, 그냥 이대로 사는 것이 좋아.'라고 말하는 것은 '난 계속 도태되고 있어.'라고 말하는 것과 동일하다. 태어난 이상 어느 누구도 가난하게 살고 싶지 않을 것이다. 누구나 행복하고 부유하게 살아가고 싶다. 그러기 위해서는 자신 안에 깊게 뿌

리박힌 가난한 생각을 버려야 한다. 수천 수만 년 동안 겹겹이 쌓인 무의식을 정화해야 한다. 이 무의식이 너무 강해서 '생각을 바꾸겠다.'라고 말하면서도 계속 제자리로 다시 돌아오는 것이다.

의식적으로 긍정적인 생각과 말을 하며, 좋은 에너지를 끌어당겨야 한다. 생각과 말은 곧 마음이자 사고방식이다. 이 마음(또는 사고방식)이 투자 지식보다 중요하다. 투자 지식은 씨앗이며, 마음은 씨앗을 싹틔울 밭이 된다. 척박한 땅에 아무리 좋은 씨앗을 심는다고 해도 잘 자라지 못한다. 반면에 비옥한 땅에는 보통 씨앗이라도 심으면 열매를 맺는다. 종자가 좋은 씨앗을 심을수록 그만큼 질 좋은 열매를 얻을 수 있다. 여기에서 밭과 씨앗이 모두 중요하지만, 더 근본인 밭이 먼저 좋아야 한다.

부자의 사고방식을 익혀라

『부자의 사고, 빈자의 사고』 저자인 이구치 아키라 씨는 중 · 고등학교 때 집단 따돌림을 당해서 다섯 번씩 전학을 다녔다. 대학생 때는 은둔형 외톨이였고 두 번이나 중퇴했으며, 취직해서 사회 경험을 해본적이 없었다. 하지만 현재는 컨설팅회사 대표로 평생 돈 걱정 없이 살아가고 있다.

그는 저서에서 자신의 인생이 180도 달라질 수 있었던 비법을 공개했다. 다름이 아닌 '부자의 사고방식'을 익혔다는 것이다. 부자는 부자의 사고방식을, 가난한 사람은 가난한 사람의 사고방식을 갖고 있다고 말한다. 따라서 사고방식만 바꾸면 반드시 부자가 될 수 있다고 주장한다.

그는 부자의 사고방식을 갖추면서 평소의 행동과 인간관계가 완전히 달라졌음을 고백했다. 날마다 돈을 불러들이는 힘을 연마하고, 자극을 주는 사람들을 만나면서 부자의 사고방식이 강화되었다. 그는 부자의 사고방식을 익힌 후에 돈을 벌기 위한 기술을 향상시키라고 말한다. 그리고 부자가 될 수 있도록 도와주는 인간관계를 구축하면서 자신을 둘러싼 환경을 바꾸기 위해 노력할 것을 강조한다.

당신이 현재보다 풍요롭고 더 나은 삶을 살고 싶다면, 지금까지와는 다른 생각과 말을 해야 한다. 현재의 삶은 당신이 했던 모든 생각과 말의 결과일 뿐이다. 당신은 항상 안 되는 이유를 떠올리며, 불평불만을 쏟아냈을 것이다. 또한 현재의 힘든 상황과 문제점에 대해 계속 이야기했을 것이다. 부정적인 것에 대해 계속 집중하다 보니 부정적인 생각이 습관화 된 것이다.

이제는 바뀌어야 한다. 자신이 원하는 것에 대해 말하고, 풍요로움을 느껴야 한다. 현재의 문제점에 집중하는 것이 아닌 해결책에 집중해야 한다. 사람들과 문제점에 대해 토론하지 말라. 대신 해결책에 대해 토론하며, 꿈과 희망에 대해 이야기를 해야 한다.

비록 현실이 바뀌는 것이 당장 눈앞에 보이지 않더라도 지속적으로 말해야 한다. "나는 점점 부자가 되고 있어. 나는 너무 풍요로워. 나는 돈을 끌어당기는 자석이야."라고 말하다 보면 실제로 현실이 바뀌어가게 된다. 꿈이 현실이 되기까지 버퍼링 시간이 필요하다.

만약 당신이 기차를 타고 부산에서 서울로 간다고 가정해보자. 당신이 기차에 있는 동안에는 아직 서울에 도착하지 않았다. 하지만 기다리면 곧 서울에 도착할 것이라고 믿을 것이다. 서울까지 가기 위한 필요 시간이 지난 후, 마침내 서울에 도착하게 된다. 우리는 이 '필요 시간'을 기다려야 한다. 부산에서 기차를 타자마자 서울에 도착할 수 없는 것처럼, '부자가 되게 해주세요.'라고 외쳐도 바로 부자가 될 수 없다.

자신이 계속 부자가 되고 있다고 믿으면서, 그 에너지를 우주에게 보내야 한다. 그럼 마침내 서울역에 도착하는 것과 같이 부자가 되어 있을 것이다. 지금까지 우리는 육체의 일을 하는 것에 노력을 했다면, 이제는 생각하는 것에 대한 노력을 해야 한다. 직장에서 생각 없이 시킨 일만 열심히 하다 보면 일의 노예로 살다가 가난하게 죽는다.

자신의 가난한 생각과 말을 바꾸기 위해 노력해야 한다. 먼저 당신의 '꿈의 지도'를 만들어보아라. 자신이 원하는 집, 차, 일 등을 사진으로 뽑아 벽에 붙여놓고 시각화해야 한다. 그것을 매일 보면서 행복하고 풍요로움 감정을 느껴라. '이 꿈은 너무 커서 이루어지기 어렵겠지?'라는 쓸데없는 고민은 치워버려라. 단지 그 꿈이 이루어진 모습을 상상하며 감사해라.

자기 전과 일어난 직후에 자신의 '꿈의 지도'를 보며 충분히 행복감을 느껴라. '저의 꿈을 다 이루어주셔서 감사합니다.' 그럼 우주는 당신의 꿈을 이루어주기 위해 열심히 움직인다. 지금 우주가 당신에게 하는 말이 들리지 않는가?

"주인님! 명 받잡겠습니다. 충성!"

2

위기는 위험과 기회의 합성어이다

실패한 자가 패배하는 것이 아니라 포기한 자가 패배하는 것이다.

– 장 파울

위기 속에서 기회를 찾아라

모든 사람에게는 위기가 찾아온다. 부자든 가난한 사람이든 직위를 막론하고 인생에서 단 한 번도 어려움을 겪지 않은 사람은 없다. 그 어려움을 극복하면서 부자가 되었고, 권력자가 되었다. 또 그 어려움을 통해 내면이 성장하고 단단해졌다.

사람은 위기가 찾아올 때 어떤 행동을 하느냐에 따라 인생이 바뀐다. 힘들다고 발만 동동 구르며 남 탓, 세상 탓을 해봤자 바뀌는 것은 전혀 없다. 오히려 자기 몸과 마음만 힘들어진다. 위기가 찾아올 때는 정신을 바짝 차리고, '어떻게 하면 이 문제를 해결해 나갈 수 있을까?'를 고민하는 것이 더 빨리 상황을 좋게 만든다.

용혜원의 『살아간다는 것은』에 적힌 글귀는 나의 생각을 그대로 반영하고 있었다.

"도망치고 숨으면 달라질 것이 없다.
달려들고 뛰어들어 헤쳐 나가자.
시류에 따라 굴절되지 말고 곧고 바르게 나가자.
절망 속에 살아가면 세상은 온통 어둠뿐이지만
간절한 소망 속에 집념을 갖고 살아가면
세상은 찬란하게 빛을 발한다.
생각하던 것보다 더 멋지게 더 아름답게 다가온다."

부자들은 특히 위기를 기회로 만드는 데 탁월한 능력을 가진 사람들이다. 그들은 위기를 위기로만 보는 것이 아니라 위기 속에서 기회를 본다. 그들은 항상 긍정적인 생각을 하려고 한다. 그래서 '문제점'에 집중하기보다는 '해결책'에 집중한다.

부자들은 불황을 꼭 위기로만 보지 않는다. 불황 속에서도 잘되는 사업을 연구한다. 부동산 침체기에도 남들은 부동산을 팔려고 할 때, 부자들은 때를 기다렸다가 오히려 투자를 한다. 그들은 위기 속에 기회가 있다는 것을 잘 알고 있기 때문이다.

오히려 외환 위기나 금융 위기에 부동산 부자가 된 사람들이 적지 않다. 그들은 남들이 불안감에 떨며 부동산을 팔아 치울 때, 좋은 부동산을 차곡차곡 쌓아나갔다. 백화점 세일에 온 것처럼 저렴한 가격으로 좋은 물건들을 골라나갔다. 그들은 10년에 한 번씩 찾아오는 부동산 세일 기간을 여전히 기다린다. 공부를 하면서 실력을 갖추고 자금도 준비한다. 결국은 인내로 원하는 부동산을 손에 넣는다.

사업가 K씨는 외환 위기를 겪은 세대이다. 그가 대학을 막 졸업하고 대기업에 다닐 때였다. 회사의 구조 조정으로 그는 직장을 잃었다. 그 일로 그는 '회사가 자신을 책임져주지 않는다.'는 것을 뼈저리게 느꼈다. 그 뒤 방황을 하다가 유통업을 하기 시작했다. 그는 물건을 보관하기 위해 창고가 필요했다. 처음에는 창고를 아주 저렴한 가격으로 빌려서 사용했다. 외환 위기의 여파로 부동산 가격이 폭락하면서 임대 가격도 폭락했다.

하지만 몇년이 지나자, 임대료가 꾸준히 상승하였다. 급기야 창고 주인은 땅을 팔게 되었다며 더 이상 창고를 빌려주지 못한다고 하였다. 부랴부랴 다른 부지를 알아보았지만 땅값이 너무 많이 상승한 것을 깨달았다. 사업 초반에는 창고용지들이 쌌는데 몇년이 지나서 사려고 하니 엄두가 나지 않았다. 그는 좋은 기회를 놓친 것 같아 속이 상했다. 그래서 다음에 기회가 온다면 절대로 놓치지 않겠다고 다짐을 했다.

그 후 사업을 안정적으로 꾸려나가면서 자금을 준비했다. 그러던 차에 금융 위기가 발생하면서 다시 부동산 가격은 폭락하였다. 그는 그 기회를 놓치지 않다. 전국을 돌며 좋은 부동산을 찾아다녔다. 현재 그는 상가 건물과 땅, 아파트를 몇 채 가진 100억대 부동산 부자가 되었다. 그가 일을 하지 않아도 월세가 꾸준히 들어온다. 사업은 그냥 즐기면서 하고 있다.

모두가 이런 기회를 쉽게 잡을 수 있는 것은 아니다. 준비한 사람만이 기회를 잡을 수 있다. 공부만 한다고 되는 것이 아니고, 돈만 있다고 되는 것도 아니다. 공부, 돈, 실행 3박자가 맞아야 기회를 얻을 수 있다. 그리고 기다릴 수 있는 인내심까지 필요하다.

당신도 준비한다면 부동산 부자가 될 수 있다. 말만 하는 사람들은 그들의 말처럼 쉽지만은 않을 것이다. 인내하면서 준비하는 사람만이 부자가 될 수 있는 것이다. 당신이라고 못 할 일이 전혀 아니다.

삶에서 위기가 온다는 것은 변화해야 할 시점이다

삶에서 위기가 온다는 것은 변화해야 할 시점이라는 의미이다. 자신의 생활이나 습관 중에 바뀌어야 할 부분이 분명 있다는 것이다. 위기가 오지 않으면 결코 쉽게 변화지 않을 나태함, 나약함, 부정적 사고들…. 부동산에서도 위기가 오면 썩고 약한 부분들은 정리가 된다. 위기를 겪으면서 제도와 시스템이 정비된다. 외환 위기와 금융 위기를 겪으면서 실제로 우리나라 금융 시장이 선진화되었다. 피나는 아픔과 노력을 거친 결과이다.

학원에서 미술을 가르치던 M씨는 학원 경영이 어려워졌다. 고심 끝에 그녀는 학원을 접고, 평소 하고 싶었던 카페를 차리기로 했다. 대형 프랜차이즈 카페에 대항하기에는 너무 약해서 초등학교 근처에 카페를 오픈하였다. 초등학교 앞에서 대기하는 엄마들을 겨냥해서였다. 미술 감각이 뛰어났던 그녀는 소품과 그림을 적절히 배치하였다. 엄마들 사이에서 예쁜 카페라고 소문이 나면서 손님들이 많아졌다.

가격도 저렴한 편이라서 엄마들이 아이들 하교 시간에 맞추어 거의 매일 들르는 곳이 되었다. 그녀는 옆 가게가 경영난으로 나가자, 얼른 상가를 넘겨받았다. 그녀는 카페를 확장했다. 카페가 예쁘다며 사람들이 인테리어에 대해 많이 묻자, 그녀는 카페 인테리어 사업을 시작했다. 새로 오픈하는 카페가 있으면 그녀가 인테리어, 소품 등을 조언해줬다.

카페도 운영하고, 인테리어 사업도 동시에 하는 그녀는 요즘 바쁜 나날들을 보내고 있다. 이제 카페는 직원을 두고 운영을 한다. 카페 인테리어에 대한 조언을 구하는 사람들에게는 자신의 카페를 보여주며 상담을 한다. 그녀는 돈을 모아 자신의 카페를 몇 개 더 차리는 것이 목표이다.

현재 그녀는 학원 운영을 하면서 생긴 빚을 다 갚고 성공한 사업가가 되었다. 힘들었던 시기가 있었지만 포기하지 않고, 자신의 재능을 활용해갔다. "감각이 남다르며 멋있다."라는 나의 칭찬에 그녀는 이렇게 대답하였다.

"저도 처음부터 이런 감각을 가지고 태어난 것은 아니에요. 그저 먹고 살기 위해 많은 자료들을 찾아보면서 스스로 감각을 키워나갔어요. 제가 잘했다고 생각한 점은 포기하지 않고, 사업을 조금씩 확장해간 거예요. 학원을 접으면서 '그냥 다 포기할까?'라는 생각을 많이 했었는데, 그렇게 하지 않은 게 정말 다행이에요. 이제야 제 길을 찾은 것 같아요. 신이 이 길을 가라고 그동안 힘든 일을 주셨나 봐요."

나는 그녀의 말에 전적으로 동의한다. 힘든 일이 있다는 것은 변해야 할 시기라는 것이다. 현재 상황에만 머물러 있기 때문에 위기와 시련이 오는 것이다. 바른 방향으로 갔더라면 위기와 시련은 오지 않았을 것이다. '그쪽이 아니니 다른 방향으로 핸들을 돌리라.'는 신의 계시인 것이다. 그런데 많은 사람들은 그런 의미를 알아차리지 못하고 하늘에 대고 말한다.

"신이시여! 왜 저에게 이런 시련을 주십니까? 도대체 제가 무엇을 잘못했습니까? 대답 좀 해보십시오. 예?"

대답을 해줘도 어리석게 알아차리지 못하고 계속 원망만 하다가 늙어 간다.

찰스 해낼의 『성공의 문을 여는 마스터키』의 글귀로 마무리하고자 한다.

"우리에게 찾아오는 조건과 경험은 모두 우리를 위한 것이다. 어려움과 난관은 우리가 그 지혜를 흡수하고 성장에 필요한 핵심적인 것을 모을 때까지 계속 나타날 것이다."

3

당신의 부동산 아이큐를 높여라

오늘의 식사는 내일로 미루지 않으면서 오늘 할 일은 내일로 미루는 사람이 많다.

– C.힐티

직장 생활만으로는 노후대비가 어렵다

“로즈, 넌 안정적인 직장에 다니니깐 좋겠네. 노후 걱정을 할 필요가 없겠어.”

“직장 생활을 하면 매달 일정한 금액이 꼬박꼬박 들어오는 점은 장점이야. 하지만 월급만으로는 노후 대비를 할 수 없어.”

“왜? 나중에 퇴직하면 연금도 나오고, 걱정 안 해도 되는 거 아니야?”

“아니야. 국민연금으로 대략 100만 원 정도 나오는데, 그것으로 생활하기에는 부족한 것 같아.”

“그래도 60세까지 회사를 다닐 수 있으니 좋지 않아?”

"맞아, 나의 직장은 그것이 장점이야. 하지만 그것만으로 노후가 안정적이라고 말할 수는 없지."

많은 사람들이 착각하는 부분이 있다. 직장 생활만으로 노후 대비가 된다고 생각하는 것이다. 직장인들조차 그런 생각을 하기 때문에 아무것도 하지 않고 세월을 보낸다. 오히려 수명이 짧은 사업가나 연예인들보다 더 위험한 처지에 있는 사람들이 바로 안정적인 직장인들이다. 공무원이나 공기업에 다니고 있다면 겸업 금지라는 제한까지 받는다. 그렇게 되면 아르바이트라도 해서 부수입을 창출하고자 하더라도 할 수가 없다.

만약 겸업 금지 규정을 어길 경우, 징계를 받을 수 있다. 그래서 오히려 공무원 등 안정적인 직업을 가진 사람들은 눈에 보이지 않는 족쇄를 차고 있는 것이다. 그들의 마음속에는 '돈을 더 벌면 안 돼. 공직 사회에서 괜히 사람들의 입에 오르내릴 필요는 없어.'라는 생각으로 스스로를 한계 짓는다.

하지만 그런 공직 사회 분위기에서 내가 놀란 사실이 있다. 고위 공직자들의 인사 청문회를 볼 때마다 그들의 재산은 일반인들보다 훨씬 많았다. '공무원인데도 재산을 많이 불리셨네.'라는 생각이 나도 모르게 마음속에서 불쑥 올라왔다. 오히려 하위직 공무원들이 '이거 하면 안 돼! 저거 하면 안 돼!'라고 말하며 가난하게 살아간다. 나의 주변에는 스스로 한계 짓고 족쇄를 차고 있는 공무원과 공기업 직원, 선생님들이 많다.

물론 겸업 금지 규정을 어겨서는 안 된다. 내가 말하고자 하는 것은, 겸업을 하지 않고도 노후를 대비할 수 있는 방법을 강구해야 한다는 것이다. 자신의 생명을 지키기 위해 노력하는 것은 비난받을 일이 아니다. 퇴직 후 월급을 받지 않을 때에는 굶어죽어야 하는가? 과연 그것이 옳은 결정인가? 아니다. 오히려 자신과 자신 가족의 인생에 책임지지 않는 태도가 비난받아야 한다. 자본주의 사회에 살고 있는 우리는 직장 생활 이외에도 재테크는 필수이다.

국가에서도 각 개인의 노후를 책임져주지 못한다. 몇 십 년 뒤에는 국민연금을 언제 수령할 수 있을지 모른다. 70세? 75세? 만약 퇴직정년도 길어져서 65세까지 일을 할 수 있다고 쳐도 국민연금을 수령할 수 있는 시기와는 갭이 생긴다. 안타깝게도 미래에는 저출산으로 인구도 줄어 국민연금을 메워줄 젊은이들이 없다.

그럼 일반인들은 어떻게 해야 할까? 현금 흐름이 들어오는 수익형 부동산에 투자해야 한다. 월급 대신 월세를 받아서 생활할 수 있다면 한결 삶이 안정적이다. 월세를 받아서 자신의 주거 비용을 줄일 수 있다면 노후가 덜 두렵다. '부동산은 투기라고? 부동산은 쳐다보지도 말아야 할 무서운 것이라고?' 만약 이런 생각을 가지고 있다면, 당신의 노후는 불안하다. 당신은 당신의 노후를 위해 부동산 아이큐를 필수적으로 높여야 한다.

부자들은 부동산 아이큐를 높이기 위해 항상 책과 신문을 읽는다. 경제, 부동산 등 자산을 불릴 수 있는 방법에 대해 관심이 많다. 그들은 인문, 철학, 심리 등 다양한 분야의 내용도 탐독한다. 부동산은 부동산 정보 하나만 봐서는 되지 않는다. 사회, 경제, 정치, 문화, 심리 등 많은 것들이 연결되어 있다. 부자들은 미래를 더욱 정확하게 예측하기 위해 많은 정보를 접하고 통합적 사고를 한다.

도시계획, 부동산 관련 법, 경제 용어들도 공부한다. 모르는 것이 있으면 전문가에게 물으며 공부해서 수준이 웬만한 전문가 빰친다. 하지만 당신의 상황은 어떤가? 한 달에 책을 몇 권 정도 읽는가? 아니 경제신문이라도 매일 읽는가? 그래도 이 책을 읽고 있는 당신은 부자가 될 수 있는 사람이다. 책을 읽으며 노력하는 당신은 분명 다른 사람들보다 앞설 것이다.

부동산 아이큐를 높이면 부자가 될 확률도 높아진다

신도시의 근린생활용지를 낙찰받아 꼬마상가를 짓는 부부를 알고 있다. 그 부부는 신도시마다 돌며 근린생활용지를 낙찰받아서 웃돈을 받고 토지를 팔거나 직접 꼬마상가를 지어 분양을 한다. 그 부부는 이 모든 과정을 직접 처리한다. 시장 조사, 입찰가 분석, 계약서 작성, 건물 설계 검토 등 토지부터 건물까지 그들 부부가 신경 쓰지 않는 부분은 없다.

물론 처음부터 전문가 수준은 아니었다. 부부는 처음 근린생활용지를 낙찰받으며 공부하기 시작하였다. 부동산 사무실에 수시로 들락날락거리며 눈동냥, 귀동냥을 하였다. 건축사를 찾아가서 직접 설계안도 검토하였다. 분양사와 공인중개사들과 함께 분양에도 참가하였다. 이제는 임대 사업까지 하며 그들의 역량을 키워가고 있다.

그 부부는 늘 함께 다니며 부동산에 대해 서로 이야기하는 것을 좋아한다. 수익도 계속 늘어나니 부부 금슬도 좋다. 그들은 더 이상 직장에 다니지 않는다. 토지 투자와 상가 분양으로 종잣돈을 만들었고, 임대 수익으로 현금 흐름을 확보해갔다. 그들은 새로 생기는 신도시 개발 사업을 예의주시한다. 다음 투자를 위한 준비를 하고 있는 것이다.

당신은 아무것도 하지 않은 채 엉덩이에 돈을 깔고 앉아 있지는 않는가? 어떻게 하면 수익을 낼 수 있는지 방법을 강구해야 한다. 대출금을 갚느라 빚에 허덕이기보다는 수익형 부동산을 사서 현금 흐름을 창출해야 한다. 조금만 고민을 해보면 수익을 창출할 방법이 있다. 그것이 부동산 아이큐를 높이는 방법이다.

아직도 월급에 의존하며 살고 있지는 않는가? 전문가나 대기업 직원이 아니고서야 받는 월급도 딱 생활할 수준밖에 되지 않는다. 혹시 당신 월급에 무슨 부동산 투자라며 지레 겁먹고 포기하였는가? 그래서 밤마다 술집을 배회하고 있는가? 아니면 멍한 눈으로 TV를 보거나 게임에 몰입하고 있는가?

차라리 그 시간에 '어떻게 하면 수익을 창출할 수 있을까?'라고 고민하는 것이 당신의 인생에 도움이 된다. 만약 혼자하기 힘들다면 스터디를 하거나 학원에 다녀라. 같이 공부하고 배울 수 있는 사람들을 만나라. 그것도 힘들다면 재테크나 부동산 책을 읽어라. 그러면서 주말에는 관심 있는 지역의 부동산 사무실을 방문해보자.

부동산 사무실을 방문하는 것도 처음에는 어색할 것이다. 하지만 계속 가다 보면 공인중개사들을 만나는 것이 재미있을 것이다. 그들의 노하우를 하나둘 들어가며 배우면 머릿속에 내용이 더 잘 들어온다. 돈 주고도 들을 수 없는 간접 경험을 하는 것이다.

당신이 부동산 아이큐를 높인다면 부자가 될 수 있는 확률도 같이 높아진다. 부자들도 처음에는 아무것도 몰랐다. 차츰차츰 공부하며, 경험하며 부동산 아이큐를 높였다. 부동산은 종합적인 사고가 필요하기 때문에 단시간에 마스터할 수는 없다. 단계별로 꾸준히 공부하다 보면 실력이 쌓일 것이다. 기초가 없으면 부동산 투자가 두렵다. 왜? 잘 모르니깐 자신이 없는 것이다.

부동산 아이큐를 높이면 실패 없는 선택을 할 수 있다. 그래서 부자들은 부동산 아이큐를 높이는 것에 집중한다. 부동산은 다른 상품보다 비싼 물건이다. 한 번의 선택으로 많은 것을 잃을 수 있기 때문에 신중할 수밖에 없다. 부자들은 신중하되 결정이 빠르다. 반대로 가난한 사람들은 성급하고 결정은 우유부단하다. 결정을 내려야 할 때는 우물쭈물하다가 좋은 기회를 놓치고, 신중히 판단해야 할 때는 성급히 행동하다가 실패한다.

당신은 어떤 유형인가?

4

저평가된 물건을 찾는 안목을 길러라

자신을 믿어라. 자신의 능력을 신뢰하라. 겸손하지만
합리적인 자신감 없이는 성공할 수도 행복할 수도 없다.

– 노먼 빈센트 필

저평가된 부동산을 알아보는 안목이 중요하다

내가 대학생일 때, 한 친구가 자신의 남자 친구를 소개해주겠다며 커피숍으로 불러냈다. 한 살 많은 오빠였는데 전문대를 다니고 있었다. 우리는 수준 높은 상위 대학은 아니었지만 4년제를 다니고 있었다. '4년제 다니는 여대생이랑 전문대 다니는 남자랑 사귀는 것은 학벌 차이가 조금 난다.'라는 나의 고정관념이 발동했다. 나의 친구가 용기 있어 보였다. '하긴 결혼할 것도 아닌데, 잠시 사귀는 것은 큰 문제가 되지 않겠지….' 라는 생각이 들었다.

절친한 나의 생각을 듣고 싶어 하는 친구에게 "인상도 좋고, 성격도 좋고, 괜찮은 사람인 것 같아."라고 말을 했다. 속으로는 '근데, 학벌 차이가 좀 나는데, 괜찮겠니?'라는 걱정스러운 말이 올라왔다. 사실 친구도 그 부분이 조금 마음에 걸려서 나의 의견을 듣고 싶어 한 것이었다. 하지만 나는 '잠시의 만남으로 끝나겠지….'라는 생각에 "뭐, 굳이 학벌은 따지지 않아도 될 것 같아…."라는 말을 해주었다. 친구는 나의 말에 위로와 안도감을 느꼈다. 그 오빠에게 마음은 갔지만, 마음 한구석에는 학벌 차이에 대한 주변의 시선이 두려웠을 것이다.

친구가 공기업에 들어가기 위해 공부할 때 그 오빠도 옆에서 같이 공부했다. 그들은 다른 회사지만 각각 좋은 국가 공기업에 입사를 하였다. 주말이면 그 오빠는 친구를 보기 위해 멀리 타 지역에서 찾아왔다. 세월이 흘러 그들은 10년을 사귀고 결혼까지 했다. 그 오빠는 나의 친구를 항상 1순위로 생각했으며, 변함없이 다정다감했다. 지금은 10년차 부부이지만 아직도 알콩달콩 예쁘게 잘 살고 있다.

다른 어느 친구들보다 그녀는 안정적이고 행복하게 잘 살고 있다. 만약 20년 전에 학벌 운운하며, 그를 사귀지 않았다면 지금의 그녀는 없을 것이다. 그녀야말로 저평가된 우량주를 알아보는 눈을 가진 것이었다.

부동산에도 이렇게 저평가된 물건을 알아보는 안목은 아주 중요하다. 비싸고 겉만 번지르르한 물건은 별로 실속이 없다. 남들이 보면 부동산 부자라고 생각하지만 실상은 대출이자를 감당하느라 속앓이를 하는 경우도 많다. 팔리지 않아서 팔수도 없고, 들고 가려니 부담되는 부동산을 선택하면 '빛 좋은 개살구'가 된다.

하지만 아무도 쳐다보지 않는 부동산을 싼 가격에 사서 가치를 끌어올리면 더 많은 수입을 안겨준다. 나는 그런 부동산을 발견할 때마다 사람들의 창의성과 실행력에 감탄을 한다. 허름했던 건물들이 철거되면 나는 '이곳이 어떻게 개발될까?'라는 호기심에 유심히 관찰을 한다. 새 건물이 들어서고 상가 업종이 정해지면 종종 감탄을 하게 된다. '아니, 너무 허름해서 아무도 쳐다보지 않았던 이곳이 이렇게 변하는구나! 개발하는 사람들이 참 대단하다.'

도시를 더 살기 좋은 곳으로, 아름다운 곳으로 만들어가는 부동산 개발 사업의 묘미를 나는 안다. 떠나가던 사람도 다시 찾아오게 만드는 힘, 불편함을 편리함으로 만드는 힘이 참 멋있다. 이것은 마치 죽어가던 사람을 다시 살리는 의사의 능력과 비슷하게 느껴진다. 그래서일까? 나는 허름한 지역을 지나갈 때면 그곳이 멋지게 개발되는 모습을 상상한다. 물론 현실적으로는 대규모 자금 투입과 인허가 등의 절차를 거쳐야겠지만 더 살기 좋은 곳으로 개발되기를 바라게 된다.

그러던 중 어느 날, '내가 개발자의 눈을 가지고 있구나!'라고 깨달았다. 예전부터 부산이 개발되어 더 살기 좋은 곳, 더 아름다운 곳으로 재탄생하기를 바랐다. 더 나아가 아름다운 대한민국을 보기 위해 외국관광객들이 몰려오는 곳이 되기를 희망했다. 문득, 크게 깨달았다.

'아, 그래서 내가 부동산 개발 회사에 들어와서 일을 하고 있구나. 내가 이 회사에 입사한 것이 우연이 아니라 필연이었구나. 나의 꿈과 희망을 실현하기 위해 스스로 선택한 길이었구나.'

그 뒤, 나는 부동산 개발 업무를 하는 것이 더욱 즐거워졌다. 부동산 공부를 하는 것도 너무 재미있었다. 모든 것이 나의 사명을 실현하는 일이라 여겨졌다. 나의 마음에는 도시에 대한 사랑과 대한민국에 대한 사랑이 있었다. 많이 부족하지만 지금 나는 성장하는 단계에 있다. 아직 현실에 부딪히며 울고불고 하지만 마음속에서는 나의 사명을 생각한다. 그래서 더욱 건강한 몸과 바른 정신으로 살아가고자 노력한다.

저평가된 부동산의 가치를 끌어올려라

예전에 살던 아파트 주변에 허름한 단층집에 개인 절이자 건강관리원이 있었다. 분양받아서 새로 입주한 아파트라 처음 이사 간 동네였다. 개인 절은 메인 도로에서 아파트로 올라가는 사이 길에 위치해 있었다. 오래된 집이 도로 근처에 있으니 눈에 영 거슬렸다. 재개발로 새 아파트가 계속 들어서는 지역인데 그런 오래된 집들이 주변에 있으니 정돈된 느낌이 없었다.

아파트에 입주한 지 3년쯤 지나자 그 집을 공사하기 시작했다. 나의 호기심이 발동했다. '어떻게 개발될까? 어떤 업종이 들어올까?'라는 궁금증에 그 집을 지나갈 때마다 유심히 관찰했다. 결국 그 집은 아기자기한 카페로 리모델링되었다. 카페가 오픈되어 방문을 해보았다. 경사진 도로 옆에 숨겨진 지하 공간을 개방해서 큰 유리창을 만들었고, 옆에는 작은 정원을 만들었다. 너무 아늑한 공간으로 재탄생된 것이었다. 1층 옥상에도 테라스처럼 꾸며놓아서 햇볕을 쬐며 커피 한잔하기에 딱 좋았다. 실평수가 10평 남짓한 집이었는데, 지하 1층, 지상 1층, 옥상 총 30평 규모로 활용되고 있었다.

다시 한 번 사람들의 생각과 아이디어에 감탄을 했다. 같은 공간인데도 어떻게 활용하느냐에 따라 가치가 달라보였다. 오픈한 지 얼마 되지 않아 사람들로 가득 찼다. 처음에는 사람들이 얼마 없어서 책읽기 좋은 카페였다. 하지만 입소문이 나면서 앉을 자리가 없었다. 몇 개월 뒤 다시 방문한 그 카페는 또 다른 변화가 있었다. 바로 옆 건물의 지하까지 카페와 연결시켜 사용하는 것이었다. 그 곳에서는 커피와 맥주까지 마실 수 있게 해놓았다.

카페 사장님의 안목과 실행력에 다시 한 번 감탄을 하였다. 허름한 집을 사서 리모델링해 예쁜 카페를 만들고, 다시 그 카페와 연결시켜 사업 규모를 확장해갔다. 30대 후반이나 40대 초반의 젊은 사장님이었는데, 부동산의 가치 향상법을 알고 계신 듯하였다.

출처 : 네이버 지도 거리뷰

길을 가다 보면 도로 옆에 푹 꺼진 땅이 제법 많다. 나는 이 푹 꺼진 땅을 멋지게 상가 건물로 만든 경우를 몇 번 보았다. 도로에 막혀 단절되고 푹 꺼지게 된 땅은 다른 땅보다 싸다. 그곳에 사는 사람들은 도로의 매연과 소음, 저지대로 인한 침수에서 벗어나고자 싼 가격에 집을 팔고 떠난다. 안목이 좋은 사람들은 그런 땅을 사서 건물을 짓는다. 도로 아래쪽은 지하주차장으로 쓰면 되니 큰 무리가 없다.

도로에 붙은 옆 토지는 가격이 훨씬 비싸다. 개발자들은 푹 꺼진 땅을 싸게 사서 옆 토지와 같은 가격으로 가치를 끌어올린다. 어떤 시각으로 바라보느냐에 따라 토지의 가치가 달라진다. 어떤 이에게는 빨리 팔아치워야 하는 땅이 되고, 어떤 이에게는 수익을 안겨주는 땅이 된다. 물론 각자의 경제적 사정에 따라 선택은 달라질 수 있다. 하지만 저평가된 부동산을 알아보는 눈은 모두가 가지고 있는 것은 아니다.

이런 눈을 가진 것도 하나의 능력이다. 이 능력 또한 다년간의 공부와 실전 경험에서 나온다. 모든 물건은 싼 가격에 사서 비싸게 팔면 수익이 남는다. 부동산도 마찬가지이다. 수많은 부동산 중에서 저평가된 물건은 분명 있다. 원석을 잘 다듬으면 예쁜 보석이 되듯이 부동산도 잘 다듬으면 가치가 몇 배는 뛴다.

당신은 원석을 캐서 예쁜 보석을 만들어 파는 사람이 되고 싶은가? 아니면 예쁘게 만들어진 보석을 비싼 가격에 사는 사람이 되고 싶은가? 부자들은 전자의 유형이 많다. 그들은 소비자가 되지 않고, 공급자가 된다. 가난한 사람들은 공급자보다는 소비자가 많다. 기업들이 만들어내는 제품을 사느라 일반인들은 자신의 월급을 다 쓴다. 가만히 생각해보면 의식주 모두 우리가 직접 생산하는 것이 하나도 없다. 누군가로부터 다 사야 해결할 수 있는 것이다.

당신이 직접 물건을 생산할 수 없다면, 저평가된 부동산을 찾을 수 있는 안목을 길러야 한다. 그것이 당신을 부의 추월차선으로 안내할 것이다.

5. 부동산 불황기를 기다리는 주부 L씨

* 부동산 부자가 될 수 있었던 성공 요인

- 꾸준한 부동산 공부로 부동산 흐름 읽기
- 적절한 때의 기다림과 과감한 투자하기
- 남들과 반대로 움직이기

그녀의 부동산 투자 성공 비결은 공부에 있다. 하나의 부동산 물건을 선택하더라도 모든 것을 분석하고 고려하였다. 세계 경제, 국내경 제, 법, 세금, 지역 분석, 물건 분석 등 그녀는 사실 자격증만 없지 부동산 전문가나 마찬가지였다. 결국 공인중개사 자격 시험에 도전한 그녀는 90점대의 높은 점수를 받으며 자격증을 취득하였다. 그녀는 공부를 토대로 부동산 흐름을 읽는 눈을 가지게 되었다. 그래서 부동산 경기 변동을 기가 막히게 잘 활용했다. 남들이 투자를 한다고 몰려들 때, 그녀는 자신의 부동산을 가장 높은 가격에 팔고 떠났다. 반대로 남들이 투자를 꺼릴 때, 미분양 아파트 등에 과감히 투자하여 수익을 극대화시켰다. 남다른 노력과 꾸준한 투자가 그녀를 지금의 부동산 부자로 만들어주었다.

레버리지 활용은 필수! 두려움을 극복하라

5

성공하려고 아무리 열심히 노력해도 실패에 대한 두려움이 마음에 가득하다면, 노력하지 않게 되고 정진이 허사가 되어 성공은 불가능해질 것이다.

– 보두앵

대출을 잘 활용하면 더 이익이 된다

"로즈 씨, 아파트를 하나 분양받고 싶은데 돈이 없어요. 지금 적금을 들고 있긴 한데, 어느 세월에 내 집 하나 장만할 수 있을지 모르겠네요."

"아파트를 분양 받으려면 처음부터 아파트 전체 금액이 다 필요한 건 아니에요. 처음에는 아파트 전체 금액의 10%인 계약금만 있으면 가능해요."

"하지만 중도금을 다 모으지 못했어요."

"당장 중도금을 다 모을 필요는 없어요. 은행에서 중도금을 무이자나 유이자로 대출해주고 있어요."

"그래도 그것이 다 빚인데…. 저는 빚이 있으면 마음이 불안해서 못 살아요. 그냥 빨리 돈을 모으는 것이 안전한 방법인 것 같군요."

몇년이 지난 지금, 그녀는 아직도 빌라에 살고 있다. 그 사이 아파트 가격은 더 올랐다. 아파트를 사기 위해 그녀가 지금까지 계속 돈을 모으고 있는지는 잘 모르겠다. 그녀의 목표대로 계속 돈을 모으고 있다면 그나마 다행일 것이다. 하지만 그녀의 계획과 달리 다른 급한 경제적인 상황으로 적금을 깼다면 상황은 더 좋지 않다.

내가 그녀와 대화한 시점은 부동산 가격이 급속하게 오르기 전이였다. 그녀가 만약 대출을 활용해서 아파트를 분양받았더라면 자신의 집을 가지고도 남을 일이다. 무리한 대출은 좋지 않지만 적절하게 대출을 잘 활용한다면 더 이익이다.

아무리 싼 소형 아파트라도 억대이다. 단순히 계산하면 한 달에 100만 원씩 10년을 모아도 1억 2,000만 원이 된다. 아파트 가격이 2억대가 넘어가면 20년을 모아야 한다는 결론이 나온다. 만약 소득이 많아 저축액을 늘일 수 있으면 다행이다. 하지만 직장 생활을 하며 월급을 쪼개어 각종 생활비와 양육비를 쓰고 나면, 100만 원을 저축하는 것이 말처럼 쉽지 않다.

20년 동안 돈을 모았다고 쳐도, 20년 뒤의 돈의 가치는 지금보다 떨어져 있다. 그래서 다시 돈을 더 모아야 한다. 당신이 어렸을 때 먹었던 자장면 가격과 지금의 자장면 가격을 비교해보면 쉽게 이해가 된다. 그야말로 아파트 한 채를 사려고 안 먹고, 안 입고, 안 쓰는 것을 20~30년 동안 해야 한다는 것이다. 만약 30세 때부터 시작한다면 60세쯤 자신의 아파트에서 생활할 수 있다는 것이다. 안타깝게도 아파트 한 채에 자신의 젊음을 담보 잡히는 꼴이다.

앞의 사례와 비슷하지만 조금 다른 경우를 말해보겠다. 대출을 받아서 아파트를 구입했다고 가정해보자. 어떤 이들은 이 아파트 대출금을 다 갚아야 한다고 부담스러워한다. 20~30년 동안 장기로 빌린 대출금을 갚는 것에 생각이 매몰되어 있다. 원리금과 이자를 합치면 월 100~200만원을 갚아나가야 한다. 이 방법 또한 팍팍한 생활을 해나가야 한다.

하지만 저축을 20~30년 동안 해서 집을 사는 것보다 대출금을 갚아나가는 것이 강제성을 더 띤다. 저축은 장기간 하다 보면 중간에 변수가 많아 돈을 더 급한 곳에 쓸 가능성이 크다. 따라서 중간에 저축하기를 포기하고 평생 전세나 월세를 떠돌게 될 확률이 높다. 그렇다고 아파트를 사고 나서 한 아파트에 계속 살면서 대출금을 평생 갚아가는 것도 추천하지 않는다.

새 아파트를 분양받아 담보 대출을 받을 때 보통 1~3년 정도 거치 기간을 둘 수 있다. 물론 그 사람의 신용과 대출 규모, 금리의 종류에 따라 조금씩 다르다. 조건이 가능하다면, 3년 정도의 거치 기간을 두고 이자만 내고 사는 것이다. 아파트 가격은 자신이 분양받았을 때보다 가격이 올랐을 것이다. 그럼 오른 가격으로 기존 아파트를 팔고 다른 새 아파트로 옮겨 타는 것이다.

보통 입주 시점에 물량이 많아 아파트 가격이 떨어진다. 하지만 입주 후 2~3년 정도 지나면 급매물들은 소진되고, 그 일대 상권도 좋아져 생활이 편리해진다. 그래서 보통 새 아파트들은 입주 후 2~3년 뒤에 가격이 가장 높은 경향이 있다. 그 시기를 잘 활용해서 높은 가격에 아파트를 파는 것이다. 그리고 다시 입주 물량이 많은 곳의 아파트를 급매로 사서 들어가면 된다.

그렇게 시기를 잘 활용하면 빌린 대출금의 규모가 줄어든다. 비싼 가격으로 팔고, 싼 가격으로 다시 사니 그 차액만큼 대출금을 갚는 거나 마찬가지이다. 2,000~3,000만 원 정도의 차액이 발생하더라도, 그 규모의 대출금을 갚기 위해서는 월 100만 원씩 최소 2년은 갚아야 할 돈이다. 보통 직장인의 1년 평균 연봉과 맞먹는 수준이다. 이 방법으로 시간과 돈을 절약할 수 있다.

평생 일을 하며 노동으로 번 돈으로만 대출금을 갚을 필요는 없다. 자신은 편히 자신의 집에서 살면서 조금 엉덩이가 가벼우면 된다. 엉덩이가 무겁게 평생 한 아파트에 살면 20~30년 뒤에는 재건축도 쉽지 않아 콘크리트 덩어리만 남게 된다. 오래된 아파트는 배관이 낡고 고장 나는 곳이 많아 수리비가 더 든다.

부자들은 레버리지를 적극 활용한다

부자들은 오히려 레버리지를 잘 활용한다. 건물을 살 때도 자신의 돈으로만 사지 않는다. 은행을 적극 활용하는 것이다. 비록 자신이 가진 돈으로만 건물 가격을 지불할 수 있더라도, 일부는 은행에서 돈을 빌린다. 여윳돈을 남겨 다른 투자에 활용할 목적이기 때문이다. 대출 없이 돈을 한 부동산에 모두 투자한다면, 다른 부동산에서 얻을 수 있는 수익을 포기하는 꼴이 된다.

은행은 사람들에게 3~4%(2019년 하반기기준)의 담보 대출이자로 자금을 빌려주고, 1~2%(2019년 하반기기준)의 예금이자를 주면서 중간에 차액을 남긴다. 은행이 한 일은 예금된 돈을 사람들에게 비싼 이자를 받고 빌려준 것뿐이다. 이와 같이 부자들은 은행의 방법을 활용한다. 은행에서 3~4%의 이자로 돈을 빌려 더 높은 수익률을 발생시켜 차액을 가져간다. 부자들이 한 일은 은행에서 돈을 빌린 후, 건물을 지어 더 비싸게 팔거나 임대를 줘서 수익을 남기는 것이다.

물론 부자들도 처음에는 종잣돈을 모으기 위해 허리띠를 졸라맸을 것이다. 부동산 공부를 끊임없이 하고, 수많은 실패를 겪으며 그 자리에 올라왔을 것이다. 하지만 그들이 빚을 두려워했다면 부자가 되지 못했을 것이다. 그들은 빚에 대한 두려움을 극복하고 도전하였다. 그 결과 부자가 된 것이다. 만약 빚이 두려워 아무것도 하지 않는다면, 아무것도 바뀌지 않는다.

대출에는 착한 대출과 나쁜 대출이 있다. 착한 대출은 자산을 늘릴 수 있는 돈이고, 나쁜 대출은 소비로 없어지는 돈이다. 부동산 투자를 위한 대출은 착한 대출이다. 반면 승용차, 명품, 여행 등에 쓰는 돈은 소비성 지출로 나쁜 대출이다.

사람들은 착한 대출은 두려워하면서 나쁜 대출은 서슴지 않고 사용한다. 나쁜 대출이 나쁘다고 인식하지 못한 채 광고에 유혹되어 돈을 쓰는 것이다. 결국 남는 것은 카드빚이며, 월급은 통장을 스쳐지나갈 뿐이다. 물론 착한 대출이라도 과하면 자신의 삶을 파괴시킬 수 있다. 이 세상의 모든 것은 '과유불급'인 것이다. 따라서 착한 대출과 나쁜 대출을 구분할 필요가 있다. 나쁜 대출은 두려워하되, 착한 대출은 두려워하지 말라. 착한 대출을 자신의 삶에 잘 활용한다면 더 쉽게 경제적인 자유를 얻을 수 있을 것이다.

예금금리, 대출금리(물적담보) 비교 표

예금금리

은행	상품명	금리 (%)						은행 확인일
		1개월	2개월	3개월	4개월	5개월	6개월	
광주은행	쏠쏠한 마이쿨예금	–	–	–	1.90	–	–	2019-10-07
전북은행	JB다이렉트 예금통장	–	1.30	1.50	1.90	–	–	2019-09-20
한국카카오은행	카카오뱅크 정기예금	1.20	1.30	1.50	1.80	1.85	1.90	2019-09-18
DGB대구은행	내 손안에 예금	1.15	1.27	1.37	1.71	1.73	1.75	2019-09-19
BNK경남은행	투유더정기예금	–	–	1.35	1.70	1.75	–	2019-09-20
BNK부산은행	My SUM 정기예금 S	–	–	–	1.70	–	–	2019-09-20
KDB산업은행	KDB Hi 정기예금	–	–	–	1.70	–	–	2019-10-07
케이뱅크은행	코드K 정기예금	1.10	1.20	1.40	1.70	1.75	1.80	2019-09-20
NH농협은행	왈츠회전 예금 2	1.26	1.32	1.48	1.68	–	–	2019-10-01
케이뱅크은행	뮤직K 정기예금	–	–	–	1.68	–	–	2019-09-20
SH수협은행	사랑해 나누리예금	1.20	1.35	1.45	1.65	–	–	2019-09-20
BNK경남은행	e-Money 정기예금	0.90	1.05	1.25	1.60	–	–	2019-09-20
스탠다드차타드은행	e-그린세이브예금	1.00	1.20	1.30	1.60	–	–	2019-09-20
BNK부산은행	BNK 어울림정기예금	–	–	–	1.55	1.60	1.65	2019-09-20
KDB산업은행	KDB dream 정기예금	–	–	1.50	1.55	1.55	–	2019-09-17
전북은행	시장금리부 정기예금	1.20	1.30	1.45	1.55	1.60	1.65	2019-09-20
전북은행	스마트 정기예금	1.20	1.30	1.45	1.55	1.60	1.65	2019-09-20
한국씨티은행	프리스타일 예금	1.10	1.55	1.55	1.55	1.10	1.10	2019-09-17

* 일부 발췌

대출금리(물적 담보)

은행	구분	신용등급별 금리 (%)					
		1~3등급	4등급	5등급	6등급	7~10등급	평균금리
BNK경남은행	대출금리	3.69	3.84	3.99	4.25	5.96	3.66
BNK부산은행	대출금리	3.51	3.31	3.80	5.41	4.75	3.73
DGB대구은행	대출금리	3.36	3.38	3.66	4.10	4.58	3.39
IBK기업은행	대출금리	3.63	3.66	3.73	3.87	4.02	3.52
KB국민은행	대출금리	3.48	3.74	4.79	5.21	5.34	3.49
KDB산업은행	대출금리	–	–	–	–	–	3.13
KEB하나은행	대출금리	3.53	3.59	3.74	4.20	4.26	3.56
NH농협은행	대출금리	3.30	3.65	3.87	4.64	5.29	3.31
SH수협은행	대출금리	3.48	3.58	3.69	3.87	4.93	3.80
광주은행	대출금리	3.87	4.02	4.12	4.25	5.02	4.09
스탠다드차타드은행	대출금리	–	3.03	3.15	3.20	3.24	3.14
신한은행	대출금리	3.53	3.56	3.73	4.40	5.92	3.55
우리은행	대출금리	3.47	4.12	3.96	5.09	8.04	3.46
전북은행	대출금리	3.96	4.09	4.18	4.49	4.42	3.90
제주은행	대출금리	3.75	3.89	4.22	4.72	6.11	3.94
한국씨티은행	대출금리	3.36	–	3.49	3.95	–	3.33

* 본 자료는 2019년 6월 ~ 8월 동안 취급된 대출을 기준으로 작성한 자료입니다. (대출금리 = 기준금리 + 가산금리 – 가감조정금리)

출처 : 전국은행연합회 홈페이지

6

인내가 답이다,
매도할 황금 타이밍을 잡아라

성공은 열심히 노력하며 기다리는 사람에게 찾아온다.

– 토마스 A. 에디슨

매도 타이밍을 잘 잡는 것이 중요하다

오랜만에 만난 한 후배가 자신은 아무리 생각해도 '마이너스의 손'인 것 같다고 하였다. 이유인 즉, 자신이 아파트를 파니깐 가격이 오르고, 반대로 아파트를 사니깐 가격이 내려간다는 것이었다.

"선배, 저는 부동산 운이 없는가 봐요. 이상하게 부동산을 팔아도 손해, 사도 손해를 보는 것 같아요. 선배는 손해 안 보죠? 혹시 비법 같은 거 있으면 좀 알려주세요."

"나는 부동산 책도 많이 읽고, 공부도 많이 했어. 중간에 시행착오도 많이 했지. 비법이라고 하기보다는 오히려 시행착오를 겪으면서 많이 배우는 것 같아. 역시 세상에는 공짜가 없더라고."

아마 나의 후배와 같이 '마이너스의 손'인 사람들이 많을 것이다. 부동산에서 '마이너스의 손'이 되는 이유가 있다.

첫째, 부동산 시장에 사이클이 있다는 사실을 모른다.
둘째, 군중 심리의 희생자이다.
셋째, 부동산에 대해 공부하지 않는다.

부동산 가격이 계속 올라가거나 계속 내려갈 수는 없다. 가격이 너무 오른다 싶으면 정부에서 규제를 한다. 반대로 너무 내려간다 싶으면 정부에서 부양을 한다. 부동산은 국민들의 삶과 밀접하게 연결되어 있기 때문에 한쪽으로 치우치도록 나둘 수 없다. 어느 쪽이든 한쪽으로 치우치면 국민은 힘들어한다.

그래서 정부에서는 수요와 공급이 적절하게 이루어질 수 있도록 조절하는 정책을 편다. 정책이 부동산 시장에서 먹히지 않을 때도 있다. 그럼에도 불구하고, 부동산 시장은 정책의 영향을 많이 받는 시장이다. 다른 요인들도 있지만 정책에 따라 부동산 시장은 오르락내리락을 반복하는 사이클이 생긴다. 이 사이클을 잘 타야 한다. 가격이 내릴 것 같으면 팔고, 오를 것 같으면 사야지 손해를 보지 않는다. 하지만 만약 계속 반대로 움직이면 항상 손해를 본다. 이것이 '마이너스의 손'이다.

주식의 대가 워런 버핏의 투자 비법은 "첫째, 돈을 잃지 않는다. 둘째, 첫째 원칙을 반드시 지킨다."이다. 가난한 사람들은 지속적으로 돈을 잃었기 때문에 자신이 또 돈을 잃는다는 것을 자연스럽게 받아들인다. '역시 나는 안 돼. 돈을 잃을 줄 알았어.'라며 돈이 빠져나가는 것이 당연하다는 생각에 이르게 된다. 주변 사람들 역시 그와 비슷하기 때문에 돈을 잃는 것이 오히려 정상적으로 보인다.

그들은 반복적인 좌절과 실패로 자신감을 차츰 잃어간다. 그래서 자신을 믿기보다는 어느 순간 남의 말을 더욱 믿게 된다. 다수의 의견이 옳다고 생각하게 되는 것이다. 그러면서 차츰 군중심리의 희생양이 되어간다. 다른 사람들이 부동산에서 돈을 벌었다고 하면 부동산에 뛰어들고, 주식에서 돈을 벌었다고 하면 주식에 빚을 내어 투자한다. 그렇게 하면 어떻게 될까? 결국 부동산에서 돈을 잃고, 주식에서도 돈을 잃는다.

아무런 기준과 지식 없이 재테크 시장에 뛰어들면 자본가들의 먹잇감밖에 되지 않는다. 그들이 흘려놓은 정보의 덫에 걸려들어 힘들게 번 당신 돈이 탈탈 털리는 것이다. 뒤늦게 후회해 봐자 당신의 돈은 이미 공중분해된 뒤다.

군중 심리의 피해자가 되지 않고, 손해를 보지 않으려면 어떻게 해야 할까? 우선 자기 스스로 알아야 한다. 자기 자신이 잘 모르니 남을 따라 하게 되는 것이다. 자신감을 가지며 꾸준히 정보를 접하며 매수 시기와 매도 시기를 예측해야 한다. 부동산은 산다고 해서 끝난 것이 아니다. 팔아야지 진짜로 끝나는 것이다. 매도의 결과가 그 부동산 투자의 성적표인 것이다. 아무리 중간에 가격이 많이 올랐다 하더라도 팔 때의 가격이 투자할 때보다 내렸으면 손해이다.

따라서 매도의 타이밍을 잘 잡는 것이 아주 중요하다. 부동산 가격이 계속 떨어지면 불안감에 팔고 싶은 유혹이 생긴다. 손실을 감수하고 팔려고 생각했으면 빨리 팔아야 한다. 하지만 이러지도 저러지도 못한 채 질질 끌다가 가격이 더 떨어지면, 더 이상 견디지 못해서 헐값에 팔아치운다. 이때 자본가들이 기다렸다가 얼른 주워 담는다. 그러면 얼마 지나지 않아 신기하게도 부동산 가격이 다시 올라가기 시작한다.

견디려고 하면 좋은 매도 타이밍이 될 때까지 견뎌야 한다. 침체기가 지나면 상승기가 올 것이다. 물론 때에 따라 침체기가 길어질 수는 있다. 반대로 상승기가 있으면 반드시 하락기가 따라온다. 부동산 시장에는 오르락내리락하는 주기적인 변동 사이클이 있다는 사실을 알아야 한다. 그러면 부동산을 매매할 시기를 적절하게 판단할 수 있다.

* 경기 변동의 국면

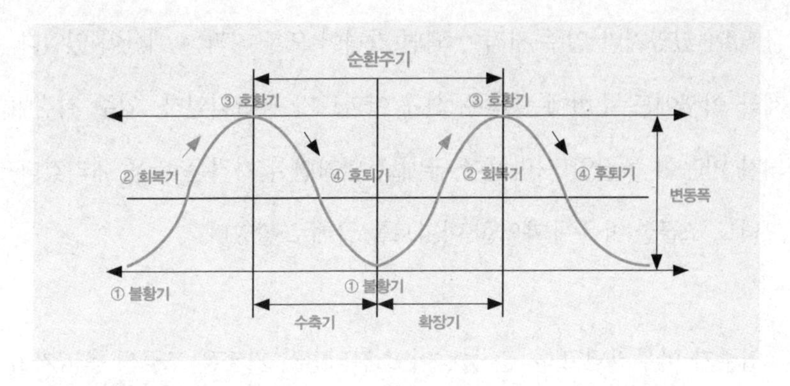

* 경기 국면별 특징

4국면	2국면	경제특징
① 불황기	수축	투자나 생산활동 침체, 실업 증대, 물가 하락, 금리 하락, 주가 폭락
② 회복기	상승	거래 회복, 투자나 생산은 상승기미를 보이며 실업은 감소
③ 호황기	상승	생산 증가, 금리 및 물가 상승, 고용 증가, 임금 상승, 증권 활황
④ 후퇴기	수축	과잉생산 및 과잉 자본설비로 투자 급감, 재고급증, 은행 대부금 회수 가속

출처 : 경기변동과 경기순환시계, 〈주택저널〉 인사이드 뷰

* 벌집순환 모형에 의한 주택 경기 전망

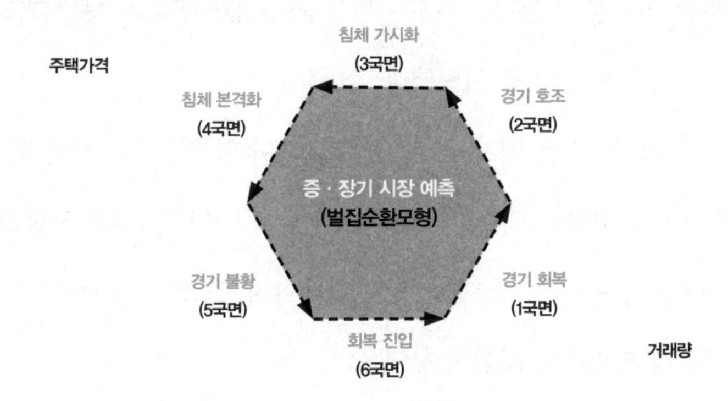

출처 : 「부동산 시장 3~4년간 하락세」, 〈주간동아〉, 2018.07.10.

자영업을 하던 L씨는 신도시 분양 아파트를 계약했다. 미분양분이 조금 남아 있었지만 입주 시점이 되면 가격이 오를 거라는 계산이 있었다. 계약 이후에도 주변에는 많은 신규 아파트가 공급되었다. 입주 시점이 되자 마음이 조급한 사람들이 급매로 던지면서 가격은 더욱 내려갔다. 그녀도 조급한 마음에 계약한 아파트를 급매로 팔았다.

입주가 마무리되고, 차츰 물량이 소진되면서 가격은 조금씩 올라가기 시작했다. 주변 아파트도 입주가 마무리되자, 아파트 가격은 더욱 올라갔다. 상권도 안정화되면서 그녀가 급매로 팔았던 아파트는 1억 이상 올랐다. 그녀는 '조금 더 기다릴 걸….' 하며 후회하였다. 미래의 부동산 가격이 어떻게 될지 예측하기에는 쉽지 않다. 부동산 시장에는 수많은 변수가 존재한다. 단지 아쉬운 것은 그녀가 주변 분위기에 휩쓸려 성급히 판단했다는 것이다. 전세나 월세를 주고 2~3년 정도 기다렸으면 더 좋았을 거라는 아쉬움이 든다. 그녀는 세입자도 쉽게 구하지 못할 거라는 불안감으로 급히 파는 것을 선택했다.

인생에서도 모든 것은 때가 있다. 공부를 해야 할 때, 일을 해야 할 때, 쉬어야 할 때 등 적절한 때가 있다. 부동산을 살 때와 팔 때도 적절한 때가 있다. 무엇이든 해야 할 때를 잘 판단해야지 인생이 순탄하다. 때를 거스르려고 하면 많은 부딪힘이 찾아온다.

부자들은 적절한 때를 기다린다

부자들은 기다림에 익숙한 사람들이다. 때가 될 때까지 기다리고 또 기다린다. 절대 성급하게 판단하지 않고 조급해하지도 않는다. 어떤 이들은 '부자들은 기다릴 수 있는 경제적인 여유가 있기 때문에 가능하지 않느냐?'라고 반론을 제기할 수도 있다. 그것도 일부 맞는 말이다. 하지만 부자들은 최악의 시나리오까지 미리 준비한다. 그 최악의 시나리오까지 받아들일 수 있는 마음의 준비가 된 이후 선택하기 때문에 실패할 확률이 줄어든다.

반면 가난한 사람들은 최악의 시나리오까지 대비하지 않는다. 단지 장밋빛 희망만 꿈꿀 뿐이다. 자신이 선택한 부동산은 무조건 가격이 오를 것이라는 희망만 품는다. 상황을 객관적으로 바라보는 것이 아니라, 확정나지 않은 개발 계획과 장밋빛 청사진만 믿는다. 옆에서 그들이 보지 못한 부분을 말해줘도 아니라며 믿지 않는다. 오히려 찬물을 끼얹는다고 욕을 한다. 그래서 어리석은 기다림으로 세월과 돈을 잃어버린다.

남의 말을 너무 믿어도, 자신의 생각만 너무 믿어도 잘못된 선택을 하기 쉽다. 군중 심리에 따르지 않겠다며 무조건 자기 생각이 옳다고 오판하면 안 된다. 중요한 것은 상황을 객관적으로 바라보고 판단했느냐에 따라 달라진다. 객관적 근거에 의한 분석 없이, 자신의 편파적인 생각만으로 선택하는 것 또한 경계해야 할 행동이다.

부자들은 자신들이 예상한 것과 다른 결과가 나타나더라도 상황을 탓하지 않는다. 잘못된 결과에 집중하기보다는 그 상황을 해결할 수 있는 방법을 고민한다. 자신이 한 선택이 옳은 결정이 되도록 노력한다. 특히 부동산은 고가의 상품이다. 그래서 더욱 신중한 판단이 필요하다. 불황기까지 대비할 시나리오까지 생각해야 한다. 장밋빛 청사진에 혹해서 성급하게 판단하면 후회할 일이 생긴다.

"아는 것이 힘이다."라는 철학자 프랜시스 베이컨의 말이 새삼 떠오른다.

7
소문난 잔치에 먹을 게 없다, 빠질 때를 알아라

사슴을 쫓는 사람은 토끼를 쳐다보지 않는다.

– 유안

불나방이 되어 불길 속에 뛰어들지 말라

"로즈 씨, 내가 아파트 분양권을 하나 사놨는데, 어떻게 해야 할지 모르겠네."

"요즘 가격이 많이 내렸죠?"

"그러게. 팔고 싶은데 가격이 떨어져서 팔려고 하면 손해를 많이 보고 팔아야 해."

"그죠. 그런데 손해 보고 팔기에는 아깝고, 가지고 가려니 벅차시죠?"

"아니, 어떻게 나의 마음을 그렇게 잘 알아? 내 마음속에 들어갔다 나왔나?"

"하하하. 예. 마음속에 들어갔다 왔어요. 요즘 아파트 분양권 가지신 분들이 많이 힘들어하세요. 이러지도 못하고, 저러지도 못하시죠?"

"어떻게 하면 좋을까? 조언 부탁해."

"이제 아파트라고 해서 다 같은 아파트가 아니에요. 도심에 위치 좋고, 학군 좋은 곳에 재개발이 많이 되었어요. 그 물량도 많기 때문에 위치 안 좋고, 선호하는 동네가 아니라면 팔 수 있을 때 파시는 게 좋아요. 더 좋은 위치에 더 저렴한 가격이면 당연히 사람들이 거기로 가겠죠? 역세권, 학군, 인구 유입 추세, 주변 신규 아파트 물량까지 확인해보세요. 그러면 답이 나올 거예요."

직장인 M씨는 신규 분양 아파트에 당첨되면 몇천만 원씩 웃돈이 붙는다는 말에 청약 신청을 하였다. 하지만 엄청난 경쟁률로 인해서 떨어지는 것은 당연한 일이였다. 그래도 계약 초반에 웃돈이 가장 저렴하다는 공인중개사의 말에 분양권을 매입하였다. 그가 분양권을 산 이후, 정권이 바뀌면서 부동산 규제 정책이 계속 쏟아졌다. 그는 분양권을 팔고 싶어도 시장이 급격히 냉각되면서 사려는 사람이 없었다. 그렇다고 손해 보면서 팔기는 싫었다. 그래서 조금 기다려보기로 했다.

하지만 날이 갈수록 부동산 경기는 하락을 하며 거래조차 없어졌다. 그러는 사이 입주 시점은 다가오는데 분양권이 아직 팔리지 않고 있다. 자신의 기존 집도 가격이 많이 하락하여 팔아도 잔금이 많이 부족한 상태이다. 팔려고 부동산에 내놓았지만 가격만 더 낮춰줄 수 있느냐고 물을 뿐, 아직 거래는 되지 않았다. 그는 몇 달 뒤면 잔금을 내야 하는데 걱정이 이만저만이 아니다.

그는 어려운 살림에 단기간에 목돈을 벌 수 있을 것 같아 분양권을 매입했다. 하지만 많은 신규 아파트 물량과 정부 정책의 변경으로 그의 꿈은 산산조각 났다. 그는 일차적으로는 신중하지 못한 자기 자신에게 책임이 크다는 것을 안다. 하지만 마음 한편에는 정부를 원망하는 마음이 크다. 정권이 바뀌면 부동산 시장이 좀 살아날까 하는 마음에 시간이 빨리 가기를 기다린다. 부자들은 그런 경쟁에 뛰어들지 않는다. 자기 자신이 죽는지도 모르고 불나방처럼 불길에 뛰어드는 어리석은 행동은 하지 않는 것이다. 오히려 아무도 눈여겨보지 않는 부동산을 싼 가격에 매수한다. 그 부동산을 리모델링하거나 시기를 기다렸다가 불나방들이 모여들기 시작하면 몇 배의 수익을 남기고 되판다. 그들은 다시 불나방들이 쓰러져 갈 때를 기다려 불나방들의 부동산을 싼 가격에 매수한다. 안타깝게도 승리자는 항상 부자들이었고, 패배자는 불나방인 일반인들이었다.

사람들은 본능적으로 다수의 의견이 안전하다고 생각한다. 사람의 유전자 안에는 무리지어 다니는 본능이 있다. 원시 시대부터 그것이 자신들의 생명을 지키는 방법이었기 때문이다. 박근혜 정부 시절 부동산 경기 활성화를 위해 대출 한도를 풀어주었다. 일명 '빚내서 집사기'를 정부에서 권장하면서 부동산 가격은 그야말로 하늘 높은 줄 모르고 치솟았다. 신규 분양 시장의 경쟁률은 최고 기록을 갱신하였다. 분양권에 당첨만 되면 그 자리에서 2,000~3,000만 원의 웃돈이 바로 붙었다. 당시, 신규 아파트에 청약을 하지 않으면 바보가 되는 분위기였다. 계약금도 필요가 없고 단지 청약통장만 있으면 됐다. 돈이 없더라도 당첨만 되면 매수인이 계약금과 웃돈을 바로 지급했기 때문에 분양 계약이 가능했다. 돈이 없는 사람은 웃돈만 받고 바로 팔았고, 아무런 노동 없이 일반 직장인의 연봉만큼 벌어갔다.

건설사들은 부동산 시장이 좋을 때 공격적으로 물량 밀어내기를 하였다. 위치가 웬만큼 나쁘지 않고서는 분양이 성공적이었다. 사람들은 온 가족 명의의 청약통장을 밀어넣었다. 하지만 현 문재인 정부가 들어서면서 부동산 규제 정책을 마구 쏟아냈다. 그 결과, 경제 기반이 무너진 지방의 부동산은 끊임없이 하락했다. 반면에 '똘똘한 한 채'가 유행하며 서울집값은 고공 행진하였다. 정부의 규제 정책은 양극화를 더욱 심화시키는 결과를 초래했다.

세상에 휘둘리지 않으려면 마음의 힘을 키워야 한다

문제는 2016~2017년 부동산 호황기의 끝물을 탄 지방의 일반 분양자들이었다. 지방 부동산 시장의 급격한 냉각으로 웃돈을 몇천만 원씩 주고 산 아파트는 가격이 내려갔다. 주변에 입주 물량이 너무 많고, 대출 규제가 심해 실수요자도 쉽게 접근하지 못했다. 전세 물량이 많아 세입자를 찾기도 어려워 전세 가격도 계속 내려갔다. 새 아파트로 이사를 가고 싶어도 설상가상으로 자신의 기존 집이 팔리지 않으면서 여기저기에서 아우성이 터져나왔다. 부동산 경기의 흐름을 예측하지 않고, 분위기에 휩쓸려 행동한 결과이다. 부동산 상승기에는 문제가 되지 않지만, 하락기에는 부메랑이 되어 돌아온다. 정부는 부동산 시장 안정화를 위하여 수많은 규제 정책을 쏟아낸다. 투기 세력을 잡고 국민들을 위한 주택 가격 안정화를 위한 방안이다. 하지만 오히려 일반 국민들을 더 힘들게 만든다. 부동산 시장이 침체되면서 부동산과 관련된 많은 업종들이 어려운 시기를 맞이한다. 물론 지역별로 차이가 있겠지만 서울과 수도권보다는 지방이 더 많은 타격을 받는다.

이미 서울 투기자들은 지방을 떠난 지 오래다. 그들이 휘몰고 간 자리에 상투를 잡은 지방 사람들만 속을 태우고 있다. 오히려 정부 정책이 어떤 이들에게는 칼이 되어 상처를 남기게 된다. 정책을 만드는 사람들은 실제로 자신이 겪은 일이 아니기 때문에 그들의 고통을 알지 못한다. 단지 투기 세력만 잡겠다는 데 혈안이 되어 있다. "빈대 잡으려고 하다가 초가삼간 태운다."라는 말이 있듯이 정책 방향을 재설정할 필요가 있다.

"당신은 불나방인가? 아니면 불나방을 삼키는 불인가?"

당신이 불나방이 되지 않을 방법은 무엇일까? 잠시 읽기를 멈추고, 곰곰이 생각해보자. 모든 힘은 아는 것에서부터 나온다. 부동산에 대해 잘 모르기 때문에 남들을 따라 하는 것이다. 어떤 일에서도 자기 자신이 잘 알고 있으면 남들의 말과 행동에 휘둘리지 않게 된다. 오히려 자신을 믿고 자신만의 소신을 지키며 나아간다. 물론 예상과 다른 결과가 나올 수도 있을 것이다. 하지만 자신의 소신으로 나아갈 때 결과에 대해서도 담담하게 받아들이게 된다. 이런 사람들은 자신의 부족한 부분을 채워서 결국 성공하게 된다. 실패를 성공을 위한 발판으로 삼는 것이다.

많은 재테크 책에서 "일반인들과 반대로 행동하면 성공한다."라는 말을 한다. 사실 반대로 행동하기란 쉽지 않다. '자신이 올바른 선택을 했는지, 이것이 바른 방향인지'를 모르기 때문이다. 항상 마음이 불안하고, 정답이라고 확인받고 싶어 한다. 그래서 남들의 행동을 따라 하는 것이 마음이 편하다. 하지만 다수의 의견이 항상 정답은 아니며 오히려 위험할 수 있다는 사실을 유념해야 한다.

세상에 휘둘리지 않으려면 마음의 힘을 키워야 한다. 그리고 세상에 대해 알아야 한다. 그래야 험난한 파도 속에서도 뱃길을 돌릴 수 있는 힘이 나온다. 당신 안에는 세상을 헤쳐나갈 무한한 힘이 있다는 것을 믿길 바란다.

8

인맥은 결정적인 순간에 힘을 발휘한다

인생에서 실패한 사람 중 다수는 성공을 목전에 두고도 모른 채 포기한 이들이다.
– 토마스 A. 에디슨

어떤 사람들과 함께하느냐에 따라 그 사람의 인생이 결정된다

사람은 주변 환경에 영향을 많이 받는 동물이다. 주변에 어떤 사람들과 함께하는지에 따라 그 사람의 인생도 결정된다. 그래서 과거부터 부모들은 자식들이 좋은 환경에서 공부하기를 바랐다. 어떤 부모 밑에서 태어났느냐도 중요하지만 인생 전체에서 보면 친구, 동료, 사업 파트너가 더 중요하다. 부모의 말이 막대한 영향력을 미치는 것은 초등학교까지밖에 되지 않는다. 중학교 때부터는 친구의 영향력이 커진다. 사회에 나가서는 하루 종일 함께하는 동료나 사업 파트너의 영향력이 커진다.

생각이 비슷하거나 관심사가 비슷한 사람들끼리 자연스럽게 모이게 된다. 서로의 생각을 공유하며 서로에게 영향을 미친다. 그들은 집단 속에 있기 때문에 혼자 배제될까 봐 생각이 달라도 말을 하지 못하는 경우도 있다. 그러면서 집단의식에 서서히 물들어간다. 서로 긍정적이고 선한 영향력을 미치는 사람들이라면 정말 좋겠지만 아닌 경우도 많다.

집단 속에 있다 보니 잘못된 가치관이나 행동조차 맞다고 생각하는 오류를 범하게 된다. 만약 어떤 사람에 대해 알고 싶다면 그의 친구를 보라는 말이 있다. 그 사람의 주변에 어떤 사람들이 많은지를 살펴보면 그 사람의 가치관과 성격을 대충 짐작할 수 있다. 자신의 삶에 도움이 되는 사람들을 만나야 한다. 그 속에 배움이 있고, 성공의 기회가 있다.

특히, 부자들은 아무나 만나지 않는다. 서로에게 좋은 영향력을 미칠 수 있는 사람을 좋아한다. 만나면 영감과 자극을 받는 사람들을 만난다. 부자들은 자신보다 더 나은 사람들을 만나기 위해 노력한다. 반대로 가난한 사람들은 자신보다 잘난 사람과 같이 있는 것이 불편하다. 자격지심이 생기며, 혹여 상대가 조언이라도 하면 왜곡해 듣는다. 자존심도 세서 남의 말을 잘 듣지도 않는다. 그래서 자신들과 비슷한 생활 수준이나 의식 수준의 사람들만 만나게 되는 것이다. 그러니 서로 영감과 자극을 받지 못하니 발전할 수 없다. 퇴근 후에는 포장마차에 들러 인생의 고달픔을 논하다가 집에 가면 바로 잠이 든다. 그런 날들이 계속 반복된다. 가족과 함께하는 시간도 없다. 쳇바퀴 도는 생활을 하며 가족 관계는 계속 소원해진다. 그러는 사이 아이들은 다 커서 부모의 곁을 떠나고, 배우자는 서로 쳐다보지도 않는다.

그것이 진정 그들이 원하는 삶은 아니었을 것이다. 하지만 결과는 늙고 병든 몸뚱이 하나와 외로움밖에 남지 않았다. 만약 성공하는 삶과 가족을 중시하는 사람들이 주위에 많았다면 분명 다른 결과가 나타났을 것이다. 배우자도 어떤 배우자를 만나느냐에 따라 한 사람의 인생이 크게 달라진다. 사람을 만날 때는 보석과 돌을 구별하듯 신중하게 선택해야 한다. 보석 같은 사람을 만나게 된다면, 당신의 인생도 보석처럼 빛나게 될 것이다.

직장인이었던 40대 P씨는 평소 부동산에 관심이 많아 공부를 꾸준히 하였다. 세미나에도 참석하고 모임에도 자주 나가며 부동산 관계자들과 인맥도 쌓았다. 모임에서 만난 노부부는 성실하고 싹싹한 P씨가 마음에 들었다. 그러던 중 노부부는 자신들의 3층짜리 상가 건물을 팔고 싶은데 너무 아까워서 아무나에게는 팔고 싶지 않다고 하였다. 노부부는 세금 문제 때문에 그들의 부동산을 몇 개 처분하고자 한 것이다. 그래서 평소 아들 같았던 P씨에게 살 마음이 있냐며 제안하였다. P씨는 그 상가 건물의 위치와 임대 수입을 살펴보니 꽤 괜찮은 물건이었다.

하지만 문제는 P씨가 자금이 조금 부족했다. 노부부는 상의 끝에 가격을 더 낮춰주기로 했다. 그렇게 해서 P씨는 직장을 그만두고 현재는 부동산 임대사업자가 되었다. P씨는 노부부에게 감사한 마음에 명절 때마다 선물을 보내드리고 생신도 챙겨드린다. 노부부에게서 산 상가 건물은 그 사이 몇 억이 더 올랐다. P씨는 노부부를 만난 것을 자신의 인생에서 가장 큰 행운이라 생각한다. 만약 그때 그 건물을 사지 못하고 직장 생활만 했다면, 몇 억은커녕 몇천만 원도 모으지도 못했을 것이다.

평소 한 공인중개사와 인맥이 있던 B씨는 그녀의 다급한 전화를 받았다. 경매로 넘어가기 직전의 공장인데 너무 급해서 완전 급매로 판다고 연락이 온 것이었다. B씨는 공장을 운영하고 있었고, 다른 공장용지를 찾고 있었다. 그 사정을 알고 있었던 공인중개사는 땅이 급매로 나오자, B씨에게 제일 먼저 연락을 한 것이었다. B씨는 연락을 받고 바로 달려갔고, 그 물건은 마침내 B씨의 손으로 들어오게 되었다.

공인중개사들은 좋은 물건이 나오면 자신과 가까운 사람들에게 제일 먼저 연락을 한다. 그 뒤에는 평소 알고 있던 손님들에게 연락을 한다. 공인중개사들은 내부적으로 그들만이 사용하는 네트워크 시스템이 있다. 그 시스템 안에는 관할 동의 부동산 물건 정보 전체가 올라온다. 거기를 보면 시세가 다 파악이 된다. 이 물건이 얼마만큼 급매인지, 나중에 되팔면 얼마만큼 이익이 남는지를 다 알 수 있는 것이다.

다른 동네의 물건이라도 공인중개사끼리 서로 연락을 하며 정보를 주고받는다. 공인중개사들도 손님이 오면 투자자인지 뜨내기손님인지를 다 파악한다. 뜨내기손님 같으면 정보도 대충 알려주고 만다. 그냥 정보만 캐려고 온 손님인 걸 알고 있기 때문이다. 공인중개사도 사람인지라 자신과 친분이 있거나 정말 투자할 사람이라고 생각되는 사람에게 먼저 연락할 수밖에 없다. 그래서 부자들은 한두 명의 공인중개사들과는 친분이 두텁다. 그들과 자주 만나서 정보를 미리 듣는다. 오랫동안 관계를 유지한 터라 서로 신뢰한다.

부동산은 정보 싸움이다. 인터넷에서도 수많은 부동산 정보가 있지만 공인중개사들은 현장의 생생한 정보를 가지고 있다. 인터넷 정보보다 현장의 정보가 더 빠를 때가 있다. 인터넷과 현장의 두 정보를 적절하게 활용하면 신뢰할 만한 정보인지가 파악된다. 단, 공인중개사도 신뢰할 만한 사람으로 잘 만나야 한다. 부동산을 공부하다 보면 부동산을 보는 눈뿐만 아니라 사람 보는 눈까지 생긴다.

*** 부동산 거래시 조언자 (복수응답)**

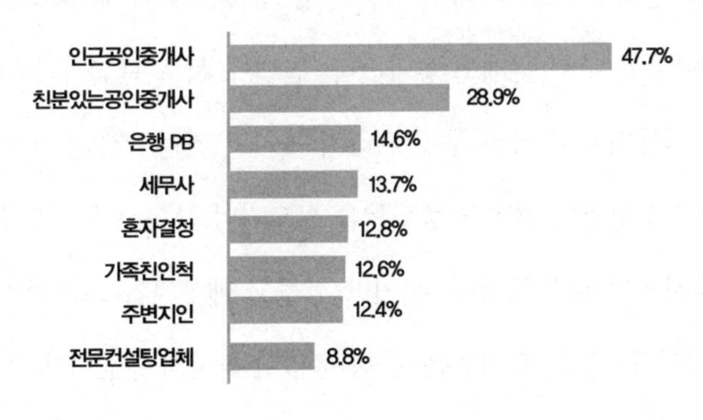

출처 : 2019 Korean Wealth Report 「한국 부자들의 자산 관리 방식 및 라이프스타일」, 하나금융경영연구소

부동산 투자에서는 배우자를 잘 만나는 것도 중요하다

부동산 투자에 있어서 다른 인맥도 중요하지만 배우자를 잘 만나는 것도 중요하다. 부부 중 한사람이라도 부동산에 관심이 없다면 부동산에 투자하기 힘들다. 한쪽에서는 절약해서 종잣돈을 모으고 부동산을 사자고 할 것이다. 또 한쪽에서는 '자식이나 잘 키워라, 너무 욕심 부리다가 망한다.' 등의 악담을 하며 부동산 투자를 경멸하는 태도를 보일 것이다. 자산 증식에 대한 생각이 다르면 그 부부는 부자가 되기 어렵다.

더 잘살기 위한 자산 증식에 함께 노력해도 모자랄 판에 서로 비난하고 헐뜯다 보면 에너지가 소모된다. 부동산으로 부자인 부부들을 만나보면 부부가 함께 부동산 투자에 관심이 많다. 서로 힘을 합쳐 정보를 모으고 힘들 때는 격려한다. 서로 보지 못한 부분을 챙기며 서로의 부족함을 채워준다.

부부가 함께 하니 발품을 팔아도 여행가는 것 같아 즐겁다. 자금을 어떻게 마련할지 서로 상의해서 해결한다. 부동산에 함께 투자하면서, 자산도 늘어나고 부부 관계도 좋아진다. 반면에 서로 관심사가 다른 부부는 서로 헐뜯다가 결국 아무것도 하지 못하고 가난하게 늙어간다. 부동산에 관심이 많았던 한쪽도 종잣돈을 모으거나 부동산 투자를 포기해버린다. 혼자 아등바등해봤자, 본인만 힘들고 배우자가 도와주지 않으니 자포자기한다. 결국, 모아놓은 돈 하나 없이 각자의 관심사에 돈을 다 써버린다. 서로 비난하며 계속 싸웠기 때문에 부부는 이미 마음이 돌아선 상태이다. 결과는 계속 가난해지며 부부 관계조차 좋지 못하게 된다.

인생이든 부동산이든 모든 것은 자신과 연결된 사람들에 의해 결정된다고 해도 과언이 아니다. 사고가 긍정적이고 자신에게 도움이 되는 사람과 만나라. 부자들은 인간관계를 아주 중요시 여긴다. 그들은 아무나 만나지 않는다. 만약 당신이 부자가 되고 싶다면 부자 옆에 서라. 부자들과 함께하면서 그들의 생각, 말투, 행동을 배워라. 그들과 신뢰를 쌓다 보면 결정적인 순간에 인맥의 힘이 발휘될 것이다.

꽃에는 나비가 꼬이고, 똥에는 파리가 꼬이듯이 먼저 자기 자신이 더 나은 사람이 되려고 노력할 필요가 있다.

6. 최고의 타이밍으로 부동산 부자가 된 사업가 P씨

* 부동산 부자가 될 수 있었던 성공 요인

– 철저한 분석과 수없는 발품

– 적절한 때의 기다림과 꾸준한 투자

– 사업 수익을 부동산으로 대체하기

젊은 시절 단독주택을 지어 파는 건설업을 한 P씨는 자신이 100% 확신이 있을 때만 투자를 한다. 그는 부동산을 철저하게 분석하고, 발품을 수도 없이 팔았다. 스포츠센터가 유행했던 시절, 부지를 매입해 스포츠센터를 지어 사업을 시작했다. 그의 예상대로 스포츠센터는 대박이 났다. 스포츠센터 인기가 시들해져갈 때 쯤, 그는 땅을 팔아 2배의 수익을 남겼다. 그 돈으로 다시 다른 땅을 샀다. 그가 땅을 산 지 얼마 되지 않아 땅값이 2배로 뛰었다. 그는 매수자가 있을 때 기쁜 마음으로 땅을 넘겨주었다.

그렇게 최고의 타이밍으로 몇년 사이 그의 자산은 급격하게 늘어났다. 그는 현재 또 다른 땅에 투자를 하고 있다. 그는 부동산 가격이 저렴할 때 사서 기다리며, 가격이 고점에 이르면 과감하게 손을 털고 나온다. 그의 철저한 분석으로 100%로 확신이 있을 때만 투자하기 때문에 그가 산 땅은 계속 가격이 오른다. 혹자는 그가 '운이 좋다.'고 말하지만 사실 그 운은 그가 노력한 덕분에 얻을 수 있었던 것이다.

4장

부동산 부자의 인생으로 올라가는 8계단

1

잘 아는 동네부터 시작하라

성공한 사람이 될 수 있는데 왜 평범한 사람으로 머무르려 하는가?

– 베르톨트 브레히트

부동산 투자는 자신이 사는 지역을 중심으로 차츰 넓혀가야 한다

많은 사람들은 부동산 투자를 두려워한다. 어디서부터 시작해야 하는지, 어디에 정보가 있는지도 잘 모른다. 부동산 하면 너무 막연해서 '뜬구름을 잡는 것' 같은 느낌을 받는다. 나 역시 부동산에 대해 공부하기 전에는 무엇을 어떻게 해야 할지 너무 막막했다. 좌충우돌하면서 헤매는 날들이 많았다. 20대에 나는 무엇부터 시작해야 하는지 몰라 재테크 책부터 읽었다.

서서히 부동산 공법, 정책, 세금 등으로 확대해갔다. 하지만 책에서 얻은 지식이었기에 내용이 잘 와닿지 않았다. 그러던 중 실전 경험을 쌓아야겠다고 생각하고 내가 살고 있는 아파트 시세부터 조사해나갔다. 차츰 부산 전체 지역의 관심 아파트를 조사하는 것으로 확대했다. 내가 잘 알아야 좋은 부동산을 선택할 수 있다고 생각했다.

당신이 가장 잘 아는 지역은 어디인지 곰곰이 생각해보라. 아마 자신이 태어나고 자란 동네일 것이다. 그리고 현재 살고 있는 동네를 가장 잘 알 것이다. 매일 출퇴근하면서 지나다닌 곳이니 동네의 인기 있는 아파트나 장사가 잘 되는 상가를 알고 있을 것이다. 부동산을 투자할 때는 어느 지역부터 시작해야 할까? 자신이 잘 알고 있는 지역을 선택해야 할까? 아니면 소문만 들은 타 지역의 부동산을 선택해야 할까?

투자는 자신이 사는 지역을 중심으로 차츰 넓혀가야 한다. 나의 경우에는 제일 먼저 내가 사는 구부터에서 시작해서 부산, 경남으로 확대해갔다. 처음부터 잘 모르는 지역에 투자하면 실패하기 쉽다. 소문을 듣고 간 인기 지역에서도 알짜배기 물건이 있는데, 그 물건을 선점할 때 수익이 큰 것이다. 하지만 그런 알짜배기 물건은 잘 나오지 않을 뿐더러 가격이 비싸다.

결국 인기 지역의 A급 부동산을 사지 못하고, B나 C급의 부동산을 사고 오는 것이다. 그것도 확정되지 않는 개발 계획만 믿고 덜컥 투자한다. 부동산을 하나 사려고 해도 그 현장에 최소 5번은 가야 한다.

만약 자신이 사는 지역이나 가까운 지역이라면 자주 현장을 방문할 수 있다. 아침, 점심, 저녁, 평일과 주말에 각각 다른 시간대와 요일에 방문해봐야 한다. 그렇게 자주 현장을 방문하다 보면 스스로 부동산의 가치를 판단할 수 있다. 공인중개사나 분양 상담사의 말만 믿고 투자하는 것보다 훨씬 객관적인 판단을 할 수 있는 것이다.

하지만 만약 투자 대상이 타 지역이라면 현장을 자주 방문하는 것은 쉽지 않다. 더욱이 직장인이라면 시간을 내기가 어렵다. 그러면 현장을 자주 방문할 수 없어 옳은 판단을 할 수 없다. 공인중개사나 분양상담사가 하는 말만 믿고 투자하기 십상이다.

사실 공인중개사나 분양 상담사는 당신이 좋은 부동산을 사는지에 대해 별로 관심이 없다. 누구에게든 부동산을 팔아서 수수료를 받으면 그뿐이다. 물론 양심적인 공인중개사나 분양 상담사가 있지만 그들 역시 수수료가 필요한 것은 사실이다. 그리고 양심적인 공인중개사나 분양 상담사를 알아보는 것도 쉽지 않다.

대부분의 공인중개사나 분양 상담사는 우선 사고 나면 웃돈을 얹어 팔아준다고 할 것이다. 물건이 A급으로 좋거나 부동산 경기가 좋다면 그 물건은 웃돈을 얹어도 팔린다. 중요한 것은 B, C급의 물건으로 부동산 경기가 좋지 않거나 물량이 많을 때가 문제가 된다. 만약 팔리지 않을 경우, 본인이 사는 지역이라면 이사를 가든지 직접 활용할 수가 있다. 하지만 타 지역인 경우, 생활권을 옮기기가 쉽지 않기 때문에 물건을 급매로 팔 수밖에 없다.

직장인 C씨는 자신이 사는 지역이 아닌 타 지역의 신규 아파트를 투자용으로 분양받았다. 분양 초반에는 피가 붙었지만, 그 일대를 중심으로 공급량이 급격히 많아졌다. 입주 시기가 다가오자 신규 아파트 공급 과다와 부동산 경기 하락으로 계약금 포기에도 팔리지 않았다.

설상가상으로 지역 산업이 무너져 인구 유출이 심각했다. 전세나 월세를 놓으려고 해도 세입자를 구하지 못해 발만 동동거리고 있다. 그의 자식들이 중 · 고등학교에 다니고 있어 그 아파트로 이사를 가려고 해도 학교문제로 갈 수가 없다.

이렇듯 타 지역의 부동산에 투자를 할 경우에는 최악의 상황까지 고려해야 한다. 부자들은 자신이 관리 가능한 부동산에 투자를 한다. 베트남에 투자 의뢰를 받은 한 지인은 "자신이 관리 가능한 지역의 부동산만 산다"며 거절하였다고 한다. 그는 자신이 관리하지 못하는 부동산은 아무리 좋아도 결국에는 자신의 것이 되지 못한다는 것을 아는 것이다.

잘 모르는 지역에 투자할 때에는 더욱 신중하자

2017년 12월 수사가 진행된 '제주도 서귀포 땅 기획부동산 사기 사건'의 피해자와 피해액이 사상 최대 규모로 2018년 4월을 떠들썩하게 만들었다. 피해자 1,000여 명, 피해 금액 1,000억 원이 넘어 건국 이래 최대 규모였다. 기획부동산 사기단은 2016년부터 2017년까지 울산 남구에서 부동산을 운영하였다.

이 사기단은 제주 서귀포시 곶자왈 지역의 땅을 구입하면 2~3배의 수익을 올릴 수 있다며 투자자를 모집했다. 하지만 이들이 분양한 토지는 개발이 불가능한 땅이었다. 그들은 1평당 98만 원에 땅을 사면 40만 원을 얹어 시공사에게 되팔아주겠다며 계약서까지 제시하였다. 2016~2017년의 제주도 땅값이 2년 동안 폭등하면서 일반인들 사이에서도 제주도 땅에 대한 환상이 있었다.

사기단은 다단계 방식으로 땅을 판매하며 조직원들을 모았다. 조직원의 지인과 부모, 형제까지 모두 투자를 하게 만들었다. 1,000만 원에서 5,000만 원 정도의 금액으로 토지를 쪼개 팔아 일반인도 쉽게 접근할 수 있게 만들었다. 이 땅에 투자한 사람들은 제주도의 특성상 개발을 제한하는 특별법이 있는지조차 몰랐다.

비슷한 사례로, 최근에는 남북 화해 모드로 접경지의 땅에 관심이 오르자 기획부동산이 활개를 치고 있다. 이렇듯 개발 정보가 있는 곳에서는 기획부동산이 사람들을 유혹하고 있다. 기획부동산에 고용된 조직원들도 사기단의 교육과 세뇌로 자신들이 속고 있는 줄도 모른다고 한다. 그들은 사기단에서 교육받은 대로 지인들에게 땅을 팔고 있는 것이다.

자신이 살고 있는 곳이 아닌 잘 모르는 지역의 부동산이기 때문에 더욱 신중함을 기해야 한다. 한 필지에 공유자가 너무 많으면 개발하기 힘들다. 모든 소유자의 동의가 있어야 하는데 쉽지 않은 일이다. 결국 잘 팔리지도 않아 '내 것이지만 내 것이 아닌 땅'이 되어버린다. 국가 개발 사업에 수용이 되어 보상금이라도 받을 수 있으면 그나마 다행이다. 만약 그렇지도 못하다면 평생 그 돈을 회수할 수 없을지도 모른다.

자신이 원하는 지역의 부동산 사무실을 여러 군데 방문해보자. 그중에서도 신뢰가 가는 공인중개사가 있을 것이다. 현장을 방문할 때마다 그 부동산 사무실에 가서 친분을 쌓아라. 친분이 쌓이면 해당 지역의 실정에 대해 더 많이 들을 수 있을 것이다. 그러면 자신이 투자하려는 물건에 대해 좀 더 명확하게 판단할 수 있다.

혹시 주변에 공인중개사가 있다면 친하게 지내라. 동네 아줌마들과 카페에 가서 남 욕하지 말고, 부동산 사무실에 가서 수다를 떨어라. 공인중개사들과 이야기를 하다 보면 부동산에 대한 기본 지식뿐만 아니라 그들의 실전 경험까지 들을 수 있다. 그 귀한 간접 경험을 어디에서 들을 수 있겠는가? 변호사들에게 자문 비용을 내고 듣는 것처럼 공인중개사들에게도 컨설팅 비용을 내고 들어야 할 만큼 값진 이야기이다.

부동산 투자 경험이 많이 없다면 자신이 잘 아는 지역부터 시작해야 한다. 먼저 자신의 지역을 공부하며 전국으로 확대해야 하는 것이다. 아무런 실전 경험과 공부 없이 자신이 잘 모르는 지역에 투자하는 것만큼 위험한 일은 없다. 가장 먼저 자신이 살고 있는 동네의 아파트 시세부터 조사해봐라. 점차 자신이 살고 있는 도시의 인기 아파트 시세도 조사해보자.

관심이 가는 아파트를 몇 개 정해놓고 직접 현장도 방문해보자. 그리고 그 지역의 부동산 사무실을 몇 군데 방문해서 공인중개사들과 이야기를 나누어보아라. 인터넷으로만 조사한 내용과 실제 방문한 뒤 받은 느낌이 다른 지역도 있을 것이다. 정해놓은 지역을 이런 방식으로 추려나가다 보면 확신이 서는 지역이 있을 것이다.

확신이 서는 아파트가 있다면, 이제 아침, 점심, 저녁, 평일, 주말을 나누어 살펴보자. 일조권과 주민들의 모습, 분위기 등을 살펴보면 투자 여부가 명확해진다. 부동산 투자는 감으로 하는 것이 아니다. 종합적으로 정보를 분석할 때, 성공적인 투자를 할 수 있는 것이다. 당신의 동네부터 먼저 살펴보자.

"사상 최대 제주도 기획부동산 사건의 전말"

– 〈조선일보〉, 2018.04.20.

지난해 12월 밝혀진 제주도 서귀포 땅 기획부동산 사기 사건의 수사가 진행되면서 피해자와 피해액이 계속 늘어나 사상 최대 규모 기획부동산 사기 사건으로 확대되고 있다. 지난해 말 울산 경찰은 개발이 불가능한 제주도 땅을 개발이 될 것처럼 꾸며 쪼개 판매한 기획부동산 일당 15명을 검거해 3명을 구속했다.

사건 발표 당시 경찰이 밝힌 피해자는 434명, 피해 금액은 221억 원이었다. 경찰이 기획부동산 사기에 활용된 땅의 위치를 공개한 이후 피해자들이 비슷한 시기에 사기단에 속아 해당 토지를 구입한 사례를 찾아보니 피해자 수는 1,000여 명, 피해금액은 1,000억 원이 넘어서는 것으로 나타났다. 단일 기획부동산 사기 사건으로는 건국 이래 최대 규모다.

피해자 수만 1000여명…사상 최대 규모

경찰에 따르면 울산 기획부동산 일당은 2016년 3월부터 지난해 11월까지 울산 남구 삼산동에 기획부동산 3개를 운영하면서 제주 서귀포시 곶자왈 지역 땅을 구입하면

2~3배의 수익을 올릴 수 있다며 투자자를 모집했다. 하지만 이들이 분양한 토지는 멸종위기 생물서식지로 지정돼 개발 행위나 산지전용 허가가 불가능한 땅이었다.

경찰에 따르면 사기단은 서귀포 곶자왈 땅을 1평(3.3㎡)당 98만 원에 사면 40만 원을 얹어 시공사에 팔아주겠다는 계약서까지 제시하며 투자자를 모았다. 하지만 이 땅은 각종 규제에 묶여 개발이 불가능했다. 땅을 되사주겠다고 시공업체가 써준 계약서도 가짜였다. 이 사건은 현재 1심 재판이 진행 중이다.

당시 수사를 지휘한 윤종탁 서울 용산경찰서 경제2팀장(前 울산 남부경찰서 경감)은 "자신이 피해자라는 사실을 모르고 있던 투자자들이 뉴스를 통해 경찰 발표를 듣고 그제야 피해를 봤다는 사실을 확인한 경우가 많다."라고 말했다.

제주 부동산의 환상 좇다가 피해 늘어

제주도에서 이처럼 대규모 기획부동산 사기 사건이 발생한 것은 제주도 땅값이 2010년 이후 급등했기 때문이다. 제주도 땅값(공시지가 기준)은 2010년부터 지난해까지 계속 상승했다. 2016년(19.35%)과 2017년(18.66%)에만 38% 폭등했다. 기획부동산 사기단은 땅값이 폭등하던 이 시기에 집중적으로 사기행각을 벌였다.

경찰에 따르면 사기단은 피해자들에게 해당 토지를 직접 보여주며 이 땅이 개발될 것처럼 속였다. 피해자 박모 씨는 "사기꾼들이 현장에 데려가 토지 실물도 보여줬다."며 "실제 가보니 투자할 땅 바로 옆에 신화역사공원 개발 사업이 진행되고 있고, 옆에 도로까지 깔려 있어 의심할 여지가 없었다."라고 말했다. 투자자 중 제주도 담당 공무원에게 개발 여부를 묻고 오는 사람들에겐 "공무원들은 원래 잘 모르고, 투기를 막으려고 '아니다'라고만 대답한다."라며 설득했다.

제주도는 다른 지역보다 규제가 훨씬 복잡하고 '생태계보전지구', '지하수보전지구', '경관보전지구', '곶자왈보전지구' 등으로 묶여 애초부터 개발이 불가능한 토지가 많다. 피해자 변호를 맡고 있는 법무법인 율본 류재언 변호사는 "일반인 투자자들이 제주도의 독특한 규제를 모두 확인할 수 없다는 점을 악용해 이용해 사기행각을 벌였다."라고 말했다.

피해 규모가 더 커진 또 다른 이유는 사기단이 다단계 방식으로 투자자를 모았기 때문이다. 사기단은 월급처럼 매달 140만 원 정도 수당을 주고 조직원을 모집했다. 땅의 투자 가치를 설명할 수 있도록 교육하고 실적이 없으면 해고했다. 계속 고용 상태를 유지하려면 땅을 팔든지 본인이나 가족이 땅을 사야 했다. 워크샵 등 행사를 열어 조직관리도 철저히 했다. 조직에서 일하는 게 재미있다는 직원이 생길 정도였다.

피해자 B씨는 "같은 동네 아는 언니가 한 달 일하면 월급 준다고 해서 갔는데 교육받고 속아 넘어가 땅 샀다."며 "땅을 산 뒤에 교육받고 나니 그럴듯해서 친정 엄마도 투자하게 했다."라고 말했다. 사기단은 '남편 몰래 대출 받는 방법, 카드론 받는 방법'까지 알려주며 땅을 사게 한 것으로 경찰 조사 결과 나타났다. 류 변호사는 "다단계 판매 방식이다 보니 피해자인 동시에 가해자인 구조여서 일부 피해자는 사실을 알고도 쉬쉬한 측면도 있다."라고 말했다.

"피해자인줄 모르는 사람도 아직 많아"

경찰 조사에 드러나지 않았지만 피해자들이 피해를 봤다고 추가로 주장하는 땅은 제주 서귀포시 안덕면 서광리, 남원읍 위미리, 대정읍 무릉리, 제주시 애월읍 봉성리, 안덕면 동광리 등 10여 개 필지다. 전부 합치면 33만㎡(10만평)가 넘고 3.3㎡당 38~250만 원에 팔았다.

피해자들은 구속되지 않은 기획부동산 일당이 아직 사기 분양하며 활개를 치고 있다고 주장한다. 실제 이번 사건에 연루된 사기단은 총 10명인데 3명이 구속됐지만 그 중 2명은 보석으로 풀려났다. 실제 구속된 인물은 총책 1명뿐이다. 나머지는 경찰이 구속영장까지 신청했지만 법원에서 기각돼 풀려났다.

경찰에 입건됐다 풀려난 J씨는 H부동산중개법인을 만들었고, 이 법인은 최근까지도 제주시 조수리와 서귀포시 무릉리 땅을 판매했다. 기획부동산 피해자들은 "기획부동산 사기 혐의로 경찰에 입건돼 형사 재판을 받고 있는 사람이 이사로 등재돼 있는 중개법인이 파는 땅인데, 모르니 이 땅이 팔리는 것이지 알고도 땅을 살 사람이 있겠느냐."라고 말했다.

그러나 현재 H중개업인에서 활동하고 있는 관계자들은 "범죄에 연루됐다는 J씨가 H부동산중개법인과 어떤 관계에 있는지는 알지 못한다."라며 "J씨와 관계없이 이 땅은 개발이 가능하기 때문에 땅을 판매하는 것은 아무런 문제가 없다."라고 말했다. 실제로 제주시와 서귀포시에서도 무릉리와 조수리 땅은 "관계 부서에 좀 더 확인을 해봐야겠지만 개발이 완전 불가능한 땅은 아닌 것으로 보인다."라고 설명했다.

사기 사건이 벌어진 토지 중에는 아직도 거래가 되는 곳도 있다. 기획부동산 현장 중 한 곳인 서귀포 안덕면 토지의 등기부등본을 확인한 결과 불과 한 달 전인 지난달 14일에도 거래가 이뤄졌다. 피해자들은 정부에서 기획부동산 사기 사건이 확산되지 않도록 조치를 취해야 한다고 주장한다. 피해자 최모(35)씨는 "엄청난 피해가 발생했는데, 아직도 똑같은 사기꾼이 활개를 치고 있다."라며 "추가로 피해자가 생겨나지 않도록 정부나 해당 지자체가 '투자 경보'라도 울려줘야 하는 것 아니냐."라고 말했다.

2

부동산 투자는 발품이 답이다

성공이란 열정을 잃지 않고 실패를 거듭할 수 있는 능력이다.

– 윈스턴 처칠

부동산 투자에서 '발품'은 옥석을 가려내는 중요한 요소이다

만약 부동산에 대한 기사를 읽고 관심이 생겼다면, 당신은 무엇을 가장 먼저 할까? 아마 인터넷으로 그 지역과 부동산 물건에 대한 정보를 먼저 수집할 것이다. 계속 관심이 간다면, 그 지역을 직접 방문해볼 것이다. 그리고 부동산 사무실을 방문을 해서 이런저런 질문을 할 것이다. 그 과정에서 신문 기사나 광고의 내용과 일치하는지, 자신이 원하는 부동산인지를 고민하게 될 것이다.

하지만 만약 현장 답사를 생략하고, 신문 광고와 건설사에서 도배한 인터넷 광고 글만 읽고 판단했다면 어떻게 될까? 그리고 만약 지인의 추천으로 '무조건 좋다'는 말에 큰돈을 덥석 투자한다면? 분명 실패한 투자가 되고 만다. 부동산 투자에서 '발품'은 옥석을 가려내는 중요한 요소이다.

2014년~2017년 부산 부동산 경기가 상승기였을 때, 부산 인근지역인 김해시, 양산시까지 같이 상승기를 맞이했다. 부산의 아파트 청약률은 전국 최대를 기록하며, 너도나도 아파트 청약에 뛰어들 때였다. 신규아파트 청약 당첨은 로또나 마찬가지였다. 그래서 부산 사람들은 인근 중소도시인 김해시, 양산시의 신규 아파트 분양 시장까지 눈을 돌리기 시작하였다.

지인 중 한 명도 김해시 신규 분양 아파트 시장에 관심을 가지고 있던 차에 한 분양 아파트 모델하우스를 방문하게 되었다. 그 아파트는 이미 계약이 80% 이상 완료되었고, 미계약분을 처리하고 있었다. 모델하우스를 방문한 그녀는 구조와 단지 배치도를 살펴보았다. 이미 좋은 물건들은 계약이 완료되었고, '물건이 얼마 남지 않았다'는 분양 상담사의 말에 조급함이 생겼다. 분양 금액이 부산의 아파트보다 저렴했기 때문에 관심이 갔다. 당시 부산의 신규 아파트의 분양 가격은 평당 1,300~1,400만 원대였다. 그녀가 방문한 모델하우스 아파트의 분양가는 800만 원대로 분양 상담사 말에 의하면 부산 사람들이 투자를 많이 했다는 것이었다.

그녀는 남아 있는 호실을 알려달라고 분양 상담사에게 말했다. 보통 맨앞 동이 조망권과 일조권이 좋기 때문에 인기가 있다는 것을 그녀는 알고 있었다. 하지만 맨앞 동에서 남아 있는 호실은 필로티 2층과 4층이었다. 층이 애매한 4층보다는 층간소음의 영향을 받지 않는 필로티 2층을 선택하였다. 그녀는 그렇게 그 자리에서 계약서를 작성했다.

그 분양 상담사 자신도 아파트 한 채를 계약했는데, 웃돈이 벌써 2천만 원 붙었다는 것이었다. 실제로 맨 앞 동의 40평대는 몇 세대가 없어서, 웃돈 4,000~5,000만 원에 전매가 이루어지고 있었다. 그 분양 상담사의 말에 그녀는 불안감이 줄어들었다.

그녀는 모델하우스에서 계약을 한 뒤, 바로 현장으로 가보았다. 그녀가 선택한 맨 앞 동은 옛날 노후 공장들을 바라보고 있었다. 공장들과 아파트 예정 부지 사이에는 강이 있어 두 부지를 분리하고 있었다. 그녀는 아파트가 다 지어지면, 강 조망과 아파트 정원 조망이 가능할 것이라고 생각했다.

그녀의 예상과 달리 입주 전 사전 방문한 결과, 맨 앞 동 2층은 노후 공장들이 더 잘 보였다. 그녀가 기대한 강 조망과 정원 조망은 없었다. 앞 동을 부지 경계에 딱 붙여서 짓는 바람에 그 동 앞에는 정원이 없었다. 강폭도 좁아 공장과 아파트 사이의 거리는 생각보다 많이 떨어지지 않았다. 그녀는 결국 입주 전, 아이가 셋 있는 젊은 부부에게 마이너스 피로 아파트를 넘겼다.

현장을 방문하지 않고, 아파트를 계약해서 손해를 본 사례가 또 있다. 3살 첫째 아이와 곧 태어날 둘째 아이가 있는 직장인 C씨가 있다. 그는 아이들이 나무와 풀이 많은 곳에서 자라기를 바라는 마음이 많았다. 그래서 대도시 외곽의 아파트를 분양받고 싶었다. 모델하우스에 방문해보니 수납 공간이 많아 실용성이 많았다.

주변에는 공원이 있어서 주말이면 아이들과 뛰어 노는 모습을 상상했다. 분양 상담사는 '아이들은 어릴 때 나무와 흙이 많은 곳에서 자라는 것이 최고'라며 그의 마음을 흔들었다. 그는 그 아파트에 청약을 하여 당첨이 되었다. 그러는 중, 둘째가 태어나서 너무 바쁜 나머지 중도금을 낼 때까지 현장에 가보지 않았다. 인터넷 지도를 확인하는 것만으로도 충분하다고 생각했다.

어느 날 주말에 가족 나들이 겸 그 지역으로 드라이브를 갔다. 주변에 부동산 사무실이 보여서 들어갔다. 공인중개사와 대화를 하면서 그 지역에 송전탑 설치가 계획되어 있다는 뜻밖의 이야기를 들었다. 그제야 왜 아파트 가격이 저렴했는지, 청약 경쟁률이 낮았는지를 깨달았다.

발품을 팔다 보면 돈 모이는 곳이 보인다.

일반 사람들은 모델하우스 샘플아파트의 화려하고 세련된 인테리어에 현혹된다. 모델하우스 샘플아파트는 확장되어 있고, 가구들은 작아 더 넓어 보인다. 분양 대행사에서 고용한 사람들은 방문자인 척하며 바람잡이 역할을 한다. "우와, 구조 너무 잘 빠졌네, 수납 공간이 많아서 짐이 많이 들어가겠네!" 하며 손님 옆에서 바람을 잡는다.

분양 상담사들도 아파트의 장점만 이야기할 뿐, 단점은 말하지 않는다. 그들도 건설사나 분양 대행사에서 채용한 직원이라서 교육받은 대로 말할 수밖에 없다. 그 아파트의 단점은 무엇인지에 대한 조사는 온전히 분양 계약자의 몫이 된다. 건설사, 분양 대행자, 분양 상담사, 공인중개사 등 각자는 다 다른 목적이 있다.

대부분의 사람은 자신의 이익을 먼저 생각하게 되어 있다. 그들은 당신의 돈을 빼내기 위해 온갖 노력을 하며, 손해는 온전히 당신의 몫이 된다. 따라서 부동산에 투자하기 전 현장 방문은 필수이다. '바빠서, 멀어서'의 핑계는 당신의 돈을 남의 손에 쥐어주는 꼴밖에 되지 않는다. 그것도 거금의 돈을 아주 쉽게 말이다.

아무리 가까운 가족, 친구이라도 당신의 손해를 책임져주지 않는다는 것을 기억하자. 하물며 분양 대행사와 분양 상담사는 팔고 나면 끝이다. 나중에 웃돈을 얹어 팔아주겠다는 말도 믿지 말라. 부동산 경기가 좋으면 아무거나 잘 팔리지만, 경기가 좋지 않으면 그들은 폐업을 하고 조용히 사라진다.

부산 서면 요지에 빌딩을 가지고 있는 50대 P씨가 있다. 그는 사업가로 평소 자신의 빌딩을 갖는 것이 목표였다. 그는 빌딩을 사기 위해 부산 해운대, 서면, 남포동 등 중심지를 돌아다니기 시작했다. 수십 군데의 부동산 사무실을 방문하고, 빌딩의 시세와 매물 현황을 조사했다. 1년간 30~40번의 발품을 팔았다. 그 결과, 서면 중심지의 빌딩을 시세보다 저렴하게 매입할 수 있었다.

서면은 병원과 금융 업종이 많은 편이다. 현재 그는 세계적인 공유오피스업체인 'wework'와 같은 공유형 사업을 계획하고 있다. 그는 자신이 꾸준히 발품을 판 덕에 몇 억의 자금을 절약할 수 있었다고 말한다. 그는 부동산을 무조건 많이 보러 다니라고 조언한다. 그도 발품을 팔며 '어떤 물건이 좋은지, 어떤 위치에 유동 인구가 모이는지'를 파악했다고 했다.

발품의 중요성을 안 그는 꾸준히 새로운 곳의 부동산을 보러 다닌다. 그 과정이 힘들지 않느냐는 나의 질문에 "놀러 다니는데 뭐가 힘이 들겠어? 오히려 새로운 곳에 가서 맛있는 것도 먹고 구경도 다니니 즐거워."라며 웃었다. 그는 언젠가는 경치 좋은 곳에 자신의 별장을 짓고 싶다고 하였다.

시중의 많은 부동산 재테크 책에서도 '발품의 중요성'을 강조하고 있다. 하지만 은근히 발품을 귀찮게 여기는 사람들이 많다. 나는 부동산을 보러 다니는 것을 좋아한다. 차를 타고 지나가더라도 새로 생긴 건물이나 아파트를 살펴본다. 여행을 가서나 새로운 지역에 가면 그 일대의 부동산을 유심히 관찰한다. 요즘은 휴대폰으로도 지도를 볼 수 있어 주변에 무엇이 있는지 쉽게 알 수 있다.

길을 지나가더라도 그 지역의 상권이 활성화되어 있는지, 어떤 종류의 업종이 많은지를 살펴본다. 이런 습관들은 부동산을 선택할 때 종합적인 판단을 하는 데 도움이 많이 된다. 당신도 동네를 걸어 다닐 때 장사가 잘되는 상가와 그 업종을 살펴보자. 같은 업종이라도 위치에 따라 다 다를 것이다. 꾸준히 관찰하다 보면 돈이 모이는 곳을 볼 수 있는 눈이 생길 것이다.

3

부동산 흐름을 읽는 눈을 가져라

어떤 분야에서든 유능해지고 성공하기 위해선 3가지가 필요하다.
타고난 천성과 공부 그리고 부단한 노력이 그것이다.

– 헨리 워드 비처

부동산 흐름을 읽을 수 있다면 미래를 예측할 수 있다

부자들은 부동산 흐름 읽는 것을 매우 중요하게 여긴다. 부동산 흐름은 '시간'과 같이 눈에 보이는 것이 아니다. 하지만 분명 그 흐름이 있어서 그것을 읽어내는 눈을 가진다면 미래를 예측할 수 있다. 즉, 미래를 예측할 수 있다는 것은 돈을 벌 수 있는 장소와 시기를 알 수 있다는 것이다.

수많은 재테크 책에서 "부동산 흐름을 읽는 눈을 가져라."라고 말한다. 일반인들도 그런 눈을 가지고 싶어 한다. 하지만 어떻게 하면 그런 눈을 가질 수 있는지 잘 모른다. 많은 책에서는 역시 경제신문을 매일 읽으며

감을 익히라고 한다. 부자들은 매일 신문을 읽으며, 경제, 정치, 문화, 예술까지 두루 섭렵한다. 작은 기사라도 모든 것을 부동산과 연결해서 생각하는 습관을 가지고 있다.

일반인도 경제신문을 매일 읽으면 그런 눈을 가질 수 있을까? 물론 가질 수 있다고 생각한다. 부자와 일반인과의 차이는 한 끗 차이다. 이해력이나 지식의 차이는 미비하다. 단지 실행력의 차이가 있을 뿐이다. 경제신문과 책을 읽고, 세미나에 참석하며 꾸준히 공부하는 일반인들은 생각보다 많지 않다.

사람을 많이 만나다 보면 사람 보는 눈이 생기듯이, 부동산 흐름을 읽는 눈도 연습이 필요하다. 경제신문과 책을 읽는 것은 단지 시작일 뿐이다. 자료를 읽는 것에 그치는 것이 아니라 자료를 분석하고 실전 경험을 하는 과정에서 보는 눈이 생기는 것이다.

부동산은 일반 경기와 같이 변동 주기가 있다는 것을 아는가? 상승과 하락을 반복하며 누구를 부자로 만들어주고, 누구는 쪽박을 차게 만들었다. 이 부동산 경기 변동에 웃고, 우는 자가 생기는 것이다. 혹시 당신은 웃는 자가 되었나? 아니면 우는 자가 되었나? 또는 남이 부동산 투자를 해서 돈을 벌었다는 소식을 듣고 그들의 뒤를 쫓아갔는가? 아니면 남과 반대로 투자하고 기다렸는가? 아마 전자가 많을 것이다.

부동산 경기 변동을 알고 현재 시점이 상승기인지 하락기인지를 파악하는 것은 매우 중요하다. 지금이 어느 시기인가에 따라 투자의 행동 방향이 결정되기 때문이다. 부동산 경기 변동에 대한 파악은 '부동산 흐름을 읽는 눈을 가지는 것'이다. 부동산 경기 변동에 대한 분석을 통해 사야 할 시점인지, 팔아야 할 시점인지를 결정하는 것이다. 더 나아가 부동산 트렌드까지 볼 수 있는 눈이 필요하다.

대한민국의 부동산 시장은 부동산 정책에 영향을 많이 받는다. 부동산 시장이 과열이다 싶으면 정부에서는 '부동산 안정과 규제 정책'을 낸다. 반대로 부동산 시장이 침체가 될 때에는 '부동산 활성화 정책'을 낸다. 2019년 하반기 현재 시점의 부동산 경기는 2017년부터 쏟아낸 정부의 부동산 규제 정책으로 인하여 하강기에 접어들었다.

1997년 외환 위기와 2008년 금융 위기를 겪는 동안 부동산 시장은 상승과 하락을 반복하고 있다. 현재 부동산 가격 상승이 주춤하자, 10년마다 부동산 경기가 반복적으로 변동한다는 '부동산 10년 주기설'이 설득력을 얻고 있다. 지방은 이미 하강기에 접어들었다. 지역마다 시기는 조금씩 다르지만 부동산 정책의 영향을 받기 때문에 경기 변동 흐름은 비슷하게 나타난다. 대한민국 부동산 시장은 당분간 하락기에 있을 것이다.

하지만 불황에도 잘되는 장사가 있듯이 선호하는 지역의 부동산은 견딜 것이다. 부동산 하강기일수록 알짜배기 좋은 물건만을 찾는 경향이 커지는 것이다. 상승기에는 전체 부동산이 다 같이 동반 상승하지만 하강기에는 좋은 부동산만 가격이 떨어지지 않는다. 불황기 동안에는 상승 시기를 기다리며 좋은 물건을 찾아야 한다.

부자들은 부동산 불황기가 오는 것을 오히려 반긴다. 부동산 호황기에는 구할 수 없었던 좋은 물건을 할인된 가격으로 살 수 있기 때문이다. 그들에게는 백화점의 세일 기간에 물건을 사는 것과 같다. 누구의 손실이 누구에게는 이익을 가져다주는 것이다. 손해를 보기 싫다면 부동산 경기의 흐름을 잘 따라가야 한다. 경기 변동이라는 파도에 휩싸이는 것이 아니라 파도를 잘 타야 한다.

지인 중에 부동산 경기 변동을 기가 막히게 잘 활용하는 사람을 알고 있다. 20대부터 부동산 공부를 많이 한 그는 회사 생활을 시작하면서 종잣돈을 모으기 시작했다. 그는 그 종잣돈으로 2008년 금융 위기 이후 부동산 경기가 바닥을 칠 때 미분양 아파트를 샀다. 자신이 원하는 동호수를 마음껏 선택할 수 있었다. 그는 외환 위기 이후 집값이 상승한 것을 경험했기 때문에 이번에도 분명 상승할 것이라는 확신이 있었다. 침체기 이후에는 반드시 상승기가 온다는 부동산 경기 변동설을 알고 있었다.

그로부터 3년 뒤 입주 시점이 되자 그 아파트는 전세를 주었다. 그러고는 신도시의 아파트를 다시 분양받았다. 그가 산 미분양 아파트는 2009년 이후부터 최근까지 7~8년 동안 계속 상승하였다. 그는 2019년에 다시 하락기가 온다고 예상했다.

그래서 부산부동산 시장이 활황기였던 2017년도에 높은 가격으로 2채의 아파트를 모두 처분하였다. 결론적으로는 그는 가격이 최저점일 때 사서 최고점에 팔았다. 부동산 침체기에 남들은 집값이 떨어질까 두려워 전세를 전전할 때, 그는 과감히 아파트를 샀다. 그러고는 남들이 신규 분양 아파트에 '묻지마 청약'을 하며, 아파트 가격을 끌어올리자 반대로 자신의 아파트를 모두 처분하였다. 현재 그는 신도시 아파트에 저렴한 가격으로 전세를 살며, 다음 투자를 위한 숨 고르기를 하고 있다. 그는 지금 부동산 가격이 계속 떨어져도 별로 걱정되지 않는다. 오히려 느긋이 기다리며 부동산 전문가들과 친분을 쌓고 있다.

부동산 트렌드를 읽을 수 있어야 한다

부동산에는 '경기 변동의 흐름'을 읽는 것 뿐만 아니라 '부동산 트렌드'를 읽는 것도 중요하다. 몇년 전 제주도의 땅값이 계속 상승하였다. 중국인 관광객 증가로 인한 관광 개발 사업 활성화로 제주도 땅값이 천정부지로 올랐다. 또한 국내 유명 연예인들이 제주도 생활을 하자, 부러움으로 제주도에서 살고 싶어 하는 사람들이 많아졌다. 실제로도 제주도로 이사를 하는 젊은 층이 많아졌다.

그 당시, 제주도 부동산을 사는 것은 '하늘의 별 따기'였다. 제주도가 고향인 나의 어머니에게 제주도 땅을 소개해달라는 문의가 많이 들어왔다. 나의 어머니는 땅을 보기 위해 제주도를 수십 번 왔다 갔다 하며 지인들에게 땅을 추천해주었다. 하지만 사드의 영향으로 중국인 관광객들이 감소하자 제주도는 현재 매물이 넘쳐난다. 제주도 신규 아파트의 미분양건도 계속 늘어나고 있다. 이와 같이 부동산도 트렌드가 바뀐다. 시기와 지역에 따라 '토지' 투자가 유행하기도 하고, 아파트, 상가, 오피스텔이 유행하기도 한다. 부동산 트렌드가 바뀌는 것을 읽어야 변화하는 부동산 시장에 대처할 수 있다. 정부가 아파트 투자에 대해 규제를 하면, 토지나 상가 투자의 인기가 상승한다. 정부의 정책을 분석하고 숨은 이면을 볼 수 있다면, 부자들처럼 돈의 흐름이 눈에 보일 것이다.

평범한 당신이 부자가 되고 싶다면, 부동산 흐름을 읽는 눈을 가져야 한다. 부자들은 이미 그런 눈을 가지고 있다. 그들은 그 눈을 활용해서 돈 버는 기회를 잡은 사람들이다. 무조건 신문과 책을 읽는다고 그런 눈을 가질 수 있는 것이 아니다. 읽고 분석하고 생각해서 자신의 것으로 소화해야 한다. 정부의 부동산 정책을 분석해보자. '왜 이런 정책을 발표했지? 현재 어떤 문제점을 위한 해결 방안이며, 이 정책은 부동산 시장에 어떤 영향을 미칠까?'에 대해 생각해보자. 그런 뒤 전문가들의 칼럼이나 글을 읽으며 자신의 생각과 비교해보자. 이 연습을 하다 보면 자신의 생각 오류를 수정할 수 있고, 전문가의 시각을 배울 수 있다. 꾸준히 이 과정을 연습해보자. 당신의 시야가 넓어질 것이다.

4

미래 가치를 장기적으로 보라

승자는 시간을 관리하며 살고 패자는 시간에 끌려 산다.

– J. 하비스

부동산을 대할 때에도 곡식 수확과 같이 기다림이 필요하다

모든 사람들은 성격이 다르다. 부동산에 투자를 할 때도 그 사람의 성격에 따라 결과가 달라질 수 있다. 밭에 씨를 뿌리고, 곡식을 수확할 때를 생각해보자. 농부는 밭에 씨를 뿌린 후 물과 비료를 주며 곡식이 익을 때까지 기다려야 한다. 성격이 급해서 빨리 곡식을 수확해버리면 설익게 된다. 부동산을 대할 때도 곡식 수확과 같이 기다림이 필요하다. 부동산 시장에는 때를 기다릴 줄 아는 사람과 때가 되기도 전에 결과를 보고자 하는 사람이 있다.

흙속에 씨앗을 심어야 할 시기와 곡식을 수확해야 할 시기가 다르다.

곡식을 수확하기 전에는 곡식이 잘 자랄 수 있도록 시간을 줘야 한다. 자랄 수 있는 시간을 주지 않으면서 '왜 좋은 곡식이 되지 않느냐?'며 탓하는 것은 매우 어리석은 행동이다. 당신은 어떠한가? 씨앗을 뿌리는 즉시 곡식을 수확하기를 원하지는 않는가? 설익은 곡식을 수확하고서는 자신은 부동산과 맞지 않는다며 미리 포기하지는 않는가?

몇년 전, 아파트 분양권의 전매로 단기에 수익을 얻게 되자 사람들이 몰려들었다. 이는 부동산 상승기에 나타날 수 있는 현상이다. 만약 부동산 하락기에 아파트 분양권을 웃돈을 주고 산다면 결국 손해를 볼 수밖에 없다. 2017년~2018년도에 정부는 아파트 시장의 안정화를 위해 많은 규제 정책을 발표하였다.

신규분양 아파트의 분양권 전매를 최대 소유권 등기 시까지 제한하는 정책을 냈다. 또한 재건축초과이익환수제의 부활로 신규 분양 아파트로의 투기 세력을 차단하고 있다. 또한 아파트 대출 규제로 일반인들은 더욱 타격을 받고 있다. '현금부자만 더욱 부자가 된다.'고 아우성치는 이유이다. 지역에 따라 적용되는 규제가 다 다르지만 이런 규제는 전체 부동산 시장에 영향을 미친다. 특히 현재 지방 부동산은 수도권에 비해 더욱 어려운 시간을 보내고 있다.

부동산에서 단기에 수익을 올릴 수 있는 기회는 하늘의 별 따기이다. 그런 좋은 기회는 보통 자금 여유가 있는 부자들이나 정보가 빠른 사람들에게 돌아간다. 그럼 일반인들은 어떻게 해야 할까? 기회가 오지 않는다고 부동산에 아예 관심을 두지 않는 것이 좋을까? 아니면 기회를 준비하며 때가 되기를 기다려야 할까? 만약 당신이라면 어떤 선택을 할 것인가? 적어도 지금 이 책을 읽고 있는 당신이라면 부동산에 관심이 있는 사람일 것이다. 당신은 기회를 준비하며 결국 기회를 잡을 사람이다.

부동산에는 단기 투자를 해야 할 경우와 장기 투자를 해야 할 경우가 있다. 부동산 시장 상황과 지역, 부동산 상품의 종류에 따라 다 다르다. 부동산은 개별성을 가지는 특성이 있다. 그래서 모든 부동산을 일률적으로 판단할 수는 없다. 하지만 씨앗을 심어야 할 시기와 곡식을 수확해야 할 시기는 분명 다르다.

부자가 되려면 투자하고자 하는 부동산의 미래 모습을 상상할 수 있어야 한다. 향후 3~5년 뒤의 모습을 상상해보고 투자를 결정해야 한다. 보통 사람들은 과거의 모습으로 미래를 추측하지만 부동산은 경기 변동이 있기 때문에 과거의 모습으로만 판단하기에는 위험하다. 즉, 과거 5년 동안 부동산 가격이 계속 상승했다고 해서 향후에도 계속 상승할 것이라고 판단해서는 안 된다. 부동산 10년 주기설에 따르면 5년 동안 가격이 상승했으면 향후 5년 동안은 하락기에 접어든다.

부자들은 향후 5년을 예상하며 투자를 하고, 일반인들은 과거 5년의 상황을 보고 투자를 한다. 그래서 일반인들의 투자는 부동산 경기 변동과 엇박자가 나는 것이다. 일반인들은 5년 동안의 상승기에 가격이 계속 올라서 과거의 가격과 비교하며 부동산을 사지 못한다. 하지만 가격이 계속 올라서 누가 돈을 벌었다고 하면 '앞으로도 계속 오르겠지.'라는 욕심에 빚을 최대한 끌어와서 그제야 부랴부랴 산다. 하지만 그 뒤부터는 최고 꼭짓점에서 떨어지는 시기가 된다. 즉, 부동산 시장이 하강기에 들어서며 부동산 가격이 하락하게 되는 것이다.

일반인들은 이렇듯 과거의 가격 추세만 보며 부동산을 선택한다. 사실 미래의 가격이 더 중요하다. 장기 투자로 갈 것인가 아니면 단기 투자로 갈 것인가는 미래의 흐름을 예상해야 한다. 만약 하락기에 부동산을 샀으면 상승기까지 장기간 기다려야 한다. 반대로 상승기에 부동산을 샀다면 기대 수익을 얻고 단기간에 빠져나올 수 있다.

뜸을 들여야 밥이 되듯이 부동산 투자에도 시간이 필요하다

대규모 신도시개발 사업의 경우를 보자. 각각 투자할 수 있는 시점이 있다. 신도시개발 사업 계획 발표 전후로 토지 보상금을 받기 위해 투자할 수 있다. 또는 개발 사업의 상업용지나 점포 겸용 단독주택용지 등을 입찰할 때 투자할 수 있다. 또는 건설업자가 아파트를 분양할 때 그 아파트에 투자할 수도 있을 것이다.

보통 부자들은 토지 보상금을 받거나 공공택지를 입찰할 때 투자한다. 그들은 여유 자금과 정보력이 있어 개발 사업의 앞 단계에 들어가서 신도시가 완성될 때까지 기다린다. 처음 그들이 투자할 때에는 주변은 아직 허허벌판이다. 하지만 그들은 향후 5년, 10년 뒤를 생각하며 투자를 한다. 다른 신도시의 개발 과정을 지켜보며 자신이 투자하려는 지역의 미래를 머릿속으로 그려보는 것이다.

그들은 토지 보상금으로 상가용지를 낙찰받고, 그 토지 위에 다시 상가 건물을 짓는다. 또 다시 상가 건물을 구분 상가로 쪼개서 일반인들에게 분양한다. 그들은 투자한 돈을 그렇게 굴리고 굴려서 몇배의 수익을 가져간다. 그들로부터 구분 상가를 산 일반인들은 분양 상담사들의 말만 믿고 기대에 부풀어 있다.

하지만 신도시 특성상 상권이 안정적으로 형성되기까지는 시간이 꽤 걸린다. 신도시에 가보면 생각보다 빈 상가들이 많다. 장사를 하더라도 몇몇 업종을 제외하면 초반 몇년 안에 문을 닫는 곳이 많다. 그래서 신도시 상가에 투자할 때는 신중히 판단해야 한다.

일반인들은 보통 건설업자가 짓는 신규 분양 아파트에 투자를 한다. 개발 사업의 앞 단계에 투자하는 것보다 자금이 많이 들지 않고, 안전하기 때문이다. 신도시 아파트의 분양이 모두 다 성공한 것은 아니다. 그것은 그 지역의 부동산 시장 경기에 영향을 받는다. 각각 다른 공익 사업이었지만 부동산 경기 변동에 따라 다른 결과를 가져온 경우가 있다.

하나는 한국토지주택공사에서 시행하는 '명지지구개발사업'이며, 또 하나는 부산도시공사에서 시행하는 '일광도시개발 사업'이다. 명지국제 신도시의 첫 분양 아파트는 2012년 11월 분양한 '금강펜테리움 1차'와 '에일린의 뜰'이었다. 분양 당시, 부동산 침체기에서 상승기로 전환되는 시점으로 분양 성적은 미분양이었다. 하지만 분양 이후 몇년 동안 부동산 상승기가 이어지면서 입주할 때에는 웃돈이 몇천만 원씩 붙었다.

반면에 일광신도시의 첫 분양아파트는 2017년 5월 분양한 '자이푸르지오'와 '이편한세상'이었다. 높은 경쟁률을 기록하며 100% 계약이 완료되었다. 분양 당시, 부동산 경기는 정점에 올라와 있었고, 그 이후 정부의 부동산 규제 정책이 계속 시행되었다. 2020년 1월 입주 예정인 이 아파트들은 인터넷 검색 결과 현재 무피가 대부분이다.

분양 후 주변에 아파트 공급이 계속되었고, 현재 주변 아파트의 미분양 물건도 많이 남아 있다. 이 지역의 아파트는 입주 장에 들어서면 마이너스피까지 뜰 확률이 높다. 부동산 호황기에 분양을 했지만 부동산 침체기에 입주하는 아파트의 대표적인 모습이다. 이 경우에는 상승 시까지 기다리거나 손해를 보고 파는 수밖에 없다. 부동산 경기 변동을 고려하지 않더라도 신도시가 성숙되기까지는 시간이 꽤 걸린다.

명지지구개발사업 토지이용계획도

출처: 부산진해경제자유구역청 홈페이지

일광도시개발사업 토지이용계획도

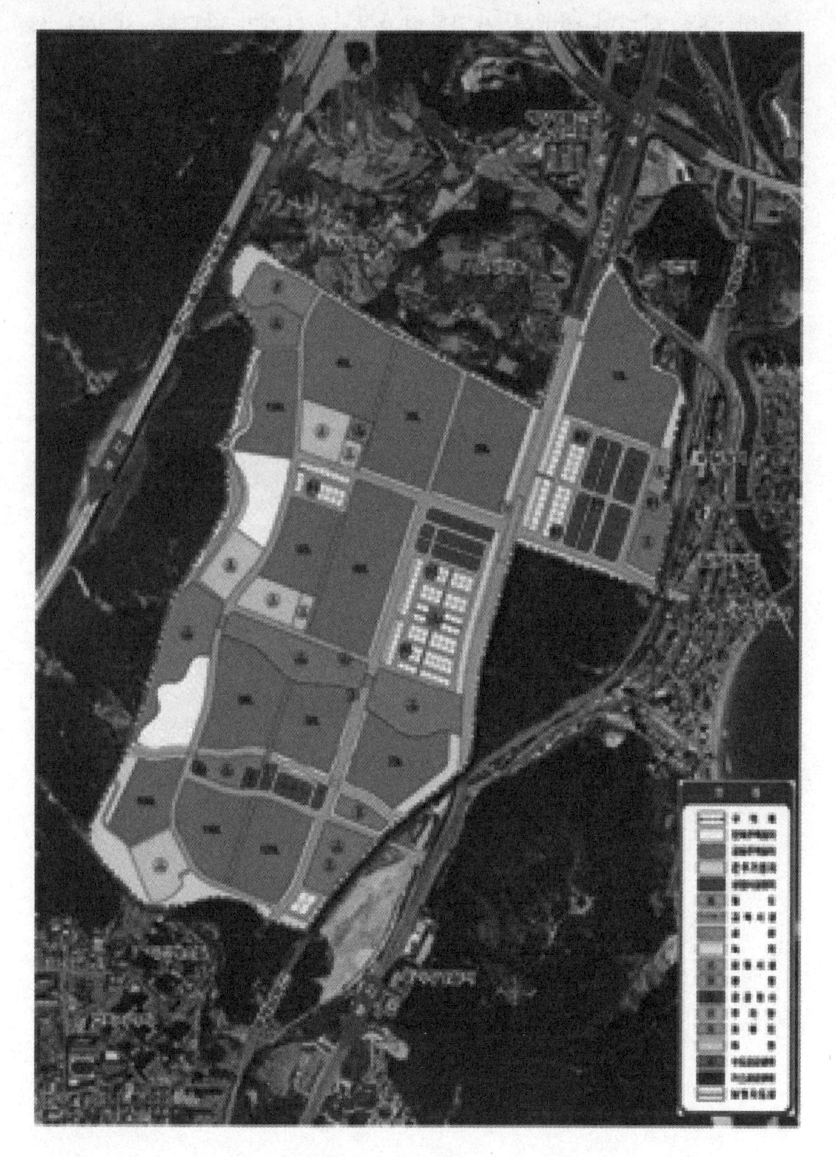

출처: 부산도시공사 홈페이지

뜸을 들여야 밥이 되듯이 부동산 투자에서도 시간이 필요하다. 씨앗을 심어야 하는 시기와 열매를 거둬들여야 하는 시기가 다르다. 씨앗을 심고 열매를 거둬들이기까지 시간이 필요한 것이 자연의 이치임을 알고 있을 것이다. 그 이치를 부동산 투자에 접목시킬 때는 사람들은 다른 이야기를 한다. 하지만 부동산도 똑같이 자연의 이치가 적용된다.

사람들은 단기에 투자 수익을 얻으려고 한다. 그들의 예상과 달리, 부동산 경기 변동에 따라 장기간이 걸릴 수 있다. 부동산은 사람들의 심리 영향을 많이 받는다. 주변이나 인터넷에서 '단기간에 얼마의 수익을 벌었다.'라는 말에 현혹되지 마라. 그들이 투자한 과거 시점과 당신이 투자할 미래 시점에는 투자 환경이 다르다. 또는 높은 수익을 미끼로 당신의 돈을 노리는 사기꾼일 가능성도 있다.

투자할 때와 팔아야 할 때를 알아야지 사기꾼들의 먹잇감이 되지 않는다. 꾸준히 공부하고 실전 경험을 쌓아나갈 때 좋은 결과를 얻을 수 있다. 이 과정을 무시하면 비싼 대가를 수험료로 치르게 될 것이다.

7. 공공택지 입찰을 잘 활용한 부동산 시행사 대표 J씨

* 부동산 부자가 될 수 있었던 성공 요인

– 공공택지 활용하기

– 철저한 분석과 과감하게 투자하기

– 유명 임차인 유치하기

J씨는 공공택지 입찰을 잘 활용하여 부자가 된 경우다. 그는 입찰이 나온 상업용지 중 위치가 제일 좋은 땅을 산다. 중심지이면서 각지인 땅을 배후 수요가 풍부하고, 유동 인구의 동선까지 고려하여 선택한다. 부동산 시행업으로 쌓은 경험과 노하우를 활용한다. 그는 상업용지를 낙찰받아 상가 건물을 지어 사람들에게 분양을 한다. 그 분양 수익을 다시 다른 개발 사업의 공공택지를 낙찰받는 데 활용한다. 그는 부동산 가치를 끌어올리기 위해 임차인 관리도 아주 중요하게 여긴다. 유명 브랜드 커피숍을 유치하고, 안정적인 임차인을 확보하기 위해 노력한다. 그의 상가 건물에는 공실이 별로 없다. 위치가 좋고 유명 브랜드 커피숍이 있기 때문에 랜드마크가 된다. 그래서 너도나도 그의 건물을 분양받고자 한다.

5

공공택지 입찰에 뛰어들어라

행동의 가치는 그 행동을 끝까지 이루는 데 있다.

— 칭기즈칸

부동산 부자가 되고 싶다면 공공택지에 입찰하라

공공택지란 국가, 한국토지주택공사, 지방자치단체, 지방개발공사 등 공공기관이 개발하는 택지를 말한다. 공공택지 중에서도 개인이 입찰할 수 있는 수준의 택지는 상가용지, 준주거용지, 주차장용지, 단독주택용지가 있다. 건설회사에는 공동주택용지나 업무시설용지에 입찰을 해서 아파트나 오피스텔을 짓는다.

공공택지는 공공에서 개발하기 때문에 기반시설을 충분히 설치하고 계획적으로 개발되는 특성이 있다. 대규모 개발로 신도시가 생기면서 인구가 유입되고 지역이 발전한다. 이런 신도시들은 초반에는 허허벌판이지만 개발 사업이 완료되면 도시가 점차 성숙해간다.

이런 개발 사업이 진행되는 동안 돈을 벌 수 있는 타이밍이 있다. 부자들은 이런 기회를 놓치지 않는다. 그래서 그들은 개발 정보나 분양 정보를 예의주시하고 있다. 빠르게 정보를 얻기 위해 항상 안테나를 세우고 있는 것이다.

그들은 개발 정보를 일반인들보다 빨리 알아서 보상금 수령 목적으로 토지에 투자한다. 만약 그 기회를 놓쳤다면 땅이 조성된 이후 공공택지를 분양할 때 입찰하는 방법을 사용한다. 전자의 방법은 경쟁률은 낮지만 개발 사업지로 확정이 되고 나서도 보상금을 받기까지 몇년은 더 기다려야 한다는 단점이 있다. 반대로 후자의 방법은 경쟁률은 높지만 수익화하기까지는 전자보다는 시간이 짧다. 반면 일반인들이 쉽게 접근하는 방법은 공공택지에 짓는 신규 아파트나 상가를 사는 것이다.

부자들은 개발 사업 전체 단계에 투자하며 수익을 창출해간다. 개발 사업 초반에는 가격이 저렴한 논이나 밭에 투자한 다음 토지 보상금을 받는다. 그 보상금으로 다시 개발 사업지 인근 토지의 땅을 산다. 개발 사업의 영향으로 인근 토지의 가격이 상승할 수밖에 없다. 다시 그 토지를 팔아서 개발 사업지의 상가용지나 점포겸용 단독주택용지를 산다. 그 토지 위에 상가 건물을 지어서 상가를 쪼개서 팔거나, 상가주택을 지어서 월세를 받는다.

그들은 이렇게 모은 돈으로 다른 개발 사업에 다시 투자를 한다. 하나의 대규모 개발 사업이 진행되는 데는 10년 이상 걸린다. 부자들은 10여 년 동안 2~3군데 개발 사업에 투자를 하며 돈을 굴려 나간다. 이런 사람들이 부동산으로 부자가 되는 것이다. 공익 사업만 쫓아다니며 투자하는 사람들이 꽤 많다. 민간이 주최인 개발 사업보다는 사업 추진에 대한 신뢰성이 있다. 그리고 조성 원가가 민간 사업에 비해 투명하고 저렴하다. 그래서 오히려 부자들은 이런 공익 사업에 투자하는 것을 좋아한다.

부동산 시행업을 하는 50대 C씨가 있다. 그녀는 처음에 한 개발 사업의 상가용지를 낙찰 받았다. 그 뒤, 그 토지 위에 7층짜리 상가 건물을 지어 구분상가로 나누어 분양을 하였다. 보통 상가 건물을 지으면, 투자비는 1층 상가를 전체 팔면 회수가 가능하다. 2층 이상부터 팔리는 상가 분양금이 수익으로 남는 것이다.

1층 상가의 분양 가격이 가장 비싸고, 2층 상가의 분양 가격은 보통 1층의 50%로 책정된다. 3층 이상은 1층 분양 가격의 40% 정도로 책정된다. 2층 이상의 상가가 잘 팔려야지 수익이 남는다.

다행히 그녀의 상가는 분양이 잘되었고, 그 수익금으로 다른 개발 사업의 주차장용지와 상가용지를 낙찰받았다. 주차장용지는 다른 상업용지보다 위치가 좋았고, 30%의 상가시설을 넣을 수 있었다. 다른 용지보다 조금 높은 가격으로 낙찰 받았지만 그것은 문제가 되지 않았다. 위치가 가장 좋은 곳이었기 때문에 주차장용지의 구분 상가를 분양하기도 전에 공인중개사들이 서로 분양을 받으려고 그녀를 직접 찾아올 정도였다.

현재 그녀의 건물에는 은행과 유명 빵집, 마트 등이 입점해 있다. 메인 도로를 끼고 정중앙에 위치하고 있어, 신도시 주민들이 가장 많이 가는 건물이 되었다. 그녀가 낙찰받은 상업용지도 군침을 흘리는 사람들이 많았다. 국내 대기업 건설사에서 그녀를 찾아와 주상복합 아파트를 짓자고 제안하였다. 처음에 그녀는 일반 상가 건물을 지어서 분양할 계획이었다.

하지만 건설사 직원들이 "그 좋은 땅을 최대한으로 활용하지 않는 것은 땅에 대한 예의가 아니다."라며 그녀를 설득했다. 결국 주상복합 아파트를 짓는 데 합의했고, 아파트를 분양하였다. 그 아파트를 분양할 시기는 부산 지역의 부동산 호황기로 기본 몇백 대의 경쟁률을 기록할 때였다. 시기가 좋은 덕분에 아파트는 100% 계약이 완료되었다. 그녀는 2개의 개발 사업에서 돈방석에 앉게 되었다.

그녀는 또 다른 개발 사업의 상가용지를 다시 낙찰받았다. 2개의 개발 사업에서 노하우를 쌓은 그녀는 계속 개발 사업에 투자하며 돈을 굴려나가고 있다. 나는 '이상하리만큼 그녀는 참 운이 좋다.'는 생각을 하였다. 그녀는 사실 시기를 잘 만난 것이다. 부동산 경기가 좋고, 사람들의 매수 심리가 최고조에 이르렀을 때에 타이밍을 잘 잡은 것이었다. 노력과 타이밍이 빚어낸 성과는 그녀에게 몇백 억의 수익을 안겨주었다.

모든 것에는 공짜가 없다. 노력한 만큼 결실을 가진다

평소에 부동산에 관심이 많았던 직장인 L씨는 7~8년쯤 한 개발 사업의 점포 겸용 단독주택용지에 낙찰이 되었다. 그는 몇천만 원의 웃돈을 붙여 토지를 전매하였다. 또 다른 지역의 개발 사업의 점포 겸용 단독주택용지에 다시 입찰을 하였다. 그 지역은 혁신도시가 생기는 곳으로 인기가 많은 곳이었다. 경쟁률이 높았지만 그는 가장 좋은 위치인 코너 자리의 필지에 당첨되었다.

그는 쾌재를 부르며 기뻐하였다. "꿈에서 돌아가신 아버지를 보았는데 아버지가 도와주신 것 같다."라고 하였다. 토지가 준공된 후, 몇 억의 수익을 남기고 토지를 되팔았다. 부동산 사무실에서 팔라고 하며 연락이 많이 왔지만 그는 팔 때를 기다렸다. 가장 좋은 위치였기 때문에 자신감이 있었다. 기다린 결과, 상가주택이 가장 유행하는 시기에 비싼 가격으로 토지를 팔 수 있었다.

사실 그는 항상 부동산 공부를 하고 있었다. 전국적으로 임장을 다니며 발품도 많이 팔았다. 부동산에 대해 더 전문적으로 알고 싶어 공인중개사 자격 시험도 공부하였다. 평소에는 한국토지주택공사나 지방개발공사의 분양 공고를 예의주시했다. 과거의 토지낙찰가격을 분석하고, 현재 시세와 비교 분석하였다. 그런 과정에서 좋은 필지를 선택하는 방법과 예상낙찰가격을 분석하는 방법을 터득했다.

모든 것에는 공짜가 없다. 그가 노력한 만큼 결실을 가지고 간 것이다. 사람들은 결과에 대해 설명하기 어려운 부분을 '운'으로 이름 붙인다. 사실 모든 것은 자신이 계획하고 끌어당긴 결과이다. 나는 아무런 노력을 하지도 않고 자신의 상황을 불평불만만 하는 사람을 싫어한다. 더욱이 남의 노력에 대해서 폄하하고, 남의 좋은 성과에 대해서 시기 질투하는 사람들을 싫어한다.

그들은 자신이 노력하지 않아서 그 상태에 머물러 있는지를 모른다. 생각이 가난하고, 몸이 게을러서 자신의 삶이 가난한지를 모르는 것이다. 부정적인 생각에 빠져 있으면 자신의 주변은 부정적인 사람으로 가득 차게 된다. 모든 것은 같은 성질의 에너지를 끌어당기게 되어 있다. 그 결과, 그들은 부정적인 에너지로 둘러싸여 모든 일이 잘 풀리지 않게 된다. 인생이 잘 풀리고 싶은가? 자신의 주변을 긍정적인 사람들로 채워라. 성공한 사람들은 긍정적이 사람들이 많다.

일반인들이 부동산 실전 공부를 할 수 있는 방법이 있다. 한국토지주택공사나 지방개발공사에서 분양하는 점포 겸용 단독주택용지에 입찰을 해보는 것이다. 당장 돈이 없어도 상관없다. 한번 시도해보자. 어디서,

어떻게 신청을 해야 하는지 알아보자. 어떤 위치의 필지가 좋은지를 분석해보자.

금액을 높게 적어서 무조건 낙찰받는 것이 좋은 것도 아니다. 수익이 나는 적정 가격을 고려해서 입찰 가격을 적어야 하는 것이다. 당장 낙찰되지 않아도 좋다. 당신이 한 모든 과정은 다음을 위한 좋은 경험과 밑거름이 된다. 모의입찰을 먼저 해보기를 추천한다. 정말 많은 공부가 될 것이다.

*공공택지 입찰 정보 확인 가능한 인터넷 사이트

① 한국토지주택공사 청약센터

② 서울주택도시공사 청약센터

③ 부산도시공사 분양정보

④ 경기도시공사 토지분양시스템

※각 지역별 개발공사 홈페이지 참조

6

인구 변화와 생애주기를 고려하라

나는 영토는 잃을지 몰라도 결코 시간은 잃지 않을 것이다.

– 나폴레옹 보나파르트

성공적인 부동산 투자를 위해서는 인구 변화를 잘 살펴보아야 한다.

부동산 시장 변화에 영향을 미치는 요소가 많다. 그래서 부동산을 투자할 때는 1~2가지만 보고 판단해서는 안 된다. 많은 요소들이 서로 영향을 미치고 있기 때문에 부동산 시장을 전망하는 것은 쉽지 않은 일이다. 그래서 전문가들의 전망과 다른 결과가 나타나기도 한다. 그만큼 부동산은 경제, 정책, 세금, 대출 등 많은 것들을 고려해서 종합적으로 판단해야 한다.

미래의 부동산 시장에서 중요하게 고려해야 할 요소가 더 있다. 그것은 바로 인구 변화이다. 저출생 현상으로 인구가 계속적으로 줄어들고 있다. 이 인구 변화는 부동산 시장에 엄청난 변화를 몰고 올 것이다. 부동산이라는 것은 인간의 삶과 아주 밀접하게 연결되어 있다. 그렇기에 부동산을 이용할 사람들이 없다면 그 가치는 떨어질 수밖에 없다.

인구가 줄어들수록 사람들은 도시로 모여들 수밖에 없다. 예전에는 비싸서 살지 못했던 곳이 인구가 줄어들면서 수요가 줄어들어 가격이 떨어진다. 시골이나 도시 외곽보다는 교통과 생활편의시설 이용이 편리한 도심에 살고 싶어 한다. 이제는 노인이 되어도 시골보다는 도시에 살고 싶어 한다. 대중교통을 이용할 수 있고, 병원이 가까이 있는 도시가 생활하기에 편리한 것이다.

인구가 계속 증가하고 일자리를 찾아 도시로 모여든 시기에는 공급이 부족해서 집값이 오를 수밖에 없었다. 그래서 그 인구를 수용하기 위해서 도시 외곽에 신도시가 많이 생겼다. 사람들은 주택 가격이 저렴한 도시 외곽에 살면서 도심으로 출퇴근하였다. 최소 왕복 2시간의 출퇴근 시간이 소요되었다. 도심의 밤은 텅텅 빈 공동화 현상이 일어났다.

하지만 인구가 줄어들면서 사람들이 다시 도시로 모여들고 있다. 도시의 오래된 아파트는 재개발, 재건축을 통해 새 아파트로 탈바꿈하고 있다. 그런 재개발, 재건축아파트는 대중교통이 편리하고, 생활편의시설이 좋은 곳들이라 더욱 인기가 높다. 출퇴근 시간도 줄일 수 있다. 교통과 교육 환경이 좋은 곳에 새 아파트가 많은데, 굳이 도시 외곽에 살 필요가 없다.

초기에 만들어진 대도시 외곽 신도시들은 세월이 흐르며 거대한 노후 아파트 단지로 변해가고 있다. 신도시의 아파트들은 재개발, 재건축을 해도 수익성이 별로 없어 향후 가격 상승도 기대하기 어렵다. 이런 여러 가지 이유로 사람들은 다시 도시로 모여들고 있다. 지방의 중소도시는 인구 감소가 더욱 심각하다. 인구 감소는 결국 지역경제 침체와 부동산 가격 하락을 가져온다.

성공적인 부동산 투자를 위해서는 인구 변화를 잘 살펴보아야 한다. 인구가 모여드는 곳인지, 떠나는 곳인지를 파악해야 한다. 중소도시보다는 대도시가 좋고, 산업단지나 업무지구 등 일자리가 풍부한 곳이 좋다. 통계청 사이트에서 '인구 전출입 현황'을 확인해볼 수 있다. 최근 신문에서는 인구 감소로 향후 몇십 년 뒤에는 없어질 중소도시들이 소개되었다.

아무리 멋있고, 가격이 저렴하다고 해도 그런 지역의 부동산은 투자를 조심해야 한다. 노후를 위한 실거주용이면 모를까, 투자를 위한 부동산은 따로 있다. 부동산이라고 다 같은 부동산이 아니다. 자연환경이 좋다고 해도 그 도시에 인구 유입이 많지 않으면 투자용으로 고려하지 말라.

마음고생만 하다가 결국 이러지도 못하고, 저러지도 못한다.

나도 '도시외곽의 마당 넓은 집에서 아이들을 뛰어 놀게 하면서 키우고 싶다.'는 마음이 많았다. 하지만 교육과 생활 인프라, 직장 등을 모두 고려하니 '불가능'하다는 결론이 나왔다. 마음은 그렇게 살고 싶어도 현실을 고려하면 그냥 꿈일 뿐이다.

사람의 생애주기를 고려해서 부동산에 투자해야 한다

당신은 부동산을 살 때 사람의 생애주기를 고려하는가? 실거주용이든 투자용이든 사람의 생애주기를 고려해서 부동산을 사야 한다. 미래까지 멀리 보는 시야가 필요한 것이다. 지인 중 자신의 생애주기를 고려하지 않아 이사를 자주 다닌 A씨가 있다. 그녀는 결혼을 하면서 다세대주택에서 신혼생활을 시작하였다. 아기가 태어나자 주택이 불편해진 부부는 인근 빌라로 이사를 하였다. 생계를 위해 맞벌이를 하기로 결정하고서는 아이를 맡기기 위해 친정 근처로 다시 이사를 하였다.

아이가 초등학교에 입학할 때쯤에는 초등학교 인근으로 다시 이사했다. 그녀는 아이의 교육을 위해 중학교 입학 전 학군이 좋은 동네로 다시 이사하기로 결심했다. 아이가 고등학교에 졸업하자마자 부부는 집값이 비싼 동네에서 벗어나고 싶어서 도시 외곽 신도시로 다시 이사를 하였다. 아이는 반복되는 이사로 친한 친구들이 없다고 하소연하였다. 친구를 사귀어도 이사를 가면서 자주 만나지 못하니 그 관계가 오래가지 못하였다. 아이는 친한 친구가 없어 사회성이 떨어졌다. 교우 관계가 원만하지 못하니 성적도 중간 수준밖에 되지 못했다. 아이는 현재 대학교에 입학하였고, 집이 멀어 대학 인근에서 자취를 하고 있다.

부부 또한 동네에 친한 이웃이 별로 없었다. 아이와 마찬가지로 이사를 자주 하면서 연락이 끊기는 것이었다. 만약 부부가 아이와 자신의 생애주기를 미리 고민했다면 어땠을까? 이사는 불가피했겠지만 이사 횟수를 줄일 수는 있었을 것이다. 그랬다면 아이와 부부는 좀 더 심리적으로 안정된 생활을 할 수 있었을 것이다. 그리고 계속 이사를 하면서 오른 집값이 부담스러워 전세 생활만 하였다. 결과적으로 경제적으로도 풍요롭지 못했고, 아이에게는 불안한 심리와 좋지 못한 성적만 남았다. 생애주기를 고려한 아이의 양육과 교육을 미리 고민했다면, 인생을 좀 더 멀리 보고 아이에게 좋은 선택을 했을 것이다.

이 사례를 투자자의 입장에서는 어떻게 활용할 수 있을까? 사람들의 생애주기를 고려해서 부동산에 투자해야 한다. 일명 '초품아'라고 불리는 초등학교를 끼고 있는 아파트가 인기가 높다. 아직 어린 자녀를 위해 초등학교가 가까운 곳을 선호하게 되는 것이다. 좋은 학군을 끼고 있는 아파트 또한 인기가 높다.

초등학교를 품은 아파트(초품아)의 예

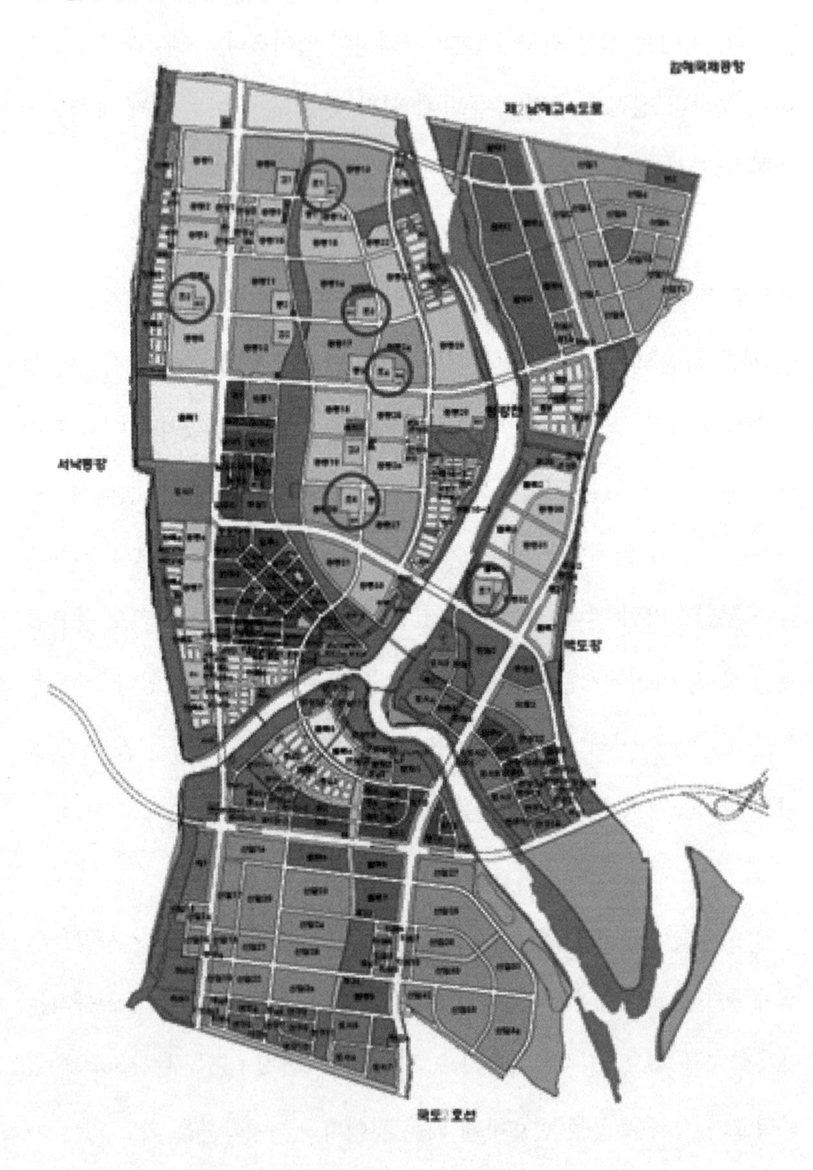

출처: 에코델타시티 토지이용계획도, 수자원공사 부산에코델타시티 사업단 홈페이지

직장인들은 직장이 가까운 곳에 거주하기를 원한다. 노인들은 대학병원 근처에 거주하는 것이 편하다. 이렇게 생애주기에 따라 각기 선호하는 부동산이 다르다. 따라서 생애주기를 고려하여 부동산에 투자한다면 실패하지 않는다. 그런 선호 부동산은 가격이 계속 상승할 수밖에 없다. 수요는 많은데 공급은 한정되어 있기 때문이다.

부자들은 이 모든 것을 고려한다. 이미 경험적으로 그런 지역의 부동산 가격이 상승한다는 것을 안다. 인구가 감소하고 있는 이 시점에 부동산의 선택은 더욱 어려워지고 있다. 과거, 인구가 증가하고 경제 성장기에는 부동산 가격도 같이 상승했다. 하지만 지금은 반대의 상황이다. 인구는 감소하고 경제 성장도 둔화되고 있다. 이제는 오를 부동산만 오른다.

부동산 투자를 할 때에는 인구 변화와 생애주기를 고려해야 한다. 인구가 감소하는 미래에는 인구가 부동산 시장에 아주 중요한 요소가 될 것이다. 인구 감소로 향후 몇십 년 뒤에는 없어질 지방 중소도시들이 늘어날 것이다. 인구는 그 도시의 생존을 좌우하는 아주 중요한 요소이다.

또한 사람의 생애주기를 고려하여 부동산을 선택해야 한다. 가격이 저렴하다는 이유만으로 투자를 하게 되면 세입자를 찾기 어려워진다. 사람들이 선호하는 지역과 부동산은 따로 있다. 사람의 생애주기를 고려하면 선호 지역과 부동산을 금방 알 수 있다. 부동산에서도 인생을 멀리 보는 시야가 필요한 것이다.

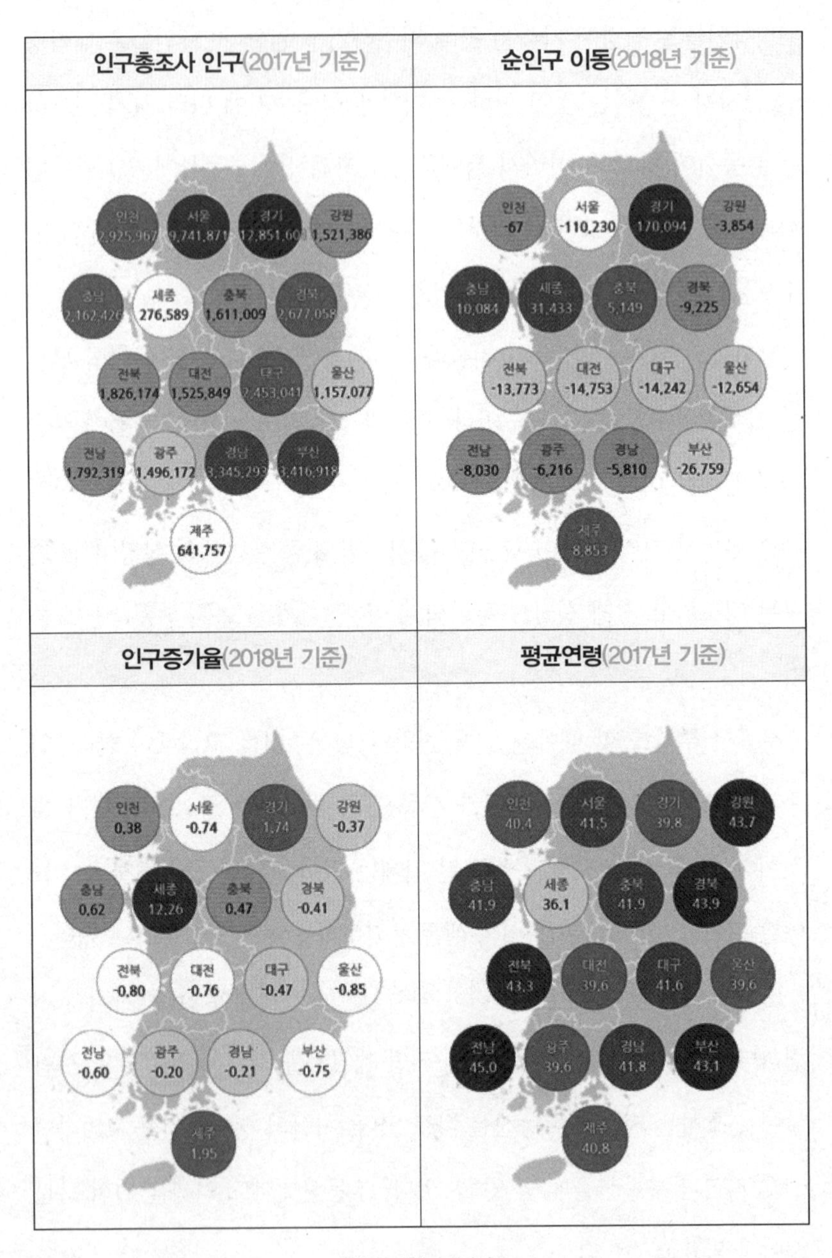
인구총조사 인구(2017년 기준)
인천 2,925,967
서울 9,741,871
경기 12,851,60
강원 1,521,386
충남 2,162,426
세종 276,589
충북 1,611,009
경북 2,677,058
전북 1,826,174
대전 1,525,849
대구 2,453,041
울산 1,157,077
전남 1,792,319
광주 1,496,172
경남 3,345,293
부산 3,416,918
제주 641,757
순인구 이동(2018년 기준)
인천 -67
서울 -110,230
경기 170,094
강원 -3,854
충남 10,084
세종 31,433
충북 5,149
경북 -9,225
전북 -13,773
대전 -14,753
대구 -14,242
울산 -12,654
전남 -8,030
광주 -6,216
경남 -5,810
부산 -26,759
제주 8,853
인구증가율(2018년 기준)
인천 0.38
서울 -0.74
경기 1.74
강원 -0.37
충남 0.62
세종 12.26
충북 0.47
경북 -0.41
전북 -0.80
대전 -0.76
대구 -0.47
울산 -0.85
전남 -0.60
광주 -0.20
경남 -0.21
부산 -0.75
제주 1.95
평균연령(2017년 기준)
인천 40.4
서울 41.5
경기 39.8
강원 43.7
충남 41.9
세종 36.1
충북 41.9
경북 43.9
전북 43.3
대전 39.6
대구 41.6
울산 39.6
전남 45.0
광주 39.6
경남 41.8
부산 43.1
제주 40.8

출처: 통계청 e-지방지표

7

지금부터 월세 받는 시스템을 만들어라

날기 위해 믿음은 필요 없어. 다만 그것을 대비해야 해.

—『갈매기의 꿈』 중에서

노후 대비를 위해 직장에 다닐 때 월세 받는 부동산에 투자해야 한다

100세 시대인 요즘, 사람들에게 가장 두려운 것은 가난한 노후이다. 퇴직을 앞둔 직장인들의 걱정은 단연 노후 생활이다. 노후 생활은 건강 관리, 취미 생활 등의 준비도 필요하지만, 무엇보다 돈이 가장 큰 걱정거리이다. 은행과 보험회사 등에서는 가난한 노후의 이미지를 보여주며 그들을 통해 노후 준비를 해야 한다고 유인한다. 사람들은 국민연금 고갈에 대한 두려움으로 정부를 믿지 못한다. 정부 또한 개인연금, 퇴직연금에 대한 세제 혜택을 주며 노후를 개인이 준비하게 만든다.

많은 직장인들은 연말정산에 대한 세제 혜택과 노후에 대한 불안감으로 개인연금에 가입한다. 월급을 받아보면 정부에서 국민연금, 건강보험 등 각종 세금을 떼어간다. 그런데 얼마 남지 않은 월급에서 개인연금 보험료를 또 떼어가면 생활비가 더욱 빠듯해진다. 그나마 개인연금을 납부할 여유가 된다면 사정은 나은 편이다. 많은 사람들은 월급으로 노후 준비는커녕 현실을 살아가기에도 힘이 든다.

나도 몇 해 전에 연말소득공제를 위해 보험회사의 개인연금에 가입을 하였다. 연 400만 원 한도까지 소득공제를 받기 위해 월 34만 원씩 납부하고 있다. 하지만 내가 20년간 보험료를 납부하고 받는 금액은 얼마일까? 월 40만 원 남짓이다. 죽기 전까지 받는다고는 하지만 사실 20년간 모은 돈 치고는 얼마 되지 않는다. 내가 돈을 납부할 때와 받을 때의 돈의 가치도 다르다.

만약 부동산을 사서 월세를 받는다면 어떻게 될까? 대출을 활용하여 상가주택을 지어 자신은 상가주택 맨 위층에 거주한다고 가정해보자. 보통 수익을 계산해보면 월세를 받아서 대출이자를 내고도 돈이 일부 남는다. 물론 자신의 거주 비용은 들지 않는다. 최종적으로 땅은 계속 남아 있어서 필요할 때 팔 수도 있다. 그래서 상가주택은 최근 몇년 사이 최고의 노후 수단으로 각광받았다.

하지만 지금은 신도시에 상가주택이 너무 많이 공급이 되어 1층 상가에도 임차인을 찾기가 어려워졌다. 공실도 많고, 수익률도 많이 떨어졌다. 이제는 무조건 상가주택이라고 해서 투자해서는 안 된다. 상가와 주택 공급이 적은 지역의 상가주택을 선택해야 한다. 지금은 오히려 좋은 상가주택을 선택하기가 어려워져 분석을 많이 해야 한다.

부동산을 사기 위해서는 현금부자를 제외하고는 대부분 대출을 활용한다. 다행히 직장인들은 자영업자들보다 은행 대출이 잘된다. 그래서 직장 생활을 할 때, 월세 받는 시스템을 만들어놓아야 하는 것이다. 투자한 부동산에 공실이 1~2달 생기더라도, 월급으로 이자를 감당할 수 있다.

현재의 대출 규제 정책으로 DSR(Debt Service Ratio, 총체적 상환능력 비율)로 대출 금액을 제한하고 있다. 이것은 소득 대비 모든 대출의 원리금 상환액의 비중을 평가한다. 이제는 아파트를 한 채 사기 위해 은행에서 돈을 빌릴 때 담보 대출이외에 개인이 가지고 있는 신용대출, 자동차대출 등 모든 대출들이 고려된다. 그래서 소득보다 대출이 많은 사람들은 이제 집을 사면서 대출받기가 어려워졌다.

몇년 전만 하더라도 LTV(Loan to Value ratio, 주택 담보안정비율)와 DTI(Debt to income ratio, 총부채 상환비율) 한도를 높여서 부동산 경기를 활성화하였다. 하지만 현재의 정부에서는 부동산 규제 정책을 쓰기 때문에 대출을 제한하는 것이다. 부동산 시장의 상황에 따라 정부에서는 다른 정책을 쓴다. 따라서 바뀌는 정책을 항상 예의주시하고, 다가올 부동산 시장을 준비해야 한다.

지금과 같이 규제 정책을 쓰고 있는 상황이라면 오히려 안정적인 소득이 있는 직장인들이 대출 받기가 쉽다. 자신이 가진 현금으로 부동산을 살 수 있는 사람은 별로 없다. 오히려 직장에 다닐 때 월세 받는 부동산에 투자해야 한다. 단, 월세를 받는다고 해서 모든 수익형 부동산이 좋은 것은 아니다. 여기서도 고려해야 하는 사항들이 있다.

월세 받는 수익형 부동산도 선택이 중요하다

월세 받는 수익형 부동산으로 가장 대표되는 것이 오피스텔이다. 하지만 오피스텔 한 채를 선택할 때에도 역세권, 공실률, 풍부한 일자리 등을 모두 고려해야 한다. 특히 주변 유사 부동산의 '공급량'을 살펴봐야 한다. 오피스텔은 아파트처럼 대단지가 아니라서 빠르게 공급이 가능하다.

공급이 많아지면 공실이 생기고, 월세가 떨어진다. 월세로 이자를 내고 나면 아무것도 남는 것이 없을 수도 있다. 오피스텔은 나중에 팔려고 해도 아파트처럼 잘 팔리지도 않는다. 가격도 잘 오르지 않아 나중에는 애물단지가 될 수 있다. 제발 분양회사의 말만 믿고 투자하지 말자.

나도 처음 부동산 공부를 하면서 투자를 막 시작했을 때, '공급량'을 예상하지 못해 투자에서 손실을 본 경우가 있다. '도시형 생활주택'이라는 개념이 막 생겼을 때, 10평짜리 도시형 생활주택에 투자를 하였다. 대출을 60% 끼고 투자를 했기 때문에 아파트를 살 때처럼 큰돈이 들어가지는 않았다. 그래도 직장 생활을 몇년 하지 않은 나에게는 큰돈이었다.

그 당시는 정부에서 높은 전월세 가격으로 힘들어하는 국민들을 위해 임대 사업을 권장하던 시기였다. 그래서 은행에서도 건설업자에게 1~2%대의 저리로 사업자금을 대출해주었다. 건설업자들은 그 시기를 틈타 은행에서 돈을 빌려 우후죽순으로 도시형 생활주택을 지어대기 시작했다.

분양회사에서는 당시 11%의 수익률을 광고했다. 보증금 500만 원에 월세 45~50만 원을 예상했지만 주변에 빠르게 공급된 도시형 생활주택들 때문에 막상 입주 시점에서는 보증금 500만 원에 40만 원을 받았다. 현재는 시세가 더 떨어져서 보증금 500만 원에 월세 35만 원이다.

최초 분양 가격보다 싸게 팔려고 내놓았지만 주변에 오피스텔 등이 많아서 찾는 사람이 몇년째 없다. 새 오피스텔들은 더 싼 가격에 더 좋은 자재를 사용해서 공급되었다. 그래서 연식이 몇년 된 도시형 생활주택을 쳐다볼 이유가 없는 것이다.

사실 이 투자를 계기로 나는 살아 있는 부동산 공부를 하기 시작했다. 내 돈이 이미 투입되었기 때문에 주변 오피스텔 현황, 시세, 공실률을 분석했다. 주택임대사업자 등록, 세입자 관리 등도 직접 하면서 몸으로 부딪치며 살아 있는 공부를 하였다. 이때 쌓은 경험들을 시작으로 현재는 부동산 전문가가 되었다.

나는 이제 어떤 세입자를 받아야 하는지, 어느 위치의 수익형 부동산을 사야 하는지를 안다. 더욱 중요한 것은 내가 직접 수익률을 계산하며, 더 이상 분양 상담사들의 말에 현혹되지 않는다는 것이다. 그리고 부동산 정책이 나오면 그 흐름을 읽을 수 있게 되었다. 최근 몇년간 '월세 받는 수익형 부동산'이 유행하였다. 그래서 상가주택과 다가구주택 등이 인기가 많았다. 이런 부동산은 오피스텔이나 아파트와 달리 단독으로 토지를 소유할 수 있다는 장점이 있다. 최근에는 대형 평수의 아파트를 분리하여 원룸으로 바꿔서 월세 수익을 창출할 수 있는 방법이 등장하였다. 일명 '세대분리형 아파트'로 자녀들이 성장해서 분가해 나가면서 비어 있는 공간을 활용하자는 취지로 나왔다. 1인 가구 증가로 대형 평수의 아파트를 쪼개어 일부는 노부부가 살고, 일부는 임대를 하여 월세 수입을 받는 것이다. 노부부에게는 빈 공간을 활용해서 월 고정수입을 벌 수 있는 장점이 있다. 정부 또한 임대아파트를 건설하는 데 드는 비용과 시간을 줄일 수 있는 장점이 있다.

노후가 불안한 직장인들은 직장 생활을 하는 동안, 월세 받는 시스템을 만들어야 한다. 안정된 직장 생활을 하면서 평생 그 생활이 유지될 것이라는 착각에서 벗어나야 한다. 퇴근 후 술집을 전전하다 보면 반드시 가난한 노후를 맞이하게 된다. 그럼 퇴직하기 직전에 노후 준비를 하면 되지 않을까? 아마 그때가 되어도 말처럼 노후 준비가 쉽지 않을 것이다. 퇴직 몇년 전 시점에는 자식들의 대학 학비와 결혼 지원금을 대느라 있는 적금도 깨야 할 판이다.

따라서 직장 생활을 하는 동안 고정 수입이 들어오는 시스템을 만들어 놓아야 하는 것이다. 부동산 공부를 하면서 종잣돈을 모으고 월세가 나올 부동산을 찾아서 투자해야 한다. 매월 드는 당신의 술값, 담뱃값을 아낀다면 이자를 내고도 남을 것이다. 몸도 건강해지고 노후도 여유로워진다면, 젊은 당신은 어떤 선택을 해야 할까? 당연히 당신과 당신 가족을 풍요롭게 하는 선택을 해야 한다. 그러므로 당신도 꼭 현명한 선택을 하길 바란다.

8

부자들의 생각, 습관, 행동을 배워라

우자가 현자에게 배우는 것보다 현자가 우자에게 배우는 것이 더 많다.
현자는 우자의 실수를 타산지석 삼아 피하지만,
우자는 현자의 성공을 따라 하지 않기 때문이다.

– 카토

부자들은 남의 장점을 칭찬하고, 남의 성공을 축하한다

많은 사람들은 부자가 되고 싶어 한다. 하지만 부자가 되지 못하는 이유는 무엇일까? 외부 환경 때문에 그런 걸까? 아니면 자기 자신 때문에 그런 것일까? 나의 질문의 의도를 이미 파악한 사람들은 '그래, 모든 것은 다 자기 자신 때문이지.'라는 생각을 할 것이다.

현재 자신의 모습은 과거 자신의 생각과 행동의 결과이다. 만약 현재 생활이 불만족스럽다면, 자신의 생각, 행동을 변화시켜야 한다. 아인슈타인은 "어제와 똑같이 살면서 다른 미래를 기대하는 것은 정신병 초기 증세이다."라고 했다.

왜 누구는 가난하고, 누구는 부자가 되는 것일까? 그들 사이에는 분명 차이점이 있다. 부자들은 불평불만을 하기보다는 '어떻게 하면 성공할까?'를 자주 생각한다. 반면에 가난 사람들은 왜 자신이 가난할 수밖에 없는지에 대해 변명하고 또 변명한다. 아마 당신은 '끌어당김의 법칙'과 '말의 힘'에 대해 알 것이다. 자신이 생각하고, 말하는 대로 우주는 당신을 위해 움직인다.

수많은 책에서는 이미 '우주의 법칙'에 대해 말하고 있다. '끌어당김의 법칙'으로 유명한 『시크릿』을 언급하지 않더라도 당신의 과거 생각과 현재의 삶을 비교해봐도 좋다. 당신이 생각하는 대로, 말하는 대로 크고 작은 일들이 이루어졌을 것이다. 부자들은 이런 '끌어당김의 법칙'을 너무 잘 알고 있다. 그래서 불평불만이나 부정적인 말을 잘하지 않는다. 반면에 가난한 사람들은 아내 탓, 남편 탓, 자식 탓, 상사 탓, 직원 탓 등 수많은 남 탓을 하며 살아간다. 사실 남 탓을 한다고 해서 현실이 바뀌지는 않는다.

오히려 작은 불만이 증폭되어 부정적인 생각을 멈출 수 없다. 결국 불평불만이 습관화되어 매사에 부정적으로 변하기 쉽다. 불평불만을 할 시간에 '어떻게 하면 더 나은 삶을 살아갈지'를 고민하는 것이 더 좋은 선택일 것이다. 당신이 가장 많이 생각하는 대로 이루어지는 것은 자연의 이치인 것이다.

부자들은 남의 장점을 칭찬하고, 남의 성공을 축하해준다. 그러면서 그들은 남의 성공에서 배울 점을 찾는다. 그것을 자신에게 적용시켜 성공하고자 노력한다. 하지만 가난한 사람들은 남의 성공을 배 아파한다. 누가 부자가 되었거나, 회사에서 승진을 먼저 하면 시기 질투를 한다. 심지어 자신들은 술을 마시거나, TV 보는 시간에 다른 이가 자기 계발을 한다고 하면 비난한다.

자신들보다 먼저 앞서 나갈까 봐 두려워 무조건 깎아내리는 것이다. 그런데 정말 아이러니한 것은 자신들도 회사 다니면서 주식이나 부동산 투자 등 남 하는 것은 다 한다는 것이다. 남이 근무 시간 이후나 주말을 어떻게 보내든 그 누구라도 비난할 자격이 없는 것이다. 술을 마시며 시간을 보낼지, 책을 읽으며 시간을 보낼지는 개인의 선택이다. 부자들은 누가 책을 읽고, 공부를 한다고 하면 오히려 그 노력을 칭찬한다. 자신은 어떤 책이 도움이 많이 되었다며 추천해준다. 부자들은 서로에게 긍정적인 영향을 주길 원하는 것이다.

부자들은 긍정적이고, 꿈이 있는 사람들과 가까이하는 것을 좋아한다. 어떤 사람들과 함께하느냐에 따라 자신의 인생도 바뀐다. 에너지는 공명하기 때문에 긍정적인 사람에게는 긍정적인 에너지가 모인다. 반면에 부정적이 사람에게는 부정적인 에너지가 모인다. 우리나라 속담에도 '유유상종'이라는 말이 있지 않는가?

자신의 주위를 둘러보아라. 자신과 비슷한 사고방식에, 비슷한 생활 수준을 가진 사람들이 많을 것이다. 부자는 부자를 만나면 마음 편하고, 가난한 사람은 가난한 사람끼리 있는 것이 마음이 편하다. 가난한 사람들 속에 있는 사람은 부자가 되기 어렵다. 자신의 가난한 생각을 깨닫고 변화해야 하는데, 자신이 가난한 생각을 가지고 있다는 것조차 모른다. 심지어 자신의 사고방식이 옳다는 착각을 한다. 비슷한 생각을 하는 사람들끼리 모여 있으니, 그런 생각이 당연한 것이라고 생각한다.

자신과 친하고 자주 만나는 사람들의 생활 수준을 살펴보아라. 자신의 삶은 스스로 잘 보지 못하지만, 타인의 삶은 객관적으로 잘 보인다. 주변을 통해 자기 자신을 보아라. 만약 주변에 가난한 사람들이 많다면 새로운 만남을 위해 노력해야 한다. 성공을 향해 나아가는 사람들을 만나다 보면, 그들의 사고방식에 자극을 받는다. 서서히 그들과 비슷한 생각을 하기 시작할 것이다.

부자를 만나고 싶다면, 부자가 많이 사는 곳에 살면 가장 좋다. 자연스럽게 그들과 가까워질 수 있다. 만약 그럴 수 없다면, 의식 확장을 위한 책을 읽어라. 당신의 의식 수준만큼 비슷한 사람들을 끌어당길 것이다. 그래서 의식 확장을 먼저 하는 것이 중요하다.

부자들은 책을 읽고, 끊임없이 배우고자 노력한다

부자들은 책을 읽고, 끊임없이 배우고자 하는 습관이 있다. 『부자아빠, 가난한 아빠』로 유명한 로버트 기요사키의 책 『부자들의 음모』에서 자신도 가난한 사고방식에서 부자의 사고방식으로 전환하는 데 시간이 오래 걸렸다고 고백했다. 그래서 그는 지금도 끊임없이 배우고자 노력한다고 한다. '모든 것을 안다고 생각하는 순간 당신은 아무것도 모르는 것'이라고 경고하고 있다.

또한 '지식이 돈이다.'라고 강조한다. 금융지식을 갖추는 것이 부자가 되기 위한 첫 단계라는 것이다. 로버트 기요사키뿐만 아니라 빌 게이츠, 워런 버핏 등 세계 갑부들은 항상 책을 즐겨 읽는다. 세계적인 인물은 언급하지 않고서라도 주변의 성공한 사람들을 보면, 배우려는 자세가 많다. 부자들은 '돈을 버는 것보다 지키는 것이 더 어렵다.'고 입을 모아 말한다. 그래서 변화하는 시장을 예의주시하며, 자신의 자산을 지키기 위해 끊임없이 공부를 하는 것이다.

현재 내가 재학 중인 부동산학 박사 과정에는 매년 10~15명 정도 입학을 한다. 내가 놀란 점은 입학생들이 젊은 사람들보다는 40~50대가 많다는 것이다. 40대도 젊은 편이고, 50대가 반 이상이다. 그들은 자신의 분야에서 나름 성공하였고, 높은 위치에 있다. 그럼에도 불구하고 항상 배우고자 노력한다.

박사 과정에는 한 국가 공기업의 임원분도 계신다. 그분은 그 전날 업무상 늦은 시간까지 술자리를 가지고도 토요일 아침 수업에 지각하지 않으셨다. "힘드시지 않느냐?"라는 나의 물음에 "괜찮아요. 이 정도는 아무것도 아니에요."라며 웃으셨다. 그분의 말씀에 나의 나태한 모습을 돌아보며 반성하였다.

'부자의 성공비결'이라며 이미 많은 책에서 부자에 대해 이야기하고 있다. 인터넷 검색만 해봐도 세상에는 너무나 많은 정보들이 있다. 사람들은 부자에 대한 기사나 글을 수십 번은 접한다. 그럼에도 불구하고 그들의 삶이 바뀌지 않는 이유는 무엇일까? 현재의 삶에 그냥 주저앉는 이유는 무엇일까?

곰곰이 자기 자신을 되돌아보자. '실천하기 귀찮아서, 시간이 없다'는 등 수많은 핑계거리가 있을 것이다. 한편으로는 '현재의 삶에 만족하라, 월급 받고 사는 것이 가장 편안한 삶이다.'라는 자본가와 권력층에게 '순종적인 노동자'로 살아가기를 세뇌당하고 있다. 이 사실을 논외로 하더라도, 사람들은 자신의 삶을 스스로 귀하게 여기지 않는다.

만약 자신의 삶을 귀하게 여기고 있다면, 자신에게 좋은 환경과 좋은 인간관계를 제공하기 위해 노력할 것이다. 더 이상 당신의 삶에 불평하지 말고, 당신의 꿈을 위해 함께할 사람들을 찾아라. 그들과 함께할 때, 당신의 삶은 더욱 성장할 것이다. 생각이 아닌 실천만이 당신의 삶을 변화시킨다는 것을 잊지 말자.

8. 부동산 공부하는 치과의사

＊ 부동산 부자가 될 수 있었던 성공 요인

– 일찍 부동산에 관심을 가지기

– 노동 수익을 부동산으로 대체하기

– 꾸준한 부동산 공부

많은 월급을 받고 있었지만 자신이 일을 하지 않으면 월급을 받을 수 없다는 것을 깨달은 치과의사는 부동산에 관심을 가지기 시작했다. 현재 자신은 젊어서 일을 할 수 있지만, 만약 아프거나 늙으면 일을 할 수 없기 때문에 노후 대비가 필요하다는 것을 절실하게 느꼈다. 그래서 자신의 월급을 모아 수익형 부동산에 꾸준히 투자를 했다. 그 덕분에 자신의 월급만큼 월세가 매달 꼬박꼬박 들어온다. 제2의 월급을 받는 것이다.

마음이 불안하지 않으니, 업무에 집중하게 되고, 그러다 보니 '실력이 좋은 치과의사'로 소문이 나면서 치과는 손님들로 항상 붐빈다. 현재 그는 자신이 직접 운영할 치과 건물을 알아보고 있다. 그를 보고 오는 손님들이 많기 때문에 개업을 해도 운영 걱정은 하지 않는다. 그는 부동산 투자로 심리적 안정도 얻고, 경제적 안정도 얻어 행복한 나날들을 보내고 있다.

그가 월급을 모아 부동산에 투자하지 않았다면, 아직도 남 밑에서 일을 하며 몸과 마음이 지쳐 있을 것이다. 그는 부동산은 경제적인 안정뿐만 아니라 심리적인 안정을 주는 고마운 투자처라고 자부한다.

5장

부동산 투자,
선택이 아니라
생존 수단이다

1

더 이상 가난해지고 싶지 않다면 시작하라

어떤 분야에서든 유능해지고 성공하기 위해선 3가지가 필요하다.
타고난 천성과 공부 그리고 부단한 노력이 그것이다.

– 헨리 워드 비처

자본주의 사회에서는 부동산 투자는 선택이 아니라 필수다

"로즈 씨, 로즈 씨네는 맞벌이해서 좋겠어. 둘이 합치면 연봉이 얼마야? 돈 많으니깐 밥 좀 사."

"맞벌이해도 그렇게 여유 있지는 않네요. 맞벌이도 삶이 팍팍한데 외벌이는 정말 힘들겠어요."

"그러니깐, 아이들 키우면서 따로 학원 보내지도 못하는데 먹고살기만 하는 것도 힘들어."

"맞아요. 맞벌이도 아이들 혼자 집에 둘 수 없으니, 학원을 보낼 수밖에 없어요. 그러니 자연스럽게 학원비도 많이 들어가고, 사실 교육비, 생활비 등 쓰고 마이너스가 안 되면 그나마 다행이죠."

점심시간에 동료들과 나누는 주제의 반이 경제적인 사항에 관련된 이야기이다. 직장 생활을 하고 있지만 외벌이는 맞벌이에 비해 많은 불안감을 느끼고 있었다. 맞벌이라 하더라도 안심할 수 있는 상태는 아니다. 내가 외벌이 남성들에게 항상 듣는 말이 "너희는 맞벌이해서 돈 많이 벌겠다."는 것이다.

남성들은 자신의 아내가 같이 돈을 벌었으면 하는 마음이 있다. 혼자 벌어 서는 정말 먹고살기만 할 수 있는 세상이다. 그렇다고 아이를 키우는 아내에게 선뜻 돈 벌어 오라고 말하지 못한다. 아내도 이미 아이를 키우기 위해 자신의 사회 경력을 단절시킨 뒤이다. 사실 아내도 집에서 살림하고, 아이 키우느라 바쁘고 힘들다. 돌아서면 일이지만 매일 해도 표시 나지 않는다. 부부지간에 서로 입장을 이해하지 못하면 불만만 쌓여간다.

맞벌이도 마찬가지다. 지친 몸으로 회사일과 집안일을 모두 하려니 녹초가 되기 일쑤다. 어느 누구 하나 가정일에 소홀하면 한쪽에서는 같이 일하면서 자신만 더 많은 일을 하는 것 같아 억울한 마음이 든다. 아이들은 엄마 아빠랑 같이 놀고 싶어도, 잠만 자는 부모가 원망스럽다. 외벌이를 하든 맞벌이를 하든 모두가 만족스럽지 않다. 모두가 열심히 일을 하며 자신의 역할에 최선을 다하고 있다. 하지만 생활은 나아지지 않고, 사랑도 싹트지 않는다.

마음이 만족스럽지 못하니, 서로 비난하고 불만만 쌓인다. 누구를 위해, 무엇을 위해 일을 하는지도 잊은 지 오래다. 단지 먹고살기 위해 어쩔 수 없이 일을 하러 나가야 한다. 그렇지 않으면 처자식 모두 굶길 수밖에 없다. 이렇게 평생 일을 하면 퇴직 후의 당신의 삶은 좀 더 윤택해져 있을까? 평생 일했으니 손에 남는 게 있지 않겠는가?

그렇게 생각한다면 아직 착각 속에 빠져 있는 것이다. 막연히 시간이 지나면 좀 괜찮아지겠지? 라는 생각은 위험하다. 무엇이 문제인지, 어떻게 하면 문제를 해결할 수 있는지에 대한 생각을 할 여유조차 없이 평생 남을 위해 일하다가 퇴직을 한다. 과연 퇴직 후 당신에게 남는 것은 무엇일까? 가족들의 위안? 후배들의 존경? 사회적 명성? 경제적 여유? 당신에게 무엇이 남는지 진지하게 생각해보자.

쇠약해진 몸, 허무함, 변화에 대한 두려움, 자신의 앞길을 찾아 떠나가는 자식이 남는다. 물론 제 2의 인생을 만끽할 수 있는 자유, 새로운 삶에 대한 기대 등도 있다. 하지만 후자는 모두가 누릴 수 있는 것이 아니라는 점을 유념해야 한다. 안타깝지만 후자는 노후가 준비되어 있는 사람에게만 돌아가는 특권임을 알아야 한다. 주위를 둘러봐도 오히려 전자에 해당하는 사람들이 더 많다.

그럼, 월급이 많거나 돈을 아껴서 은행에 저축한다면 안심하고 생활할 수 있을까? 절대 아니다. 이자율보다 물가 상승률이 더 높다. 이 말은 가만히 앉아서 당신 돈을 깔아먹고 있다는 것이다. 남 밑에서 평생을 열심히 일해도 가난해지고, 은행에 당신 돈을 고이 모셔도 가난해진다. 그러면 과연 당신은 무엇을 해야 하는 것일까?

인플레이션을 상쇄시킬 수 있는 실물자산에 투자를 해야 한다. 대표적인 실물자산이 바로 부동산이다. 이제 부동산 투자는 선택이 아니라 생존 수단이다. 자본주의 사회에서는 돈을 계속 찍어낼 수밖에 없기 때문에 물가는 계속 상승한다.

『자본주의』에서 "돈의 양이 많아지지 않으면 자본주의 사회는 제대로 굴러갈 수 없다."라고 말하고 있다. 그것은 마치 '직장인이 월급을 받지 않으면 생계에 위협을 받는다.'와 같은 너무도 당연한 말이라는 것이다. 자본주의 사회에서 물가가 내려갈 것이라고 기대하는 것은 '순진한 생각'에 불과하다고 콕 짚어서 말하고 있다.

과거부터 현재까지 부동산 가격의 변동 추이를 살펴보면, 오르락내리락하기는 하지만 우상향으로 가고 있다. 시중에 돈의 양이 많아지니 돈의 가치는 계속 떨어진다. 사실 부동산의 가치가 올랐다기보다는 돈의 가치가 떨어져서 부동산 가격이 올랐다는 것이 더 타당하다. 자본주의 사회에 살면서 '자본주의 특징'에 대해 모른다면 눈 뜬 장님과 다름이 없다.

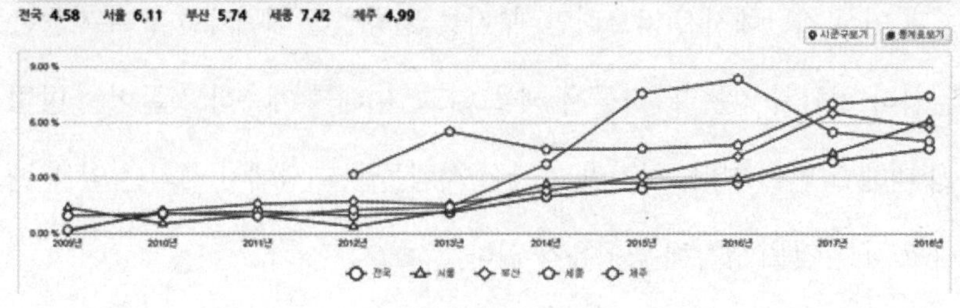

출처: 통계청

학교에서는 금융지식을 가르치지 않는다. 자본가들은 일반인들이 몰라야지 더 많은 착취를 할 수 있기 때문이다. 과거 독재정권 시대에 국민들이 야구 등 스포츠 경기에 빠지도록 정부에서 유도했다는 글을 읽은 적이 있다. 그래야 국민들이 정치에 관심을 가지지 않고, 자신들이 원하는 방향으로 권력을 휘두를 수 있기 때문이다.

현재에도 별 차이가 없다. 국민들의 눈과 귀를 가리기 위해 관심을 돌릴 수 있는 유인책이 분명 존재한다. 자본가들과 권력자들은 국민들이 똑똑해지기를 원하지 않는다. 시키면 시키는 대로 말 잘 듣는 노동자가 필요한 것이다. 아는 것이 많을수록 따지는 것이 많아 분란만 키우게 된다고 생각한다. 가만히 생각해보면 '다들 열심히 살아가는데 왜 계속 가난해지는 것인지? 부자들은 왜 계속 부자가 되는 것인지?' 풀리지 않는 의문들이 많다.

더 이상 가난해지지 않으려면, 부자들의 방법을 배워야 한다

더 이상 가난해지지 않으려면, 부자들의 방법을 배워야한다. 부자들은 열심히 일하지 않는다. 그들은 책을 읽고, 미래를 예측하고 돈버는 방법에 대해 고민을 한다. 하지만 가난한 사람들은 회사에서 시키는 일을 한다고 다른 것을 생각해볼 여유가 없다.

현재 맡겨진 일만 해내기에도 숨이 벅차다. 설령 회사일 말고 퇴근 후 자기 계발이나 재테크를 한다고 하면, 회사는 그 사람을 '일은 하지 않고 딴 짓만 하는 사람'으로 낙인찍는다. 그래야 아무것도 하지 않고 퇴근 후 집에 가서도 회사 일만 생각하게 만들 수 있다. 그렇게 회사 일에 열과 성의를 다하는 사람들은 본보기로 진급을 빨리 시켜주기도 한다.

보상 차원도 있겠지만, 회사 분위기 유도를 위해 의도된 일이기도 하다. 결국 최후의 승리자는 회사의 사장이 된다. 몇 푼 안 들이고, 직원들에게 더 많은 일을 시킬 수 있다. 직원들은 더 빨리 진급하기 위해, 몇 푼의 성과급을 더 받기 위해 오늘도 자신의 젊음과 에너지를 쏟아 붓고 있다. 하지만 안타깝게도 남들보다 조금 더 받은 돈은 병원비로 다시 나간다.

직장 생활에서 분명 배우고 성장할 수 있는 장점이 있다. 직장 생활을 하지 않는 것보다 직장 생활을 하면서 얻는 부분도 분명히 존재한다. 그런 부분까지 배제시키는 것은 절대 아니다. 그리고 무조건 직장 생활을 하지 말라는 의미도 아니다. 직장 생활을 하더라도 회사가 당신의 노후까지 책임져주지 않는다는 것을 알아야 한다는 것이다. 당신이 아파서 일을 하지 못할 때는 회사를 그만둬야 한다. 따라서 현재 직장 생활을 할 때, 당신의 미래를 준비해야 하는 것이다.

당신이 한 살이라도 젊었을 때, 직장 이외에 당신을 보호해줄 수 있는 다른 대비책을 마련해야 한다. 틈틈이 당신의 미래 계획을 세우고 실천해야 한다. 당신의 미래를 준비하고 계획하는 것은 절대 비난받을 일이 아니다. 오히려 당신의 꿈과 계획이 없음을 비난받아야 한다.

미래를 준비한 자들과 그렇지 못한 자들의 결과를 보면 분명 차이가 난다. 믿을 수 없는가? 그럼 당신 주변을 둘러보아라. 이미 그 결과를 증명한 사람들이 넘쳐날 것이다. 미래를 준비한 사람이든, 준비하지 않은 사람이든 당신 가까이에 분명 존재한다.

2

부동산 투자는 최고의 노후 대비 수단이다

가장 소중한 일이 중요하지 않은 일에 좌우되어서는 안 된다.

– 괴테

평생 직장 생활을 하며 열심히 일하지만 노후에는 남는 것이 없다

어느 회의에서 60대 중반의 여성을 만났다. 그녀는 회색 면티에 정장 재킷을 입고 오셨다. 회의라서 정장을 입고 오시긴 했지만, 옷차림이 후줄근한 느낌이 있었다. 회의가 끝난 후, 식사 자리에서 참석자들끼리 이야기가 오갔다.

"요즘은 신혼부부들이 집 살 돈이 없어서 결혼을 못 하는데, 임대주택을 많이 지어서 신혼부부들에게 줬으면 좋겠어요."

"맞아요. 평생 직장 생활해도 자식들 뒷바라지하고, 결혼시키고 나면 남는 게 없어요."

"저희 집도 평생 공무원 생활을 하고 퇴직하니 연금밖에 남는 게 없더군요. 하지만 정부에서 공무원연금도 계속 줄인다는 소리가 있어서 마음이 편하지 않아요."

"퇴직한 공무원들 연금까지는 손을 못 댈 것 같은데요."

"하지만 미래가 어떻게 될지 모르잖아요. 이렇게 계속 가다가는 퇴직 공무원연금까지 손을 댈 수도 있을 것 같아요."

"정부에서 그렇게까지 하겠습니까?"

"옛날에는 가난한 집안의 사람들이 공무원을 많이 했어요. 내세울 게 없다 보니 공부해서 공무원이 되었지요. 그런데 자식들 키우면서 공무원으로 평생 일하고 퇴직하니 여전히 가난해요."

그녀의 말에 다들 공감했다. 평생 직장 생활을 해도 자식들 키우다 보면 정말 남는 게 없다. 그런 사람들을 주변에서 많이 보았다. 그래도 공무원들은 공무원연금이라도 받으니 그나마 사정이 나은 편이다. 월급이 많지 않은 중소기업에 다니는 사람들은 더욱 곡소리가 난다. 그들은 정말 열심히 일하며 살았는데 남는 게 없다. 그들의 자식들도 빠듯한 살림에 일하느라 잘 찾아오지도 않는다. 그래서 그들의 노후는 더욱 쓸쓸하고 허무하다.

지인의 친구 아버지가 돌아가셨는데, 아들에게 남긴 마지막 말이 무엇인지 아는가?

"인생 참 허무하다."

나는 이 말을 듣고 너무 충격을 받았다. 이 이야기는 15년 전쯤 들은 말인데, 아직도 마음속에 남아 있다. 그 당시 나는 20대였는데, '인생은 정말 허무한 것일까? 인생이 결국 허무로 끝나는 것이라면, 살 필요가 별로 없을 것 같은데, 아직 살 날이 많은 나는 어떻게 살아야지 인생이 허무하지 않을까?'라는 생각이 많이 들었다.

돌아가신 아버지와 아들의 마지막 모습이 상상이 되어 마음이 아팠다. 인생에 대한 허무함이 동시에 느껴졌다. '그 아버지는 왜 그런 말씀을 하셨을까? 그 말을 마지막 유언으로 들은 아들의 심정은 어떠했을까? 그 말을 가슴에 품고 살아야 하는 아들은 지금 잘 살고 있을까?'라는 생각이 오랫동안 머릿속에 머물렀다.

세월을 살아보니 이제야 그 아버지의 유언이 이해가 간다. 자식을 키우며 열심히 살았는데, 젊은 나이에 병을 얻어 죽음을 받아들여야 하는 그 아버지는 참 허무하셨을 것이다. 자식에게 유산은커녕 결혼도 시키지 못하고, 자식을 두고 먼저 가야 하는 마음이 무거웠을 것이다. 나도 나이가 드니 부모님의 마음이 이해가 가고, 삶의 고단함도 알게 되었다.

가난한 노후가 얼마나 비참한지를 안다. 젊은 시절에는 항상 건강하고, 시간이 영원할 것이라는 생각에 돈과 시간을 흥청망청 쓰며 보낸다. '돈이야 또 벌면 되지.'라고 생각한다. '자식들 기죽지 않게 무조건 좋은 옷과 음식을 사줘야 해.'라고 생각한다. '술과 담배를 끊으라니, 말도 안 되는 소리!'라며 콧방귀 뀐다. 그렇게 사람들은 가난하고 병든 노후를 맞이한다.

노후를 대비하기 위해서는 월세 나오는 부동산에 투자해야 한다

나이가 들면 노화가 되고 약해지는 것은 당연하다. 그래서 나이가 들면 더 이상 몸을 써서 일하는 것은 힘들다. 뇌에 문제가 없다면 머리를 쓰며 일하는 것은 가능할 것이다. 하지만 나이가 들면 머리를 쓰며 일하는 것도 생각보다 쉽지 않다. 머리를 쓰는 것도 에너지가 많이 소모되는 일이고, 체력도 따라줘야 한다.

제일 좋은 방법은 내가 직접 일하지 않더라도 돈이 들어오게 만드는 것이다. 즉, 돈이 자동으로 들어오는 시스템을 만들어야 한다. 언제부터 시작해야 할까? 당연히 젊어서부터 꾸준히 준비해야 한다. '먹고 살기도 바쁜데 언제 해라는 말이냐?'라고 반발하는 사람도 있을 것이다. 아마 그런 사람들은 늙어서도 먹고살기 바쁠 것이다. 여전히 남 밑에서 노동을 해야 할 것이다.

퇴직 후, 재취업에 성공하면 그나마 다행이다. 아니면 정말 무료급식소를 찾아 헤매고 있어야 할지 모른다. 무료급식소에서 식사하는 것을 무시하는 것이 아니다. 젊은 날에 아무것도 하지 않으며, 시간을 낭비하는 것에 대한 경각심을 일깨우고자 하는 말이다. 시간은 머물러 있지 않으며, 사람은 무조건 늙는다. 이것은 변하지 않는 진리이며, 이 진리를 빗겨간 사람은 단 한 명도 없다.

노후를 대비하기 위해서는 월세가 나오는 부동산에 투자해야 한다. 은행에 돈을 넣어놔도 이자가 얼마 되지 않는다. 이자만으로 생활비를 감당할 수 없다. 퇴직 후에는 더 이상 월급을 받을 수 없다. 하지만 매월 들어가는 고정비는 계속 필요하다. 살아가기 위해 기본적인 의식주를 해결하는 돈도 만만치 않게 들어간다. 그래서 월급 대신 월세가 나오는 부동산이 필요하다. 노후에는 월세가 나오지 않는 부동산은 크게 도움이 되지 않는다. 언제 오를지 모를 부동산에 투자해서 본인이 죽고 난 다음 수익이 난다면 아무런 의미가 없다. 자식들은 좋을 수 있지만, 정작 본인은 고생한 세월의 대가를 받지 못할 수도 있다.

사람들은 재벌 수준의 화려한 노후는 아니더라도, 의식주를 무리 없이 해결할 수 있는 편안한 노후를 원한다. 이 삶은 매월 필요한 돈이 들어올 때 가능하다. 사람이 평소에 쫄쫄 굶다가 한꺼번에 배를 채우기 힘든 것처럼 적더라도 매월 들어오는 돈이 필요하다. 따라서 부동산을 고를 때에는 공실이 생기지 않을 선호 지역의 선호 부동산을 선택하는 것이 중요하다.

앞으로는 인구가 줄어들어 부동산이 남을지 모른다. 그래서 더욱 부동산의 선택이 중요해졌다. 수익형 부동산이라고 해서 다 같은 수익형 부동산이 아니다. 수많은 부동산 중에 옥석을 가려내서 노후를 대비해야 한다. 그러려면 부동산을 보는 눈을 젊었을 때부터 길러놔야 한다. 좋은 부동산을 보는 눈은 하루아침에 생기지 않는다. 꾸준한 공부와 실전 경험이 필요하다. 도움을 줄 수 있는 전문가가 옆에 있으면 더욱 좋다. 직접 실패하지 않아도 간접 경험을 통해 시간과 돈을 아낄 수 있다.

눈을 굴리듯이 젊었을 때부터 조금씩 투자하며 노후에는 안정적인 월세가 나오는 부동산을 준비해야 한다. 부자들 역시 부동산 임대 수익으로 노후를 준비하고 있다. 부자들은 주식, 채권, 금 등 일부 다른 재산에도 투자를 하지만 가장 많이 투자하는 곳은 역시 부동산이다. 부자들이 그런 선택을 하는 이유가 있지 않을까?

보통 부자들은 빌딩이나 상가 건물을 가지고 있다. 그 부동산에서 월 몇천만 원씩 임대 수익을 얻고 있다. 지역마다 다르지만 꼬마상가에서도 월 1,000~2,000만 원의 월세가 창출된다. 세월이 지나도 부동산은 닳아 없어지지도 않는다. 죽을 때까지 월세를 받다가, 죽으면 자식들에게 상속하면 그만이다. 부모도 좋고 자식도 좋은 가족 모두가 편안하게 살 수 있는 방법이다.

노후를 편안하게 살고 싶다면 부동산 투자가 답이다. 아무리 아끼고 모아서 은행에 저축을 한다 해도, 편안한 노후를 보장받지 못한다. 오히려 은행만 좋은 일시키고, 정작 당신은 허리띠를 졸라매야 한다.

당신의 노후를 걱정해주는 척하며 상품을 파는 은행, 보험회사, 증권사의 말에 속지 말자. 부자아빠 로버트 기요사키는 『부자들의 음모』에서 "저축하는 것이 가장 미련하다."라고 말했다. 종잣돈 마련을 위해 은행을 활용하는 것이지, 투자하지 않고 저축만 하는 것은 미련하다는 말이다. 인플레이션을 상쇄할 수 있는 실물자산인 부동산만이, 당신의 노후를 안전하게 지켜줄 것이다.

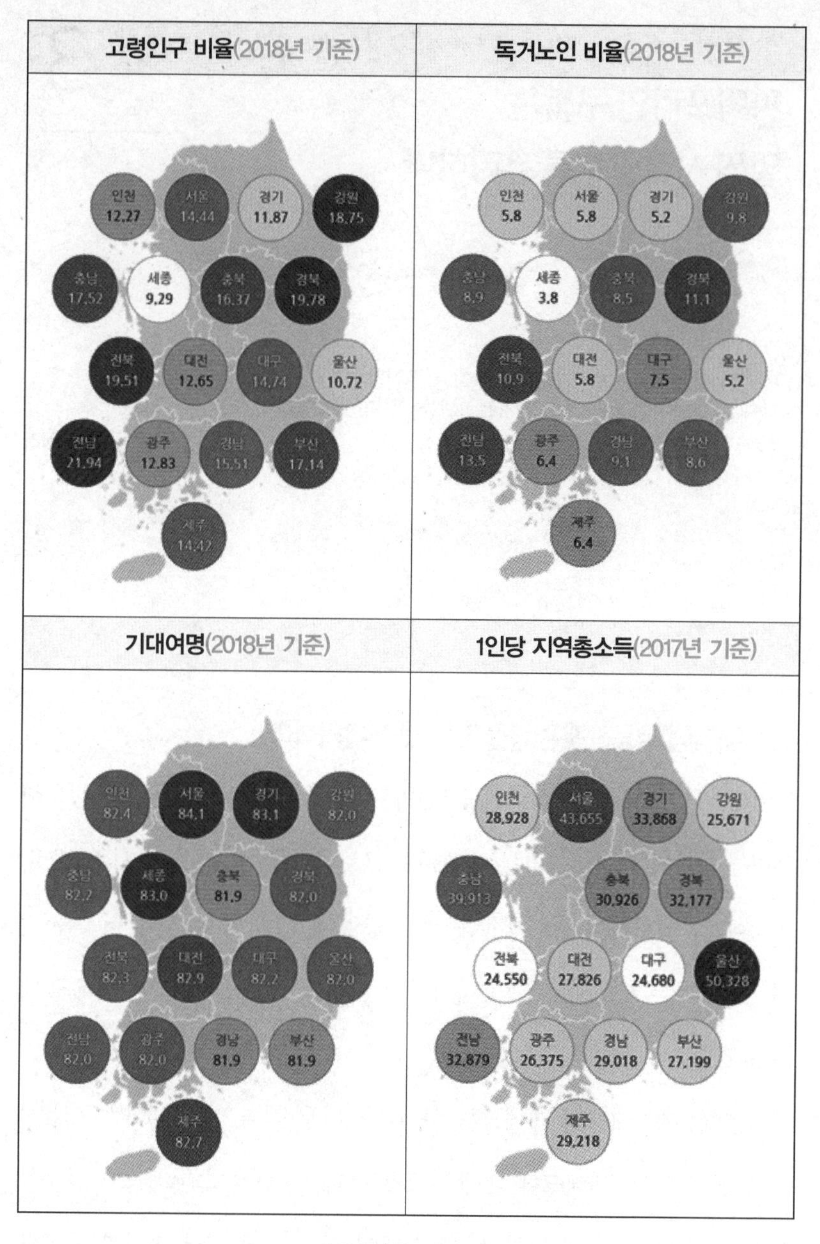

고령인구 비율(2018년 기준)
인천 12.27
서울 14.44
경기 11.87
강원 18.75
충남 17.52
세종 9.29
충북 16.37
경북 19.78
전북 19.51
대전 12.65
대구 14.74
울산 10.72
전남 21.94
광주 12.83
경남 15.51
부산 17.14
제주 14.42
독거노인 비율(2018년 기준)
인천 5.8
서울 5.8
경기 5.2
강원 9.8
충남 8.9
세종 3.8
충북 8.5
경북 11.1
전북 10.9
대전 5.8
대구 7.5
울산 5.2
전남 13.5
광주 6.4
경남 9.1
부산 8.6
제주 6.4
기대여명(2018년 기준)
인천 82.4
서울 84.1
경기 83.1
강원 82.0
충남 82.2
세종 83.0
충북 81.9
경북 82.0
전북 82.3
대전 82.9
대구 82.2
울산 82.0
전남 82.0
광주 82.0
경남 81.9
부산 81.9
제주 82.7
1인당 지역총소득(2017년 기준)
인천 28,928
서울 43,655
경기 33,868
강원 25,671
충남 39,913
충북 30,926
경북 32,177
전북 24,550
대전 27,826
대구 24,680
울산 50,328
전남 32,879
광주 26,375
경남 29,018
부산 27,199
제주 29,218

출처: 통계청 e-지방지표

3

파이프라인 구축은 일찍 시작할수록 유리하다

시간의 걸음에는 3가지가 있다. 미래는 주저하며 다가오고
현재는 화살처럼 날아가고 과거는 영원히 정지하고 있다.

– F. 실러

20대부터 부동산에 관심을 갖는 것이 유리하다

2006년, 2007년에 『대한민국 20대, 재테크에 미쳐라』라는 책이 유행했다. 그 시기는 재테크라는 개념이 나온 초창기였다. 나는 당시 20대로, 회사에 막 입사하여 사회생활을 하고 있었다. 그래서 이 책에 더욱 눈길이 갔다. 나는 사회생활을 막 시작하는 시점에 이 책을 읽으며 '재테크'에 눈을 떴다.

처음에는 '20대부터 재테크를 하라고?' 너무 빠른 거 아니야? 아직 사회 경험도 없고, 재테크에 대해 잘 모르는데, 20대부터 재테크가 가능할까?'라는 생각이 먼저 들었다. 10여 년이 훌쩍 지난 지금 과거를 돌아보

니, '20대부터 재테크에 관심을 가지는 것이 유리하다.'는 결론이 나온다. 빨리 시작할수록 시간과 복리가 가장 큰 장점이다. 설령 부동산 투자에서 실패하더라도 일어설 기회가 얼마든지 있다. 시행착오를 겪으면서 경험이 쌓이면 부자가 될 확률이 더 높아진다.

20대부터 종잣돈을 모으면 투자의 기회가 많아진다는 것은 당연한 일이다. 무엇보다 시간의 낭비를 막을 수 있다는 점에서 더 중요하다. 대부분 20대에는 술 마시고 노느라 시간을 소중하게 여기지 않는다. 취직을 하고 나서는 결혼하기 전에 많이 놀아두어야 한다고 또다시 광란의 밤을 보낸다. 정작 결혼을 하려고 하면 모아둔 돈이 없다. 그래서 결혼을 미루거나, 부모에게 손을 벌린다.

결혼을 미루면 또다시 시간이 지나가고, 부모에게 손을 벌리면 부모의 노후가 위태롭다. 만약 20대부터 종잣돈을 모으며 부동산 공부를 한다면 어떻게 될까? 그 사람은 출발점이 달라진다. 물론 금수저로 태어나서 부모의 지원을 받는 사람들은 제외하고서 말이다. 평범한 사람이 20대부터 부동산 공부를 하면, 결혼을 할 때도 먼 미래를 보고 신혼집을 선택할 수 있다.

다른 사람들이 하는 대로, 남에게 보여주기 위한 결혼식이 아닌 그들의 미래를 준비하기 위한 결혼식을 선택할 수 있다. 사실 남과 다른 선택을 할 때는 용기가 많이 필요하다. 하지만 확신이 들면 선택할 수 있는 힘이 생긴다. 경우에 따라서는 한순간의 선택이 평생을 좌우하게 된다.

평소에 재테크에 관심이 많던 직장인 O씨가 결혼을 하게 되었다. 신혼집으로 고민하던 그는 재테크 모임에 가서 자신의 고민을 이야기하였다. 재테크 모임의 멤버들은 대부분 부동산 투자에 경험이 있거나 관심이 많은 사람들이었다. 그들은 이구동성으로 '혼수는 최소화하고 그 돈을 모아 대출을 끼고 20평대 아파트를 사라.'고 조언하였다. 그는 양가 부모님을 설득시키는 일이 힘들 것으로 예상했지만, 이미 부동산 공부를 해온 터라 확신이 있었다.

금융 위기가 휘몰아친 뒤라 미분양 아파트들이 많았다. 부모님들은 부동산 시장이 좋지 않다며 처음에는 전세로 들어갔다가 집값이 오르면 집을 사라고 반대하셨다. 그는 지금이 부동산 가격이 제일 떨어졌을 때이며, 부동산 가격이 오르기 시작하면 돈이 부족해서 살 수가 없다며 부모님을 설득하였다. 결국 그는 대출을 끼고 역세권의 20평대 아파트에 신혼살림을 차렸다.

그 이후 부동산 가격은 꾸준히 상승해서 가격이 2배가 뛰었다. 만약 그들이 몇년이 지나서 집을 사려고 했으면 사지 못했을 것이다. 아이가 태어나고 양육비와 생활비가 부담스러워 집을 사는 것은 엄두도 못 냈을 것이다. 그리고 집값이 2배로 뛴 상황에서 빌릴 담보 대출금도 2배로 상승했을 것이다. 그들은 신혼 때부터 부부가 힘을 합쳐 대출금을 꾸준히 갚아간 덕에 지금은 대출 잔금이 얼마 남지 않았다.

그는 신혼 때 집을 장만한 일이 가장 다행스러운 일이라고 생각한다. 자신의 친구나 동료들은 아직도 전세를 전전하거나, 너무 오른 집값으로 고민하는 사람들이 많다. 그래서 주변에서는 그를 부러워한다. 자신들은 왜 그와 같은 선택을 하지 않았는지 한탄을 많이 한다고 했다. 그는 요즘 다시 역세권 소형 아파트를 알아보고 있다. 아파트를 사서 월세를 놓을 생각이다. 아파트 구입 자금은 현재 자신이 살고 있는 집을 담보로 대출을 받아서 마련할 계획이다.

월세를 받아서 이자를 감당하고도 수익이 나며, 향후 가격도 오를 수 있는 지역을 물색하고 있다. 그는 투자할 부동산을 알아보고, 발품을 파는 것이 즐겁다. 부동산을 알아볼수록 많은 것을 배울 수 있고, 미처 가보지 못한 지역까지 가볼 수 있어 재미가 있다. 그는 퇴직할 때까지 이 방법으로 수익형 부동산을 계속 늘려나갈 계획이다.

그는 아직 직장 생활을 하고 있지만, 노후를 위해 미리 준비하고 있어서 불안하지 않다. 오히려 직장이 있어서 안정적으로 부동산 투자를 계속해갈 수 있는 심적인 여유가 생긴다. 직장의 노예가 아닌 자신의 삶을 위해 직장 생활을 주체적으로 하니 오히려 성과가 좋다. 윗사람에게 잘 보이기 위해 눈치를 보거나 불필요한 술자리에 참석한다고 에너지를 낭비할 일도 적어진다.

나 역시도 20대부터 부동산에 관심을 가졌다. 부모님 직업의 영향도 있었지만 대학 시절부터 '부동산 개발 사업의 타당성 분석을 하고 싶다.'는 열망이 올라왔다. 뒤돌아보면 20대 초반에는 어렸기 때문에 '어떻게 하면 그 길로 연결되는지….' 안개 속을 걷는 것 같았다. 아직 사회에 대해 몰랐고, 직업군에 대한 정보도 부족했다. 하지만 그 열망이 우연인지 필연인지 모르겠지만 그 길이 연결되었다.

나는 부동산 개발 회사에 입사를 하였고, 보상팀 등 여러 부서를 거쳐 사업 타당성 분석을 하는 부서에서도 근무를 하였다. 내가 원했던 업무라서 그런지 모든 일이 재미있었다. 부동산 시장 전체에 대한 검토와 개별사업에 대한 분석 업무 등 부동산 개발 관련 업무를 하면서 부동산 전문가가 되어갔다. 물론 사업에 대한 검토와 분석을 하면서 힘든 부분도 있었지만, 모든 것은 나의 성장을 위한 밑거름이 되어주었다. 그래서 힘든 과정도 즐거운 마음으로 극복하려고 노력하였다. 사업 타당성 관련 업무는 부동산 개발 사업에 대해 많이 배우고 시야를 넓히는 계기가 되었다. 부동산에 대해 13년 동안 공부하고, 업무를 하면서 나름 부동산 전문가라고 인정받고 있다. 감사하게도 20대부터 부동산에 관심을 가지고 공부한 덕분에 전문성을 키워나가고 있는 것이다. 부동산 투자도 꾸준히 하면서 실전 경험도 쌓아가고 있다. 실패했든 성공했든 모든 투자에서 배움이 있었고, 실력을 향상시키는 계기가 되었다.

부동산 투자는 일찍 시작할수록 유리하다

인플레이션의 영향으로 부동산 투자는 일찍 시작할수록 유리하다. 같은 부동산이라도 시점에 따라 가격이 달라진다. 단순히 비교해볼 때, 30년 전 버스비와 지금의 버스비는 차이가 난다. 그리고 30년 전 월급과 지금의 월급을 비교했을 때, 지금의 월급이 훨씬 많다. 하지만 지금의 월급으로 살 수 있는 물건의 양과 과거의 월급으로 살 수 있는 물건의 양은 크게 차이가 나지 않을 것이다. 월급이 오른 만큼 물가도 같이 올랐기 때문이다.

앞으로도 부동산 가격은 인플레이션 때문에 결국 우상향할 것이다. 하지만 많이 오르는 지역이 있을 것이고, 적게 오르는 지역이 있을 것이다. 부동산도 심리와 기운을 타기 때문에 움직이는 생물과 같다. 그래서 부동산은 한곳에 머무르면 안 된다. 심리와 기운의 흐름에 따라 같이 움직여줘야 한다. 그 흐름을 역행하거나 따라잡지 못하면, 부동산이라는 아주 비싼 물건을 팔지도 못하고 오래 가지고 있어야 한다.

부동산은 최종적으로 매도했을 때에 성적표를 받게 된다. 좋은 성적표를 받기 위해서는 흐름에 따라 같이 움직여줘야 한다. 그래서 전문가도 항상 부동산 시장의 흐름을 눈여겨보고 있다. 전문가라도 그 흐름을 놓쳐버리면 비전문가나 다름이 없다. 기다릴 시간과 자금의 여유가 된다면, 흐름과 관계없이 자신이 원하는 곳에 부동산을 산다고 해도 굳이 말리지 않는다. 투자용이 아닌 자신의 만족을 위해 부동산을 산다고 하는데 그 누가 말릴 수 있겠는가?

하지만 시간과 자금의 여유가 없는 일반인들은 부동산 흐름을 예의주시해야 한다. 술집이나 피씨방에 가서 시간을 낭비하지 말고 경제신문과 책을 읽자. 술 모임 말고 재테크 모임에 나가서 수다를 떨어라. 그것이 자신의 인생을 위해 훨씬 도움 되는 일이다. 돈이 인생에서 다가 아니지 않느냐?라고 반박할 수도 있다. 돈이 인생의 다는 아니지만 인생에서 아주 중요하다. 모르겠으면 가난하게 살아보고, 생각이 바뀌었을 때 이 책을 다시 읽어보아라.

오늘은 당신이 살아갈 날 중 가장 젊은 날이다. 토크의 여왕 오프라 윈프리는 이렇게 말했다.

"아무것도 결정하거나 선택하지 않으면 시간만 지나가고 어떤 일도 일어나지 않습니다. 하루하루가 그렇게 지나갑니다. 왜냐하면 선택하지 않는 것 또한 선택이기 때문입니다. 무엇이 두렵고 불안해서 늘 뒤로 미루고 있는지 한번 진지하게 나 자신에게 물어보세요. 최종 결정권자는 항상 나임을 잊지 마세요."

9. 인맥을 잘 활용한 사업가 K씨

* 부동산 부자가 될 수 있었던 성공 요인

– 인맥 활용하기

– 사업 수익을 부동산으로 대체하기

– 꾸준한 공부와 자기계발하기

매일 새벽 5시에 일어나서 새벽 6시에 출근하는 사업가 K씨는 주변의 인맥을 잘 활용했다. 그는 부지런함과 성실함으로 사업을 성공적으로 운영해갔다. 그는 주변에서 '사람 좋다'는 소리를 들으면서 많은 사람들이 그와 함께하기를 원했다. 그는 지인들이 도움이 필요할 때 열과 성의를 다해 도와드리다 보니 지인들의 소개로 사업은 계속 번창했다. 그 덕분에 많은 돈을 모아 부동산에 투자했다. 인맥이 넓다 보니 그를 도와주려는 사람들이 많았다. 그래서 그는 좋은 부동산을 좋은 가격으로 살 수 있었다. 그가 어려운 점이 있으면 그가 지인들에게 그랬듯이 열과 성의를 다해 도와준다. 그는 바쁜 와중에도 꾸준히 공부하며 자기 계발을 하고 있다. 자신이 베푼 만큼 돌아온다는 생각에 인맥 관리에도 힘쓰고 있다.

4

돈 버는 길은 여전히 부동산에 있다

1%의 가능성, 그것이 나의 길이다.

– 나폴레옹 보나파르트

평생 직장 생활만 하면 가난해진다

"로즈 씨, 요즘 부동산 경기가 너무 안 좋아요. 주식도 계속 내리막길이고, 무엇을 하면 돈을 벌 수 있을지 모르겠어요. 직장에서 받는 월급은 턱없이 부족해서 재테크를 해야 할 것 같아요. 아이들은 계속 커가는데, 이대로 살면 퇴직 후에는 정말 답이 없어요."

오랜만에 만난 지인 T씨는 경제적으로 힘이 든다며 하소연하였다. 사실 그의 하소연은 많은 직장인들의 하소연이었다. 직장 생활은 현재 삶을 유지시켜주기는 하지만 부자로 만들어주지는 않는다. 직장 하나만 믿고, 평생 직장 생활만 하면 그야말로 생존을 위협받을 수 있다. 직장 생활을 하는 동안 아끼고, 모으고, 투자하고, 관리하는 일을 순서대로 반복할 때 노후의 삶이 위협받지 않는다.

직장 생활을 하는 동안, 자신의 능력을 개발하거나 재테크를 잘해서 자신의 역량과 부를 쌓아나가야 한다. 멍하게 TV나 게임에 빠져 있거나, 술집에 돈을 갖다 바치는 사람들이 너무 많다. 그런 행동들은 당신을 가난하게 만들고, 반대로 당신이 돈을 갖다 바친 사람들은 부자가 되어간다.

당신이 당신의 젊음과 인생을 바쳐서 직장 생활을 하는 이유는 잘 먹고 잘살기 위해서이다. 남을 위해 돈을 갖다 바치는 노예생활을 하기 위해 일하는 것이 절대 아니다. 현재 자신의 삶은 자신의 생각과 행동이 정확하게 반영된 결과라고 보면 된다. 결국 자신의 삶은 누구의 탓이 아닌 자신의 탓이다. 따라서 자신의 인생은 자신이 책임을 져야 한다.

많은 사람들은 자신의 인생에 책임지기 위해 열심히 노력한다. 하지만 부자가 되는 방법은 모른 체 직장 생활만 열심히 한다. 나도 최근까지 직장 생활만을 잘하는 것이 최선의 미덕인 줄 알았다. 하지만 직장 생활을 열심히 해도 가난해지는 것은 마찬가지였다. 아이들이 태어나고 양육비, 교육비, 생활비 등 각종 비용을 쓰다 보니 한 달에 마이너스가 안 되면 다행이었다. 직장 사규상 겸업 금지라 투잡을 갖거나, 아르바이트도 할 수 없었다.

직장 생활을 통해 안정적인 월급을 받는 것은 두말없이 감사하다. 하지만 최근 부동산 부자들에 대해 분석을 한 결과, 부자들은 나와는 다른 삶을 산다는 것을 발견하였다. 나는 그저 안정적인 직장 하나 믿고, 가난한 생각과 나태한 삶을 살았다는 것을 깨달았다. 스스로를 한계지으며 부자가 될 수 없다고 생각하였다. 그렇다고 가난한 삶에 만족하며 살기도 싫었다.

세상은 가난한 이들에게 '더 어려운 처지에 있는 사람들을 보며, 지금의 삶에 만족하며 살라.'고 가르쳤다. 부자가 되고 싶어 하는 사람들을 욕심쟁이와 허황된 꿈을 꾸는 사람들로 몰아가는 것을 보았다. 이런 주변 분위기는 '성장하고 발전하고 싶은 나 자신에게 문제가 있나?'라는 생각이 들게 만들었다. 하지만 부동산 부자들에 대해 분석하면서 정작 그런 말을 하는 사람들이 가난한 생각을 가지고 있었던 것이었다. 또한 자본가나 권력자들이 노동자를 통제하기 위한 의도된 말이기도 하였다.

어떤 이는 가난한 삶을 살며 만족할 수 있고, 또 어떤 이는 부유한 삶을 살며 만족할 수도 있다. 어떤 삶을 살던 자신이 원하는 삶을 살아가면 그뿐이다. 이것이 맞니, 저것이 맞니 왈가왈부할 필요가 없다. 남을 손가락질할 필요도 없다. 남을 손가락질할 시간에 자신을 되돌아보면 된다. '똥 묻은 개가 겨 묻은 개를 욕하는 꼴'은 정말 볼썽사나운 일이다.

부동산이 답이다

나에게 항상 어느 지역에 투자하면 좋은지, 나는 요즘 어떤 부동산에 관심이 있는지를 주기적으로 묻는 지인이 있다. 그는 부동산에 관심이 많으나, 항상 투자할 돈이 없다며 늘 아쉬워했다.

"부동산 투자를 한 적이 한 번도 없으세요? 부동산에 관심이 많으셔서 분명 투자하셨으면 잘하셨을 것 같은데요."

"10여 년 전에 내가 주식에 투자하지 않고, 소형 아파트를 한 채 샀더라면 지금 걱정 없이 살 수 있을 텐데…. 부모 형제 돈까지 끌어다가 주식투자를 했는데, 금융 위기가 와서 다 날렸어."

"안타깝네요. 그런데 주식이 오를 때까지 몇년 더 기다리셨으면 회복은 좀 하셨을 텐데요."

"기다려도 소용없지. 투자했던 회사가 망해서, 완전 휴지조각이 됐어. 내가 10년 동안 그 빚 갚는다고 얼마나 고생했는데. 주식 투자할 때, 아내가 재개발지역 아파트의 조합원 물건 사자고 했을 때 쳐다보지도 않았지. 하지만 이제는 그 아파트 가격이 너무 올라 쳐다볼 수 없게 되었어."

"맞아요. 주식은 회사가 망하면 휴지 조각이 되는데, 부동산은 손실이 나더라도 남는 것이 있어요. 그때 아내 말을 들었으면 훨씬 좋았을 텐데요. 아내 말 들으면 손해 보지 않는다는 옛말이 맞다니까요."

지인은 부모 형제의 돈을 끌어 모아 주식투자를 했기 때문에 10년이 넘도록 그들의 돈을 갚고 있다. 자식 둘 키우며 양육비와 생활비를 대며, 빚을 갚아가려니 힘이 들었다. 그가 왜 항상 돈이 없다는 말을 달고 살았는지 이해가 되었다. 하지만 그에게는 꿈이 있었다. '지금 처지에 어떻게 하면 돈을 불려나갈까? 노후에는 얼마가 필요할까?'라는 생각을 하며 미래를 대비하고 있다.

그는 주식으로 돈을 날린 경우라 주식의 위험성을 알고 있다. 개미투자자들이 기관투자자나 외국투자자들을 절대 이길 수 없다는 사실을 안다. 개미투자자들은 결국 기관투자자와 외국투자자들의 밥이 되어 주식시장에서 사라지는 것을 수없이 목격했다. 그 나름대로 공부도 하고 고민도 해보니 결국 '부동산이 답이다.'라는 생각에 이르렀다.

부동산은 사람들의 삶과 아주 밀접하게 연결되어 있기 때문에 꼭 필요한 재화이다. 그래서 사람이 살아가는 이상 부동산을 무시하고 살 수 없다. 물론 부동산 시장과 트렌드는 시대에 따라 변화한다. 하지만 부동산이 없어지지는 않는다. 선호 지역과 선호 부동산 상품이 변화할 뿐이다.

2018년을 강타한 비트코인의 유행으로 수많은 개미투자자들이 몰락하였다. 언론에서는 비트코인의 폭등에 대해 조명하였고, 비트코인 회사들은 대대적으로 광고를 했다. 학생과 직장인 등 많은 일반인들은 비트코인에 '묻지마 투자'를 하였다.

주변에서 나에게도 비트코인에 투자하라며 권유하였다. 하지만 나는 잘 모르는 것은 투자하지 않는다며 쳐다보지 않았다. 몇 달 후, 비트코인의 주가는 끝없이 추락하였다. 빚으로 비트코인에 투자한 대학생이 자살하는 일까지 터져버렸다. 주식시장의 경우와 별반 차이가 없었다.

증권회사에서 근무하던 지인의 말에 의하면, 가만히 두면 오를 것 같은 주식도 매매 횟수를 늘리기 위해 고객에게 팔라고 해야 한다는 것이었다. 왜냐하면 증권회사는 거래 수수료가 수익이 되기 때문에 주식 매매가 빈번할수록 돈을 벌 수 있는 것이다. 결국 그는 실적에 대한 부담감을 이기지 못했고 이직을 하였다.

돈 버는 길은 아직 부동산에 있다. 공부해서 발품을 팔다 보면 좋은 부동산이 눈에 보인다. 잘 찾아보면 당신이 직접 살면서도 월세까지 받을 수 있는 부동산이 널려 있다. 당신이 지레 포기해서 찾아보지 않아 발견하지 못할 뿐이다. 모든 것은 아는 만큼 보인다. 수천 번을 지나다닌 곳이라도 자신이 관심을 두지 않으면 보이지 않는 것들이 많다.

세상에는 부동산, 주식, 채권, 금 등 수많은 재테크 방법이 있다. 하지만 처음 재테크를 시작하는 사람들은 여러 곳에 투자하지 않았으면 한다. 각 분야의 전문가가 따로 있듯이, 하나만 깊게 파기에도 시간이 부족하다. 하물며 아무것도 모르는 일반인들이 모든 재테크 수단에 능통할 수는 없다. 먼저 자신에게 맞는 하나의 재테크 방법에 집중하자. 나중에

부가 쌓이면 그것을 관리하는 차원에서 다른 재테크 방법을 동시에 활용하면 된다.

어느 분야의 재테크를 해야 할지 모르거나 처음 투자하는 사람이라면, 사람들의 생활에 밀접한 부동산을 먼저 공부해보자. 특히 대한민국은 토지가 좁아 부동산 가치가 더욱 큰 나라이다. 당신이 사업을 해서 돈을 많이 벌어도 결국 부동산 투자를 통해 돈을 관리할 수밖에 없다. 자본주의 사회에서 현금을 가지고 있으면 돈의 가치가 떨어진다는 것을 알기 때문이다.

5

꿈이 있는 사람이 부동산 부자가 된다

당신이 바로 당신 자신의 창조자이다.

– 카네기

성공을 위해서는 목표, 계획, 실행 3박자를 갖추어야 한다

"당신의 꿈은 무엇인가?"

세계 일주를 하는 것? 빌딩을 사는 것? 부동산 부자가 되는 것? 분명 자신만의 꿈을 가지고 있을 것이다. 그럼 그 꿈을 이루기 위한 목표와 계획을 가지고 있는가? 혹시 막연히 '이게 이루어졌으면 좋겠다.'는 생각만 가지고 있지는 않는가?

성공학의 대가 나폴레온 힐의 유작인 『결국 당신은 이길 것이다』를 읽으면서 나는 많은 반성을 하게 되었다. 거기에는 사람들의 게으름, 방황, 두려움 등의 원인이 적혀 있었다. 사람들이 방황하며 삶을 허비하는 원인은 다름이 아닌 '삶에 대한 목표의 부재'였다. 목표가 없으니 귀중한 시간을 낭비하게 된다는 것이다.

사람에게 목표가 없으면 삶을 가난하게 살 수밖에 없다. 부자들은 명확한 목표를 가지고 있다. 그리고 그 목표를 이루기 위한 실천 계획들도 가지고 있다. 반면에 가난한 사람들은 무엇을 해야 할지 모른다. 막연한 생각만 있지 삶의 목표가 명확하지 않다. 그리고 글로 써보지 않고 생각만하기 때문에 많은 것들이 머릿속에 뒤죽박죽 섞여 있다. 그래서 꿈이 무엇인지 물어보면 쉽게 대답하지 못한다.

그래서 가난한 사람들이 오락에 더욱 빠져든다. 어떤 이들은 자신들의 꿈을 위해 노력하는 반면, 어떤 이들은 무엇을 해야 할지조차 모른 채 시간을 보내고 있다. 무엇이든 좋다. 작은 목표라도 세워서 하나씩 실천해 가다 보면 자신의 꿈이 명확해진다.

가난한 집에서 태어난 S씨는 어려서부터 가난함이 싫었다. 그래서 닥치는 대로 일을 하며 돈을 모았다. 그는 자신의 이름을 딴 빌딩을 가지는 것이 꿈이었다. 처음에는 너무 막연했다. 어떻게 하면 자신의 빌딩을 가질 수 있는지 몰라서 시행착오도 많이 겪었다. 그는 도서관에 가서 부자들과 성공한 사람들에 대한 책을 닥치는 대로 읽었다. 그랬더니 조금씩 안개가 걷히는 느낌이었다.

그는 처음에 재개발지역의 작은 빌라를 사는 것부터 시작했다. 조합원 입주권을 팔아 돈을 조금씩 불리기 시작했다. 역세권과 가까운 신혼부부와 젊은이들이 선호하는 지역의 빌라를 사고팔면서 돈을 굴려나갔다. 그 뒤, 꼬마상가를 사서 운 좋게 억대의 수익을 남기고 되팔았다. 지금은 신도시의 상가용지를 낙찰받아 자신의 이름을 딴 9층짜리 상가 건물을 지었다.

나는 그에게 부동산 부자가 된 비법을 살짝 알려달라고 했다. 그는 나에게 특별히 알려준다며 말을 이어나갔다.

"저는 저의 빌딩을 가지겠다는 목표가 명확했어요. 다른 사람들은 저에게 '꿈이 허황됐다. 욕심 부리지 말고 현실에 만족하며 살라.'고 핀잔을 주기 일쑤였지요. 하지만 그들이 그렇게 말할수록 저는 더 성공해야겠다는 생각이 들었어요.

'이 수모를 반듯이 갚아주겠어.'라며 더욱 의지를 불태웠어요. 결국 이렇게 저의 꿈을 이루게 되었지요. 그때 저를 비난하던 사람들은 이제 와서 저에게 돈을 빌려달라고 애원하죠. 하지만 저는 이제 그들을 보지 않아요. 어떤 사람이 진짜 저의 편인지를 알았기 때문이죠."

그는 현재 또 다른 목표가 생겨 계획을 세워나가고 있다고 했다. 그의 눈빛에서 강한 의지가 보였다. 그리고 그는 할 수 있다는 자신감과 믿음을 가지고 있었다. 나의 직감으로는 그는 또 해내리라는 것을 안다. 무엇보다도 목표가 명확했고, 실행력이 강했다. 무슨 일이든 목표를 가지고 실행하는 사람이 승리하게 되어 있다. 하지만 목표가 있다고 해도 실행하지 않으면 몽상가에 지나지 않는다. 반대로 목표가 없으면 무엇을 해야 할지 모른다. 성공을 위해서는 목표, 계획, 실행 3박자가 갖추어져야 한다.

나는 나에게 '꿈은 무엇인가?'라는 질문을 스스로 던져보았다.

물론 부동산 부자가 되고 싶다. 그리고 부동산을 모르거나 어려워하는 사람들을 도와주고 싶다. 무지에서 비롯된 좌절과 실패로 고통받는 사람들에게 빛이 되고 싶다. 더욱이 가난한 생각에 빠져 가난한 삶에서 허우적거리는 사람들에게 가난한 삶을 탈출할 수 있는 방법을 알려주고 싶다. 나 역시 수많은 가난한 생각과 주변 환경으로 스스로 한계 지은 적이 많다. 그래서 가난한 생각에 사로잡힌 사람들의 마음과 환경을 이해한다.

부동산 부자들에 대해 조사하고 연구한 결과, 분명 일반인과는 다른 점이 있다는 사실을 발견하였다. 가난한 사람은 가난한 이유가 있고, 부자들은 부자인 이유가 있다. 나 역시 가난한 생각에 사로잡혀, 가난한 행동을 하고 있었음을 깨달았다. 그동안 왜 일이 안 풀렸는지 원인을 찾았다. 중요한 것은 부자가 될 수 있는 방법도 찾았다는 것이다.

부자가 되고 싶다면 꿈을 먼저 가져야 한다

며칠 전, 지하철을 타고 가고 있었다. 한 남자가 한쪽 다리를 절뚝거리면서 다가왔다. 사람들에게 종이 한 장씩을 돌렸다. 내용을 읽어 보니, 자신은 어느 후원의 집에서 생활하고 있는데 운영이 어려워 위기에 처해 있고 100원이라도 좋으니 도움을 달라는 내용이었다. 그의 글이 사실인지 아닌지는 모르겠지만, '아직도 이런 것을 돌리는 사람이 있는가?' 하는 생각이 들어 그 남자를 찬찬히 살펴보았다.

그가 지나가는데 담배 냄새가 심하게 나고, 머리는 며칠 째 안 감았는지 지저분했다. 왼쪽 발에 간이 깁스를 했는데, 진짜로 아픈 것인지 아닌지는 잘 모르겠다. 얼굴 인상은 굳어져 있고, 눈썹 위 이마에는 푹 파인 상처들이 많았다. 그 상처를 보는 순간, '많이 맞았구나. 그래서 이렇게 종이를 돌리며 구걸하고 있구나.' 하는 생각이 스쳐지나갔다.

그가 종이를 다시 회수하러 사람들에게 다가왔는데, 그에게 돈을 주는 사람들이 아무도 없었다. 돈을 주는 것이 진정으로 그를 돕는 일은 아닐 것이다. '이렇게 사람들에게 구걸하기보다는 차라리 다른 일을 하는 것이 더 낫지 않을까?' 하는 생각이 들었다. 동시에 '아, 그는 가난한 생각과 환경에 빠져 있구나. 그래서 그 상황을 벗어나지 못하고 있구나.' 하는 생각이 들었다.

그가 안타깝게 느껴졌고, 그와 마찬가지로 많은 사람들이 가난한 생각에 빠져 있다는 사실을 상기하게 되었다. 그 순간 나의 마음속에서는 '사람들을 가난한 생각에서 빠져나오도록 도와주고 싶다. 사람들의 의식을 높여 그들이 성공하는 삶을 살 수 있도록 도와주는 역할을 하고 싶다. 그러면 대한민국은 더 부유하고, 행복한 사회가 될 수 있지 않을까?' 하는 순수한 사랑이 올라왔다.

나는 사람들에게 꿈과 희망을 주는 역할을 계속해갈 것이다. 목표와 세부적인 계획을 세워서 실천해갈 것이다. 지금 당장 당신의 꿈이 없다고 좌절하지 말자. 당신의 내면과 대화하며 당신의 사명을 찾으면 된다. 당신도 단지 물질적인 부의 추구가 인생의 목표이지는 않을 것이다. 물질적인 부는 당신의 역할로 인해 따라오는 부수적인 것이다. 당신은 더 나은 세상을 만들기 위해 해야 할 일이 있을 것이다. 그것이 당신이 태어난 목적이기도 하다.

당신이 부자가 되고 싶다면 꿈을 먼저 가져야 한다. 부자가 되는 꿈, 부자가 되기 위한 목표와 계획, 그리고 실행력이 필요하다. 어느 하나라도 모자라면 원하는 곳으로 갈 수 없다. 꿈을 이루는 과정은 우리가 어느 목적지를 가기 위한 여정과 동일하다. 목적지를 서울로 정했다면, 그 다음은 서울로 가는 교통편을 정해야 한다. 만약 기차를 타고 가기로 했다면, 기차표를 예매하고, 기차를 실제로 타러 가야지 서울에 도착할 수 있다.

'서울행 기차를 타고 가야 서울에 도착한다.'라는 전제는 아주 간단하고 명확하다. 꿈도 이와 마찬가지이다. 우리는 꿈을 복잡하고 어렵게 생각해서 이룰 수 없었던 것이다. 이제 당신의 생각 속에서만 존재했던 이루지 못한 꿈들을 종이에 적어보자. 하나하나 적다 보면 꿈은 간단해지고 명확해진다. 그리고 방법도 스스로 찾게 된다. 성공한 사람들이나 부자들의 꿈은 명확했다는 사실을 기억하자.

6

언젠가가 아니라 오늘 당장 달려들어라

인간은 항상 시간이 없다고 불평하면서 마치 시간이 무한정 있는 것처럼 행동한다.

– 세네카

당신이 실패하는 이유는 단 하나, 행동하지 않기 때문이다

몇년 동안 하버드생들을 대상으로 '행동력 프로젝트' 강의를 해온 가오위안은 저서 『하버드 행동력 수업』에서 이런 말을 하였다.

"당신이 실패하는 이유는 단 하나, 행동하지 않기 때문이다."

완벽한 기회가 오기만을 기다리며 방안에서 생각만하는 사람을 '방구석 몽상가'라 이름 붙였다. 조건이 80%가 갖춰졌다면 더 이상 기다리지 말고 행동해야 한다고 조언한다. 나머지 20%는 행동을 하면서 보충해야 한다는 것이다. 악조건일수록 과감하게 행동해야 더 큰 효과가 나타날 수 있다. 행동하는 사람만이 위기를 기회로 만들 수 있다고 말한다. '무엇을 아는가?'가 아니라 '무엇을 하는가?'가 그 사람의 인생을 결정한다는 말에 전적으로 동의한다.

나 역시 이때까지 살아오면서 많은 것들을 미루며 살아왔다. 버킷리스트에 적어놓은 수많은 소망들 역시 '언젠가는 해야지.'하며 미룬 것들이다. 그러나 나는 그중에서 책 쓰기를 당장 시작하기로 결심했다. 많은 사람들이 죽기 전에 자신의 책을 남기고 싶어 한다. 나도 퇴직할 때쯤 책을 쓰면 좋지 않을까 하는 생각이 있었다.

지인과 대화를 하다가 책 쓰기 꿈에 대해 말했다. 요즘은 예전보다 책을 출판하기 쉽다는 지인의 말에 집에 돌아와서 인터넷을 검색하였다. 그 후 나의 책 쓰기 꿈은 현실이 되었다. '한국책쓰기1인창업코칭협회' 대표이자 『가장 빨리 작가 되는 법』의 저자인 김태광 작가와의 만남은 '미루는 나'에서 '당장 실천하는 나'로 바뀌는 계기가 되었다. 할 수 있다는 자신감과 동기 부여를 통해 많은 사람들이 작가의 꿈을 이루어갔고 나 또한 그의 가르침으로 꿈을 이룰 수 있게 되었다.

꿈을 이루기 위해서 20년, 30년 뒤가 아닌 지금 당장 시작해야 한다. 시간은 당신을 기다려주지 않는다. 인생을 바꾸고 싶다면 이제껏 살아왔던 방식이 아니라 변화된 방식으로 살아야 한다. 과거의 행동 방식으로 계속 살아간다면 지금과 똑같은 결과가 나타난다. 행동이 바뀌어야 미래의 결과도 바뀌는 것이다. 많은 사람들이 이 진리를 알고 있지만 실천하지 않는다. 실천하겠다고 말만 할 뿐 행동으로까지 연결되기는 쉽지 않다.

만약 아는 것을 행동으로 실천하는 사람이 있다면, 그 사람은 분명 성공한 사람일 확률이 높다. 인터넷의 발달로 사람들은 손쉽게 정보를 얻을 수 있다. 그리고 수많은 성공학, 재테크 책이 있어 성공하는 방법에 대해 쉽게 접할 수 있다. 사실 사람들은 방법을 몰라 성공하지 못하는 것이 아니다. 방법을 안다는 것에서 끝나버리는 것이 그들의 성공을 막는 유일한 이유이다.

사람들에게 성공하는 방법에 대해 알려주면 대부분 이런 반응을 보인다.

"뭐야? 이게 성공 비법이라고? 이미 다 알고 있는 거잖아. 누구는 몰라서 안 하는 줄 알아? 이렇게 시시한 거 말고, 정말 극소수 부자들만 아는 비법이 있는 것이 분명해. 그것을 알려줘야지 진짜지."

한 예능 프로그램에서 JYP 엔터테인먼트 박진영 대표가 나온 적이 있다. 그가 직접 계획하고 작성한 매뉴얼이 소개되었다. 프로그램의 한 멤버가 "이거 공개해도 괜찮은가요? 회사 영업 비밀 아니에요?"라고 묻자,

박진영 대표는 아주 쿨하게 대답했다.

"공개해도 상관없어요. 이런 거 아무리 보여줘도 대부분의 사람은 행동하지 않아요."

나는 그의 말에 충격을 받았다. '역시 성공한 사람은 다르구나. 일반인과 성공한 사람과의 차이점을 정확히 꿰뚫고 있구나.' 일반인들은 행동하지 않는다는 그의 말에 나 역시 마음이 찔렸다.

언제까지 구경만 할 것인가? 아직 늦지 않았다

부동산 부자가 되고 싶은가? 그럼 지금 당장 시작해라. 현재 수중에 돈이 없어도 상관없다. 지금 바로 시작할 수 있는 작은 일을 먼저 하면 된다. 경제신문과 책을 읽는 것은 돈이 없어도 바로 할 수 있는 일이다. 생각을 바꾸고, 긍정적인 말을 하는 것도 돈이 없어도 할 수 있는 일이다. 부동산 사무실을 방문하고, 발품을 파는 것도 바로 할 수 있는 일이다.

지금 당장 돈이 없어도 부동산 부자가 되기 위한 첫걸음을 누구나 할 수 있다. '난 돈이 없어서 안 돼, 물려받을 재산이 없어서 안 돼.'라는 생각으로 당신 스스로 부자가 될 수 있는 가능성을 제한하고 있지는 않은가? "안 돼! 안 돼! 안 돼!"를 외치지 말고, "돼! 돼! 돼!"를 외쳐라.

그리고 부자가 되고 싶어 하는 열망이 있는 사람들과 만나라. 재테크 동호회나 스터디, 독서 모임이라도 참가해라. 그런 모임에 꾸준히 참가하다 보면, 멤버들로부터 긍정적인 영향을 받는다. 정보를 얻을 수 있고, 생각을 바꿀 수 있는 계기가 되기도 한다. 더 이상 TV와 게임에 빠져 당신의 젊음을 저당 잡히지 마라. 당신이 생각하는 것보다 당신은 더 많은 일을 할 수 있다.

내적으로는 실력을 쌓고, 외적으로는 종잣돈을 모아라. 목표한 종잣돈이 모이면 꼭 부동산 실전 투자를 해보자. 처음부터 큰돈이 들어가는 부동산 투자는 추천하지 않는다. 모든 것은 작은 것부터 경험을 쌓아가야 한다. 그리고 자신이 감당할 수 있는 수준의 투자를 해야 한다. 설사 예상과 달리 수익이 나지 않더라도, 분명 그 속에 배울 점이 있다. 나 역시 모든 투자에서 성공한 것은 아니다. 하지만 실패한 투자에서 더 많은 것을 배웠다.

사실 자신의 돈이 실제로 들어가야지 실력이 제대로 늘어난다. 아무리 책을 읽고, 남의 투자로부터 간접 경험을 했다고 하더라도 자신이 직접 하는 것보다 효과가 덜하다. 생각해보아라. 자신이 직접 축구 경기에 뛰는 것과 관중석에서 응원하는 것은 천지차이이다. 눈으로 볼 때는 다 할 수 있을 것 같지만 막상 자신이 직접해보면 어려움을 느낀다.

모든 것은 어려움 속에서 더욱 성장할 수 있다. 매일 운동을 해야 실력이 느는 것처럼 부자가 되기 위해서도 연습이 필요하다. 단번에 부자가 되는 사람은 없다. 설사 몇 명 있더라도 그들은 결국 돈을 잃게 되어 있다. 부를 유지하거나 재투자할 수 있는 근육이 덜 붙었기 때문이다.

실제적으로 수업을 듣는 학생보다 가르치는 선생님이 더 공부가 잘 된다는 사실을 아는가? 가르치기 위해 더 많이 공부하고 정확하게 이해하려고 노력한다. 하지만 학생들은 가만히 앉아서 듣기만 하다 보니 금세 잊어버리게 된다. 남의 말을 100번 듣는 것보다 자신이 직접해봐야지 자신의 것으로 만들 수 있다.

'돈이 더 모이면 부동산 투자를 해야지.' 또는 '아직 공부가 덜 됐으니 투자를 할 수 없어. 실패하면 어떡해?'라는 생각을 하며 차일피일 미루고 있다면, 지금과 똑같은 삶을 살아갈 수밖에 없다. 혹여 돈을 더 모으거나 공부를 더 많이 해서 몇년이 지난 후에 투자를 한다면, 이미 무수히 좋은 기회들은 지나가버렸을 것이다. 어쩌면 지쳐서 스스로 포기했을 수도 있다.

절대 포기하지 말자. 포기하는 순간 당신은 가난한 삶으로 다시 돌아가야 한다. 그것이 진정 당신이 원하는 삶이 아닌가? 당신도 부자가 될 수 있다. 당신에게는 당신의 삶을 더욱 풍요롭고 행복하게 만들 의무가 있다. 끌어당김의 법칙은 당신이 목표를 정한 순간부터 효력을 발휘한다. 결국 당신은 꿈을 이룰 것이다.

200여 년 전에 쓰인 『파우스트』에서 괴테는 다음과 같이 말했다.

"빈둥거리며 오늘을 허비하는 것은 계속 되풀이된다. 내일, 그리고 그 다음 날은 더욱 느려지며 망설일 때마다 점점 더 늦어지나니. 지나간 날들을 한탄하며 시간은 흘러간다.

결심하라. 그러면 마음은 뜨거워진다.

시작하라. 그러면 그 일은 이루어질 것이다."

시간을 소중히 여기며, 당신의 꿈과 목표를 위해 지금 당장 시작하자. 언제까지 구경만 할 것인가? 아직 늦지 않았다. 당신의 삶을 소중히 생각한다면, 움직여라! 그러면 성공할 것이다!

7

부자 아빠, 부자 엄마가 되고 싶지 않은가?

실패한 고통보다 최선을 다하지 못했음을 깨닫는 것이 몇 배 더 고통스럽다.

– 앤드류 매튜스

자식들은 부모의 생각, 행동, 말을 닮는다

하루는 물건을 사기 위해 마트를 간 적이 있다. 계산을 하기 위해 줄을 서 있었다. 그때 뒤에서 엄마와 어린 딸의 대화 소리가 들렸다.

"엄마, 우리 집은 왜 가난해? 왜 돈이 없어? 나도 친구들처럼 장난감 사고 싶은데…."

"아빠가 벌어오는 돈으로는 우리 네 식구 먹고살기도 힘들어, 장난감은 별로 필요 없는 물건이야."

"그래도 나는 장난감 사고 싶단 말이야. 엄마도 돈 벌어오면 되잖아."

"엄마가 일하러 나가면 너랑 동생은 누가 돌보니? 너희들이 조금 더 자라면 엄마도 일하러 나가야 해."

"엄마, 나는 부자아빠가 있었으면 좋겠어. 그럼 엄마는 우리랑 같이 있으면 되잖아."

누구나 부자아빠, 부자엄마가 있었으면 좋겠다고 생각한다. 그리고 자식에게는 부자아빠, 부자엄마가 되어 주고 싶다. 자식들이 "우리 집은 왜 가난해? 왜 돈이 없어?"라고 말을 하면 부모는 죄를 지은 사람처럼 자신도 모르게 고개를 떨어뜨리게 된다. 그러면서 '열심히 산 것 같은데, 왜 이렇게 삶이 팍팍하지?'라는 의문이 머릿속을 가득 채운다.

'왜 일까? 왜 가난할까? 왜? 왜? 왜?', '가난한 집안에서 태어나서 가난할 수밖에 없어. 뭐라도 물려받은 게 있어야 조금이나마 삶에 보탬이 되는데. 왜 하필 가난한 집안에서 태어났을까? 부잣집에서 태어났더라면 참 좋았을 것을….'이라는 원망과 푸념을 하게 된다. 그러고는 쓰린 마음을 달래기 위해 술을 한잔하며 TV를 본다. 현실을 마주하는 것이 힘이 들어 잊고 싶기 때문이다.

가난한 집안에서 태어나면 계속 가난해지고, 부유한 집안에서 태어나면 계속 부유해질 확률이 높다. 가난한 부모의 자식들은 가난한 부모를 보면서 자란다. 그들의 생각과 행동, 말까지 쏙 닮는다. 가난한 부모들은 자식들에게 "송충이는 솔잎을 먹어야 한다, 뱁새가 황새 따라가면 가랑이 찢어진다."라는 말을 많이 한다.

그 말을 듣고 자란 자식들은 현재의 가난한 삶이 자신들과 어울린다는 착각을 하게 된다. 자신의 부모도 그렇게 살아왔고, 자신의 주변 사람들도 다들 비슷한 모습으로 살아간다. 그렇기 때문에 가난하게 사는 것이 당연한 삶이라 여긴다. 가난한 사람들은 사실 가난한 생각 때문에 자신이 가난해졌다는 것을 모른다. 어렸을 때부터 부모의 가난한 생각, 행동, 말을 배우기 때문에 그것이 잘못되었다는 인식조차 하지 못한다.

나는 미하일 나이미의 『미르다드의 서』을 볼 때마다 정신이 번쩍 든다. 그리고 평소에 내가 했던 말과 생각들을 반성하게 된다.

"생각할 때는, 마치 그대의 생각 하나하나가 불로 허공에 새겨져 만물이 그 생각을 주시한다고 생각하라. 사실이 진정 그러하기 때문이다.

말할 때는, 마치 그대의 모든 말 하나하나를 전 세계가 하나의 귀인 것처럼 일심으로 듣고 있다 생각하며 말하라. 사실이 진정 그러하기 때문이다.

원할 때는, 마치 그대가 소망 자체인 것처럼 원하라. 사실이 진정 그러하기 때문이다.

살아가면서는, 마치 신 자신이 살아가기 위해 그대의 삶을 필요로 하고 있는 것처럼 살아가라. 사실이 진정 그러하기 때문이다."

부모도 그들의 부모로부터 가난한 생각을 물려받은 탓에 자식에게도 가난한 생각을 대물림하게 된다. 가난한 생각은 가난한 말과 행동을 낳는다. 이것이 많은 사람들이 부자가 되지 못하는 이유이다. 정신이 가난하면 현실도 가난할 수밖에 없다. 원인에 따른 결과가 나타나듯이 무의식 세계와 현실 세계는 서로 연결되어 있다.

가난한 부모의 자식들은 책과 신문을 읽기보다는 TV나 게임을 많이 하게 된다. 가난한 부모들은 먹고살기 바쁜 탓에 아이들을 집에 놔두고 일을 하러 나간다. 스스로 통제력이 높은 아이를 제외하고는 TV와 게임의 유혹에 쉽게 빠져든다. 부모도 일을 하러 나갔다 오면 피곤하다 보니 무의식적으로 TV를 틀어놓고 소파에 눕게 된다. 결국 자기 계발을 하거나 미래를 위한 투자를 하기에는 너무 피곤하다는 변명을 늘어놓게 된다.

자식들에게 부자의 사고와 습관을 물려주자

가난한 부모일수록, 안정적인 직장을 자식들에게 강요한다. 그들의 미래가 불안하기 때문에 자식들이라도 안정적인 직장을 가지길 바라는 것이다. 오히려 기업을 운영하는 사업가들은 자식들에게 '자신의 회사를 차리라.'고 조언한다. 회사를 차린 후, 똑똑한 사람들을 채용하여 그들에게 일을 시켜서 돈을 벌면 된다는 것을 알려준다.

가난한 사람들은 회사를 위해 열심히 일하지만 결국 퇴직금 몇 푼밖에 남지 않는다. 반면에 회사를 차린 사람들은 자신이 하기 싫은 일은 직원들에게 시키며 자신은 돈 되는 일만 하면 된다. 그들의 회사는 직원들 덕분에 시간이 갈수록 경쟁력을 쌓아간다. 가난한 사람들은 나이가 들거나 병이 걸리면 그나마 하던 일도 그만둬야 한다. 하지만 사업가들은 자신이 일을 하지 않더라도 돈이 들어오는 시스템을 만들어간다.

일반인들도 부자들처럼 돈이 들어오는 시스템을 만들어야 한다. 당신이 일하지 않더라도 돈이 당신을 위해 일할 수 있도록 만들어야 한다. 당신이 늙어 죽을 때까지 일을 해야 한다면 가난한 삶을 벗어날 수 없다. 젊어서부터 무리하게 일을 하면 늙어서는 안 아픈 곳이 없을 것이다. 그래서 가난한 사람들이 더 쉽게 병에 걸리고 더 많이 아프게 되는 것이다. 따라서 늙으면 병원비도 많이 든다. 안타깝게도 병원비는 노후를 더욱 가난하게 만드는 악순환의 고리가 된다.

당신도 건강하고 행복한 삶을 살고, 자식도 건강하고 행복한 삶을 살기 위해서는 부자가 되어야 한다. 부자가 되는 것은 탐욕스러운 것이 아니라, 당신과 당신 가족의 삶을 위한 의무인 것이다. 부자를 아직도 탐욕스럽다고 욕하는 사람은 필히 가난한 사람일 것이다. 그리고 앞으로도 더욱 가난해질 사람이다.

자식에게 부자의 사고와 습관을 물려주자. 경제적인 부를 직접 물려주기보다 이것이 더 중요하다. 재산을 아무리 많이 물려줘봤자 부자의 사고와 습관이 없다면, 밑 빠진 독에 물 붓기와 마찬가지이다. 부를 자식에게 물려준다는 것은 단지 경제적인 부로 착각하는 사람들이 많은데 정신적인 부까지 물려줘야 진정한 부자부모가 되는 것이다.

당신은 자식들이 당신의 마지막을 어떻게 기억했으면 좋겠는가? 당신과 당신 가족을 위하여 '부자아빠, 부자엄마'가 되어야 한다. 부자부모가 되어서 자식들에게 인생은 참 즐거운 것임을 알려주자.

당신도 경제적, 시간적, 선택적 자유를 누리며 인생을 만끽하라. 삶은 고난이 아니라, 여행임을 깨닫자. 삶의 마지막 순간에 "이번 생은 참 즐거웠다."라는 유언을 자식들에게 남기고 싶지 않은가? 상상만 해도 기분이 좋아지고 마음이 가볍다. 편안하게 눈을 감고 잠든 모습이 참 행복해 보인다.

10. 부동산 사들이는 대기업들

* 부동산 부자가 될 수 있었던 성공 요인

- 사업 수익을 부동산에 적극 투자하기
- 레버리지 적극 활용하기
- 부동산 시장 흐름을 예의주시하기

부동산 부자 중에는 개인뿐만 아니라 부동산 보유를 계속 늘리고 있는 대기업도 있다. 대기업들은 자산의 가치를 끌어올리는 방법을 안다. 그들이 한 지역에 들어가면 그 이후부터는 부동산 가격이 상승한다. 최대한 가격을 올린 뒤에 그 부동산을 팔고 다른 지역으로 옮기기도 한다.

대기업들은 레버리지를 적극 활용하여 공격적인 투자를 한다. 대출을 활용하여 부동산을 산 뒤, 부동산의 가치를 끌어올려 되팔면 수익이 극대화된다. 사업이 어려울 경우를 대비해 부동산에 투자하기도 한다. 부동산은 사업가들에게 든든한 지원군이 된다. 그래서 항상 기업들은 부동산 시장 흐름을 예의주시하며, 발 빠르게 움직인다. 그들은 가격을 주도하고 형성하는 역할을 한다.

실천이 답이다!

아직 많이 부족한 이 책을 끝까지 읽어주신 것에 대해 감사 말씀드린다. 나는 아직 성공한 부동산 부자는 아니다. 하지만 부동산 부자의 길로 나아가고 있는 중이다. 이 책에서 언급한 나의 생각과 다른 생각을 가지고 있는 사람도 있을 수 있다. 각자의 견해 차이일 뿐 인생에 정답은 없을 것이다. 부동산 부자에 대해 연구하고 관찰한 결과에 대한 나의 생각을 적었을 뿐이다. 그리고 내가 10여 년 동안 부동산에 대해 공부하면서 깨달은 점과 투자 사례를 소개했다.

시중에는 수많은 재테크 책과 내놓으라 하는 부동산 전문가들이 많다. 그들에 비하면 보잘것없고 부족한 실력이지만, 평범했던 그들이 했다면 나도 가능할 것이라는 희망에 용기를 냈다. 부자든 전문가이든 모두 처음에는 바닥에서부터 시작했을 것이다.

이 책을 읽는다고 해서 당장 부자가 될 수는 없을 것이다. 하지만 당신의 생각을 바꿀 수 있는 계기가 되었으면 한다. 실천까지 해서 당신이 부자가 되는 길에 도움이 된다면 둘도 없이 기쁠 것이다. 내가 수많은 책을 읽고 깨달은 점을 딱 한마디로 표현하라고 한다면, 나는 단연코 '실천이 답이다!'라고 말할 것이다. 책 중간중간에 당신의 실천을 독려하기 위해 다소 강한 어조로 말한 부분이 있을 수도 있다. 부디 긍정의 눈으로 바라봐주기를 바란다.

나는 믿는다. 당신에게는 무한한 창조성과 가능성이 있다는 것을…. 당신 안에는 이미 부자의 씨앗이 심겨져 있다. 그 씨앗에 물을 주고, 햇빛과 영양분을 줘서 잘 키워나가길 바란다. 마음에 절망을 품고 살아가기보다는 희망을 품고 살아가기를 바란다. 작은 희망이라도 당신이 끌어당기면 당신의 현실에 나타날 것이다. 생각의 힘은 아주 강력하다.

마지막으로 이 책을 쓸 수 있도록 도와주신 ㈜한책협 김태광 대표님과 미다스북스 관계자들께 감사드립니다. 그리고 부동산 전문가로 성장할 수 있게 도와주시고 응원해주신 동의대학교 부동산대학원 강정규 원장님과 동의대학교 부동산학 박사 과정 선배님, 동기님들께 감사의 말씀을 전합니다. 더불어 항상 격려와 응원을 아끼지 않으셨던 부산대학교 금융대학원 이장우 원장님, 부산대학교 경영대학 이찬호 교수님과 부산대학교 부동산학 석사 과정 선·후배, 동기님들께 감사의 말씀을 전합니다. 또한 부동산 전문가로 실무 경험을 쌓게 해주신 너무나도 감사한 나의 직장 사장님과 사장님 이하 많은 분들께 감사드립니다. 다들 너무 소중한 인연에 감사합니다. 저 혼자서는 결코 할 수 없었던 일임을 깨닫습니다.

끝으로 항상 뒤에서 묵묵히 응원해주시고 도와주신 많은 가족들과 아이들에게도 감사 말씀드립니다. 특히 늙어서까지 고생하시는 친정어머니께 이 책을 바칩니다.